西安交通大学 研究生"十四五"规划精品系列教材

MBA系列教材

知识产权理论与实务

（第3版）

高山行 编著

西安交通大学出版社
XI'AN JIAOTONG UNIVERSITY PRESS

U0742855

内容摘要

本书从知识产权的概念、知识产权的经济学渊源入手,结合实际案例及基本理论,介绍了专利权、商标权、著作权、商业秘密等企业知识产权保护的方式、程序,知识产权的国际保护,以及知识产权战略、诉讼、管理、标准等问题。书中选取了众多经典案例,拓展了大量优秀阅读材料。每章后附有问题讨论、阅读法律、案例讨论、阅读材料等;书中还以二维码的形式穿插了与该章节内容相关的法律法规、文件、标准等原文。

本书可以作为 MBA、工程硕士、MPA、EMBA、MPAcc 等硕士研究生知识产权课程的教材,也可供工科学生、工程技术人员作为阅读资料使用。

图书在版编目(CIP)数据

知识产权理论与实务 / 高山行编著 . -- 3 版 . -- 西安 :
西安交通大学出版社,2023.4
ISBN 978 - 7 - 5693 - 2712 - 0

Ⅰ. ①知…　Ⅱ. ①高…　Ⅲ. ①知识产权法 - 中国 -
研究生 - 教材　Ⅳ. ①D923. 4

中国版本图书馆 CIP 数据核字(2022)第 130984 号

书　　名	知识产权理论与实务(第 3 版)
	ZHISHI CHANQUAN LILUN YU SHIWU(DI 3 BAN)
编　　著	高山行
责任编辑	袁　娟
责任校对	王建洪
装帧设计	伍　胜
出版发行	西安交通大学出版社
	(西安市兴庆南路 1 号　邮政编码 710048)
网　　址	http://www.xjtupress.com
电　　话	(029)82668357　82667874(市场营销中心)
	(029)82668315(总编办)
传　　真	(029)82668280
印　　刷	西安五星印刷有限公司
开　　本	787mm×1092mm　1/16　印张　15　字数　377 千字
版次印次	2008 年 5 月第 1 版　2014 年 9 月第 2 版　2023 年 4 月第 3 版　2023 年 4 月第 1 次印刷
书　　号	ISBN 978 - 7 - 5693 - 2712 - 0
定　　价	48.00 元

如发现印装质量问题,请与本社市场营销中心联系。
订购热线:(029)82665248　(029)82667874
投稿热线:(029)82665379
读者信箱:jyuan_2@163.com

目录
Contents

第1章

知识产权概述

1.1 概　述

1.1.1　无形资产是一种财富

　　财富被认为是人类生存和生产的必要资源。古希腊思想家色诺芬在其《经济论》中说"财富是一个人能够从中得到利益的东西"。在奴隶社会,奴隶主最大的财富就是奴隶;封建社会,地主最大的财富是土地;资本主义社会则以资本、机器为最主要财富;到了后工业社会,人才及其创造力,即知识和技术成为主要财富和竞争力的体现。

　　在人类社会中,人的创造力如果不能得到有效保护,那么人才所创造的技术就不能为创造者带来应有的财富。因此,知识产权制度的创设,为人类保护自己的智力成果,防止他人侵犯自己的合法权益提供了重要的途径。

　　财富可被分为两大类,一类为有形财富,另一类为无形财富。对于有形财富来说,无法律时财产归属由强力界定;有法律,就要依法界定及保护。对于无形财富,当法律不予以明确时,则自我保密,但这样却遏制了知识、技术的传播,阻碍知识的创造、技术的创新。因此,必须有明确的权利机制来保障技术资源的良好运作。知识是一种非枯竭资源,可以随人类而持续创新,不断被创造出来。

　　作为一种特殊资源,技术投入到企业中,会产生效益递增的效果。原因在于:首先,知识易于外溢,形成外部正效应,从一个行业到另一个行业,从一个行业内的某一方面到另一方面;其次,技术传播的成本很低,且技术被多次使用时,其边际成本几乎为零;最后,知识能够使原有资源的附加值增加,即表现为使用效率提高。

1.1.2　知识产权已经成为企业重要的财富和资源

　　知识产权在当代已成为企业资产的重要组成部分。据测算,消费者每花费 100 元购买品牌商品,其中 30 元购买的是产品,70 元则在为商标"买单"。普华永道 2001 年对德国市场的研究表明,平均来看,各公司的品牌价值已占公司全部价值的 56%,在快速消费品行业,这一数字更高达 62%[①]，商标的价值可见一斑。

可口可乐公司财务统计表明，1967 年"可口可乐"的商标价值达 30 亿美元。多年来一直在增加，美国《商业周刊》2020 年 3 月对它的品牌价值估价达到了 673.9 亿美元。难怪可口可乐公司总裁自豪地称：即使全球可口可乐的厂子全部毁了，但只凭这个牌子，一夜之间就可以建立起来。

依靠品牌营销，还可以使企业"起死回生"。1995 年，在"椰岛"企业最困难的时候，美国博尔公司经考察，证实椰岛鹿龟酒滋补保健效果确切，于是提出以 1.2 亿元的价格买断椰岛鹿龟酒配方及生产权。随后经中国权威机构评估，椰岛鹿龟酒整体无形资产价值 2.297 7 亿元。同年 10 月，经椰岛公司股东大会表决决定：椰岛鹿龟酒的配方不卖，中国人民有能力发展自己的民族工业。该事件经全国各大媒体宣传后，椰岛鹿龟酒的销量大增，市场需求不断上升，企业生产加快。经过多年的高速发展，一个濒临倒闭的企业有效地盘活了资产，突出了重围，成为中国保健酒行业的龙头企业和当时中国保健酒行业唯一的上市公司。

2005 年 11 月，2008 奥运会的吉祥物"福娃"发布后，社会上便掀起了一股抢注"福娃"商标的浪潮。北京奥组委在奥运会吉祥物"福娃"发布前，就已经在世界上绝大部分国家和地区对吉祥物进行了商标注册和版权登记，将 5 个"福娃"的名字和形象作为知识产权在全球范围内加以保护，这使得抢注行为很难成功。可见，"福娃"作为商标含有无限的商机与价值。

自 2021 年 1 月 1 日起施行的《中华人民共和国民法典》第 123 条明确规定："民事主体依法享有知识产权。"作为企业重要的无形财富，知识产权在很多企业中表现出的价值已经远远超过了有形财富的价值。表 1-1 是我国早期的一次商标评估，此后国内商标价值和排名多有变化，表 1-2 是 2022 年我国的品牌前 10 排名。

《中华人民共和国民法典》

表 1-1　2001 年中国最有价值品牌

序号	商标	所属企业	估价/亿元人民币
1	红塔山	玉溪红塔烟草(集团)有限公司	460.00
2	海尔	海尔集团公司	436.00
3	长虹	四川长虹电子集团有限公司	261.00
4	五粮液	四川省宜宾五粮液集团有限公司	156.67
5	TCL	TCL 集团有限公司	144.69
6	联想	联想集团有限公司	143.55
7	一汽	中国第一汽车集团公司	116.21
8	美的	广东美的集团股份有限公司	101.36
9	KONKA	康佳集团股份有限公司	98.15

① SATTLER H, HOGL S, HUPP O. Evaluation of the financial value of brands[EB/OL]. (2002-01-01)[2014-02-01]. http://www.henriksattler.de.

序号	商标	所属企业	估价/亿元人民币
10	科龙	广东科龙(容声)集团有限公司	98.08
11	999	三九企业集团	81.16
12	青岛	青岛啤酒股份有限公司	67.10
13	小天鹅	江苏小天鹅集团有限公司	64.73
14	解放	中国第一汽车集团公司	60.59
15	燕京	北京燕京啤酒集团公司	55.29
16	容声	广东科龙(容声)集团有限公司	55.06
17	双汇	河南省漯河市双汇实业集团有限责任公司	49.65
18	红旗	中国第一汽车集团有限公司	44.06
19	莲花	河南莲花味精集团有限公司	43.87
20	鄂尔多斯	内蒙古鄂尔多斯集团有限公司	37.55

(资料来源:http://www.icxo.com/aboutus/about_b1.html)

表 1-2　GYbrand 2022 年度《中国最具价值品牌 500 强》前 10 名

排名	品牌	总部所在地	核心领域	品牌价值/亿元人民币
1	华为	广东深圳	通讯	>5000
2	工商银行	北京	银行	>5000
3	腾讯	广东深圳	互联网	>5000
4	国家电网	北京	电力	>3000
5	建设银行	北京	银行	>3000
6	农业银行	北京	银行	>3000
7	阿里巴巴	浙江杭州	互联网	>3000
8	中国平安	广东深圳	保险	>3000
9	茅台	贵州遵义	酿酒	>3000
10	中国银行	北京	银行	>3000

(资料来源:品牌价值评估权威机构 GYbrand 独家编制的 2022 年度《中国最具价值品牌 500 强》研究报告,2022 年 5 月 5 日发布,https://www.163.com/dy/article/H6IQBA0M0525AAQ7.html)

　　2021 年 1 月,英国知名品牌价值咨询公司——品牌金融(Brand Finance)发布"2021 全球最具价值的 500 个品牌榜"(Global 500 2021),苹果品牌以 2 633.75 亿美元的品牌价值升至第一位,比上年增长了 87.4%。亚马逊、谷歌和微软也进入了前 4 名。我国的中国工商银行和微信进入了前 10 名;华为跌出前 10,名列第 15 位。

　　按品牌所属国家看,197 个美国品牌价值 32 807 亿美元,77 个中国大陆品牌价值 14 223 亿美元,34 个日本品牌价值 4599 亿美元,22 个德国品牌价值 4184 亿美元,32 个法国品牌价值 2882 亿美元,10 个韩国品牌价值 1960 亿美元,19 个英国品牌价值 1747 亿美元,15 个加拿大品牌价值 1140 亿美元,12 个印度品牌价值 894 亿美元,7 个荷兰品牌价值 892 亿美元,11 个瑞士品牌价值 827 亿美元。表1-3 是 2021 年全球最具价值的 11 个品牌榜单。

表 1-3 2021 年全球最具价值 11 个品牌榜

排名	品牌	总部所在地	核心领域	品牌价值/亿美元	年增率/%
1	苹果(Apple)	美国	科技	2 633.75	87.4
2	亚马逊(Amazon)	美国	零售	2 541.88	15.1
3	谷歌(Google)	美国	科技	1 912.15	1.4
4	微软(Microsoft)	美国	科技	1 404.35	20.0
5	三星(Samsung)	韩国	科技	1 026.23	8.6
6	沃尔玛(Walmart)	美国	零售	931.85	20.2
7	脸书(Facebook)	美国	媒体	814.76	2.1
8	中国工商银行(ICBC)	中国	银行	727.88	-9.9
9	威瑞森(Verizon)	美国	电信	688.89	8.2
10	微信(WeChat)	中国	媒体	679.02	25.4
11	中国建设银行(China Construction Bank)	中国	银行	596.49	-4.7

［资料来源:英国品牌价值咨询公司——品牌金融(Brand Finance)发布,2021 年全球最具价值的 500 个品牌榜(中国),2021 年 1 月 31 日］

品牌金融"全球品牌价值 500 强榜单"自 2007 年发布以来,对全球 216 个国家和地区的 5000 多个不同行业品牌进行详细估值,通过量化评估品牌资产、品牌绩效、企业营业收入等数据确定品牌价值,榜单含金量极高。在 2021 年全球品牌价值排行榜中,共有 47 个科技品牌入围,科技品牌价值占比 14%,是全球品牌价值 500 强中最有价值的部分。

作为企业的合法权利,知识产权在诉讼中的标的价值不断增大。例如,宝丽来公司与柯达公司因为 SX-70 型瞬息照相机技术中的专利权争诉,虽然原告要求的高达 120 亿美元的赔偿金额没有得到满足,但 1990 年,波士顿地方法院还是裁决柯达公司侵犯了宝丽来公司有关瞬时相机和胶卷技术方面的约 150 项专利中的 7 项,须支付 9.095 亿美元赔偿金。2007 年 9 月,温州市中级人民法院一审判决法资企业施耐德(天津)公司因侵犯开关保护装置专利权,赔偿浙江正泰集团公司3.3 亿元人民币,被视为"中国专利第一案"①。

1994 年 9 月,英国电视制片人亚当·基德隆控告好莱坞,说他的一个名为"狭窄过道"的青年音乐展演工程的创意,被哥伦比亚电影公司盗去。经过 6 周的听证后,法庭判决好莱坞欺诈损害了亚当·基德隆的知识产权,并对亚当·基德隆因知识产权受损、精神紧张等所造成的损失赔偿 5300 万美元。

知识产权是企业的一种财产权,它还可以像有形财产一样作为担保进行商业融资。2010

---

① 袁真富. 天价赔偿的价值何在?［N］. 中国知识产权报,2012-07-27(8).

年 12 月 14 日,西安银桥以"银桥"及其系列 12 个商标、西安恒田以"恒田"及其系列 5 个商标作为质押,向宁夏银行西安分行申请质押贷款,国家工商行政管理总局(简称国家工商总局)商标局经过审查,对两家公司以商标专用权为质押物进行质押贷款的申请予以备案登记,并核发了商标专用权质押登记证,宁夏银行西安分行随后向这两家企业授信 3800 万元[①]。现在,商标权、专利权的质押已经成为我国企业银行贷款的基本担保方式之一。2021 年,上海某民营餐饮公司,在无强抵押强担保的情况下,通过名下 13 项商标质押,质押总计金额 12 亿元,成功获批杭州银行上海分行近亿元授信,并最终实现投放,为疫情后该企业稳定和增长提供了有力的支持[②]。

1.1.3　知识产权的地域性原则是争夺国际智力资源的一种基本武器

人类对生活资料、土地的掠夺自古有之,其手段主要是战争。今天,对土地的掠夺越来越难,但通过不同的手段和方式对土地以外的各种资源的争夺,变得更为激烈。其中,对智力资源的争夺就是通过法律手段来实现的,而且手段越来越高明,更趋于隐蔽化和合法化。印度科学家就曾经针对两位美国科学家申请"姜黄疗伤"这一自古就在中国、印度使用的药品申请专利而提起诉讼,迫使美国撤销了这一专利申请。

我们已经看到,世界经济的竞争、综合国力的竞争,越来越表现为科技水平和知识总量的较量。知识产权关系到科学技术成果和无形知识财富的归属、如何使用和转让以及产生的利益怎样分配等问题。这些对一个企业和科研单位来说,是其生存和发展的条件;对一个国家来说,这涉及智力资源的配置方式,是其参与国际分工、国际交换的基础;从国际范围来说,它已经成为世界经济新秩序的组成部分,成为跨世纪的热点、重点问题。

应该看到,我国祖先不少灿烂文明无代价地流入异地他乡,而他人在发展近代技术成果之后,又在其周围筑起了法权的围墙。事实证明,发达国家对付发展中国家实行知识产权战略上的三部曲"输出产品、输出资本、输出牌子"已经取得了很好的效果。

20 世纪 80 年代发生了"水淹七军"事件——包括北京的"北冰洋"、上海的"正广和"、沈阳的"八王寺"、广州的"亚洲"、天津的"山海关"、重庆的"天府可乐"、青岛的"崂山"被合资了,都启用了外国商标,当时只剩下"八强"中的"健力宝"在苦战。在"可口可乐""百事可乐"把饮料大战的战火烧到中国大地上的时候,"红牛"饮料也"牛"气十足地闯入了中国。

1.2　"特殊 301 条款"及中美知识产权谈判

"特殊 301"年度报告,是美国贸易代表办公室每年向国会提供的一份知识产权的分析报告,它根据世界 100 多个国家对美国知识产权的保护程度,将其分为"观察名单""重点观察名单"和"重点国家名单"三类。而一旦列入"重点国家名单",美国便发起"特殊 301 调查",即在半年时间内与相关国家进行谈判,限期采取得力措施打击侵权,如果半年期限谈判未果,美国便会公布一个"报复清单",其实质是美国对所谓"侵权"国家出口到美国的任何商品都加收

---

① 陈思存. 西安首现商标贷款[N]. 华商报,2010 - 12 - 27(B1).
② 上海市知识产权局. 关于印发《2021 年上海知识产权质押融资工作十大典型案例》的通知:沪知局〔2022〕3 号[A/OL].
　　(2022 - 02 - 16)[2022 - 06 - 29]. https://sipa. sh. gov. cn/xxgkml/20220216/5f94ac98c56f4f04b556da39abfd01a6. html.

100%的关税。

1989年,中国被列入"观察名单";1990年,中国被列入"重点观察名单";1991年,中国被列入"重点国家名单"。于是,1991年4月26日,美国对中国发起了"特殊301调查",从而拉开了中美知识产权谈判的序幕。

1.2.1 美国贸易法"301条款"

所谓"301条款"原指美国《1974年贸易法》的第301节,标题为"回应外国政府的某些贸易做法",这些做法指外国政府或机构的以下行为:

(1)维持不公正的或不合理的关税及其他进口限制,从而损害对美国做出的贸易承诺的价值,或者加重限制或歧视了美国的商业;

(2)从事歧视性的或其他方面的行为或政策;

(3)为向美国或其他外国市场出口的产品提供补贴或奖励;

(4)对美国的食品、原材料或加工产品施加不公正的、不合理的限制,从而加重了美国的商业负担。

一般地讲,美国管理、控制其国际贸易主要靠法律手段,可分为限制进口、鼓励或控制出口、开辟海外市场,即以"保护美国的贸易协定权"和"消除外国政府的不公正贸易做法"为理由,通过加强美国政府在多边、双边贸易谈判中地位的办法,打开外国市场的大门,为美国产品的出口销售扫清道路。因此,"301条款"实际上是美国政府为其产品开拓海外市场的一个法律"大棒",是为美国生产出口产品的企业利益服务的。

例如:当某一国的产品大量涌入美国市场,而该外国政府却限制美国产品输入其市场,则"301条款"要求美国政府与对方政府展开谈判,达成市场准入协议,否则美国政府可以采取征收高关税等报复措施,限制该国的输美产品。

20世纪80年代后期,由于贸易保护主义势力的不断升级,也由于巨额的外贸逆差,美国政府试图通过国内立法来挽救对外经济贸易的滑坡。因此,国会通过了《1988年综合贸易与竞争法》,并通过此法对原有的《1974年贸易法》第301节进行修改和补充,形成了所谓的"美国贸易法301条款"。它的主要内容有"一般301""超级301"和"特殊301"等三部分。其主要作用是利用"301条款"这一手段来敲开外国市场的大门,为美国出口产品清道,是直接为美国经济利益服务的。

知识产权是一个国家重要的产权资源,对一国的科技进步和经济发展有着至关重要的作用。长期以来,美国为保护知识产权,不断加强其海外的保护力度,他们在"一般301"和"超级301"的基础上,专门就其知识产权的海外保护问题,增设了"特殊301条款",以图通过国内立法——"301法案",以贸易报复为手段强行要求其他贸易伙伴国接受美国的知识产权保护要求。

1."一般301条款"(Basic 301)

"一般301条款"是指经《1988年综合贸易与竞争法》对《1974年贸易法》的301条款进行修改补充后的"1301"节。其款名为"回应外国政府的某些贸易做法"。其主要目的在于授权美国贸易代表办公室(正部级)有权针对外国所谓的"不合理的""歧视性的"法令和政策以及"不正当的"贸易做法采取强制措施,它包括:①美国贸易代表采取强制措施的条件,即该贸易伙伴国否定美国根据协定所应享有的权利;该贸易伙伴国的法令、政策或做法,剥夺了美国依协定应获得之利益或对美国商业造成限制性的行动。②美国贸易代表可自由选择报复性行为。美国贸易代表除在上述条件下必须采取强制措施外,在裁定其贸易伙伴国的法令、政策或做法是"不合理的"或"歧视性的",并对美国商业构成限制或负担时,还可自由决定是否采取相应的报复性行动。③美国政府的报复措施。美国贸易代表既可以在美国总统具体指示的约束下采取强制措施或报复行动,也可以依据《1974年贸易法》第2411节C分节规定的"授权范围",以政府名义采取下列报复措施:终止、撤回或阻止适用与有关国家订立的贸易协定;对来自有关各国的进口货物提高关税或采取进口限制;对有关国家的服务征税或进行限制;与被报复国签约使之取消或逐步取消其"不合理的"法令、政策;限制或拒绝给予"服务市场准入授权"等。

2.“超级301条款”(Super 301)

"超级301条款"是指在《1974年贸易法》第301条基础之上经《1988年综合贸易与竞争法》修改补充后,新增加的第"1302"节,其款名为"贸易自由化重点的确定"。由于该款的规定比"一般301条款"更为强硬,所以俗称"超级301条款"。

由于"一般301"对外国政府贸易壁垒的调查通常每一次只针对某一特定工业领域的贸易壁垒,如再发现新的贸易壁垒只能对它再进行另一项新的"一般301"调查。因此,为强化"301条款"的功能,提高适用效率,1988年美国国会通过了所谓的"超级301条款"。依此条款美国政府可一揽子调查解决某个贸易伙伴国对美出口产品的所有贸易壁垒问题。"超级301条款"最初的有效期只有两年,即美国贸易代表办公室必须在1989年5月底和1990年5月底以前确定对美国的"贸易开放重点国家名单",并向国会提交关于确定重点国家和重点不公平贸易做法的报告。现在,美国国会已经延长"超级301"的期限,使之成为一项长期的、比较稳定的法律条款。

上述两个"301条款"主要是针对贸易伙伴国的贸易壁垒问题而设置的。其中所提及的"不合理的""歧视性的"法令和政策以及"不正当的"贸易做法,是指不符合美国贸易利益的法令、政策和做法。这些主要是通过一国有关关税和非关税措施问题的贸易法规和政策加以体现的。关税问题大都由双边的减让协定或共同接受的国际公约加以规范,很少有被美国列为报复对象的。而对于非关税问题,各国根据自己的国情有不同的非关税壁垒方式,诸如市场准入、进口数量限制以及配额等。因此,非关税壁垒措施是美国依上述条款实施贸易报复的主要对象。发展中国家所采用的非关税壁垒措施中,大多是有关知识产权保护问题的。如在1992年以前,很多发展中国家国内立法中对于药品、商业秘密、计算机程序以及硅片布线图等,往往不予保护。美国认为这是一种变相的非关税壁垒方式,因而发展中国家便成了美国依"301条款"实施贸易报复的主要目标。

3.“特殊301条款”(Special 301)

该条款是美国贸易法在原"301条款"基础上经《1988年综合贸易与竞争法》修改补充后,新增加的"1303"节。其款名为"确定拒绝为知识产权提供充分、有效保护的国家"。

美国《1984年贸易与关税法》第一次把"301条款"所辖的"不公平贸易做法"扩展到知识产权保护领域,而《1988年综合贸易与竞争法》则系统地将知识产权保护问题纳入"301条款"体系之中,因而被称为"特殊301条款"。"特殊301条款"分为三个步骤:①观察名单。"特殊301条款"把与美国有一般纠纷的贸易伙伴列入该名单。②重点观察名单。这个名单上的国家通常是与美国有较大纠纷的贸易伙伴。③重点国家名单。被列入重点观察名单的贸易伙伴,如在一年内没有在保护美国知识产权方面采取重大措施的话,将被列入该名单。

根据"特殊301条款"的规定,美国贸易代表办公室应将符合下列几种情况的国家列为"重点国家",并予以调查,以确定是否应给予贸易制裁:A.采取"烦琐复杂""强硬"的法令、政策和做法,拒绝对美国的知识产权给予"充分有效的"保护,拒绝对依赖知识产权保护的美国商号或个人给予"公平与衡平的市场准入";B.该国的法令、政策与做法对美国产品造成了"不利的"、现实的或潜在的影响;C.该国尚未就上述问题与美国进行诚实信用的谈判,或者在双边、多边谈判中未取得重大进展。

按"特殊301条款",对列入"重点国家名单"的国家要开始调查程序。在调查程序开始后半年中,纠纷双方如能通过谈判达成解决纠纷的协议,则皆大欢喜;如不能达成协议,美国可在征求公众意见的基础上,于一个月后采取报复措施,也可以将谈判延期3~4个月,届时将视谈判结果决定是否报复。

1.2.2　中美知识产权谈判

自1989年开始,中美双方在1989年、1991年、1994年、1996年、2004年、2005年进行过多次知识产权问题谈判,甚至几次磋商都濒临破裂、引发贸易战的边缘。其中最重要的有三次,即:1991年4月底,美国对中国发起"特殊301调查",同年12月3日,美国宣布进行贸易报复,同一天,中国宣布进行反报复;1994年6月底,美国再度启动"特殊301调查",同年12月31日,美国宣布进行贸易报复,同一天,中国宣布进行反报复;1996年4月底,美国又启动"特殊301调查",半个月后的5月15日,美国宣布进行贸易报复,同一天,中国宣布进行反报复。

在中国加入世界贸易组织(WTO)以后,美国又开始借助于WTO的有关程序来解决中美之间的知识产权问题。2007年4月10日,美国贸易代表办公室向WTO终端解决机制提起磋商请求,发起针对中国知识产权保护和出版物市场准入问题的诉讼。

长期以来,中美双方在保护知识产权方面的矛盾始终十分尖锐。应该说,中美双方在知识产权问题的一轮轮较量与中美总体贸易形势和现状、美中贸易逆差巨大和每一任贸易代表的态度,都有着密切而又复杂的关系。

在上述这些知识产权交锋中,第一次中美知识产权谈判的焦点,对我国的知识产权立法、司法和企业的知识产权保护意识,都产生了很大的影响。下面进行详细介绍。

1. 第一次(1991—1992年)中美知识产权争端突起

1991年4月26日,美国贸易代表卡拉·希尔斯大使向新闻界宣布,根据美国《1988年综合贸易与竞争法》关于知识产权方面的"特殊301条款"而进行的年度审议结果,决定将中国、泰国、印度三国列为未能对美国的知识产权提供充分、有效保护的"重点国家名单"。按照美国的法律,此决定宣布1个月之后,贸易代表办公室有权对该国的行为和政策发起调查。5月9日,中国外经贸部发言人指出,美国的做法是不公正的,也是中国方面不能接受的。然而5月26日,调查程序还是开始了。

中美两国政府经多次协商,中国驳回了美国的无理指责和漫天要价,1992年1月17日终于在华盛顿签订了《中华人民共和国与美利坚合众国关于保护知识产权的谅解备忘录》(以下简称《中美关于保护知识产权的谅解备忘录》),签字的中国政府代表是当时的外经贸部副部长吴仪,美国政府代表是其贸易代表办公室主任卡拉·希尔斯。

2. 六个争论焦点

此次中美两国在知识产权问题上争论的焦点主要有六个：

第一，关于我国专利法中强制许可的规定。1984年的中国专利法规定，专利权人有在中国自己实施或允许他人实施其专利的义务，如果3年内没有正当理由未履行义务，专利局有权给予实施该专利的强制许可，而不论发明人是否愿意，但实施人必须给专利权人付以合理的使用费。事实上对关系到国计民生的重大发明，尤其在自然灾害、战争等情况下，强制许可的权利十分重要。

这项规定对于申请了中国专利的外国人同样适用。美国则认为，一个拥有中国专利的美国人，可以在美国制造专利产品然后卖到中国，也应该被认为是实施了该专利。这与我国专利法的规定大相径庭。由此美国政府认为我国保护美国人的知识产权不充分。

第二，关于化学制品和药品的专利保护。我国1984年颁布的专利法规定，对药品和用化学方法获得的物质不授予专利权。

美国一直对此耿耿于怀。也难怪，美国每年用于新药的研制和开发费用约100亿美元，而每一种新药从筛选新化合物到批准投入生产平均花费约2亿美元、10～12年时间。此后，若有人运用逆向工程，只需花十几个月、数百万元即可达到相同的目的。于是美国多方出击，要求发展中国家给予药品以专利保护。

在我国当时专利法不保护药品和化学物质的情况下，美方提出对于那些美国新研制出的、在美获得专利的新药和化学物质，要用行政手段保护其在中国的市场。

第三，关于著作权法的修改。从1991年6月1日起生效的《中华人民共和国著作权法》，对于那些从事绘画、影视、音乐的艺术家们，那些职业、非职业的作家、记者及千千万万个热衷于爬格子的中国人来说，当他们的作品一出世，就自然得到了著作权。但是，由于我国当时还不是《保护文学和艺术作品伯尔尼公约》（以下简称《伯尔尼公约》）的成员国，故对于外国人首次在国外发表的作品，我国当时的著作权法不予以自动保护。

事实上，世界上绝大多数国家都经历了这个过程。《伯尔尼公约》诞生于1886年，100多年后，美国才加入，可见该公约的严格约束力了。美国提出要求中国修改著作权法并限期加入《伯尔尼公约》，此时，中国的著作权法才刚刚生效20余天。

第四，关于计算机软件的保护。我国在1991年6月4日发布了《计算机软件保护条例》，并于当年10月1日起施行。这个条例尽可能宽地保护了软件创造人员的智慧劳动，并且也像其他著作权一样，自作品出世起自动享有著作权，而不论是否已经商业应用。但却要求登记是取得诉权的前提条件，保护期限并非一般作品著作权的50年，而是25年，但可续展25年。

美国则要求将计算机软件作为文字作品保护，也就是说不必履行任何登记注册手续，并应该像一般文学艺术作品一样，享有50年的保护期。

第五，关于唱片保护。美国要求中国限期加入《保护唱片制作者防止其唱片被擅自复制的公约》（以下简称《日内瓦国际唱片公约》），并对已出版的、但未过保护期的唱片也要给予保护。

第六，关于商业秘密保护。当时，我国尚无明确法律规定保护商业秘密。

3. 谈判结果

这次谈判使中国政府与美国政府达成了《中美关于保护知识产权的谅解备忘录》，并对以上问题的解决达成协议。

第1章 知识产权概述

(1)第七届全国人民代表大会常务委员会第二十七次会议对《中华人民共和国专利法》做了较大的修改,主要有:①专利权的享有不因发明的地点、技术领域以及产品进口或当地生产而受到歧视,政府的强制许可受到严格的限制;专利权被授予以后,除法律另有规定的以外,专利权人有权禁止他人未经专利权人许可,为生产经营目的进口其专利产品或者进口依照其专利方法直接获得的产品。②专利应授予所有的化学发明,包括药品和农业化学物质,而不论其是产品还是方法。③发明专利的保护期限为自专利申请提出之日起 20 年;实用新型和外观设计专利权的期限为 10 年,不再续展。

(2)专利法修改之前,我们承诺采取行政措施有条件地保护美国已有专利的药品、农业化学物质产品的发明。上述产品的发明人应向中国主管部门提出要求行政保护的申请,中国有关主管部门将向行政保护申请人发给授权制造、销售该产品的行政保护证书,并在行政保护期内禁止未获得行政保护证书的人制造或销售该产品。行政保护期为自获得该产品的行政保护证书之日起 7 年零 6 个月。行政保护自 1993 年 1 月 1 日起施行。

(3)1992 年 7 月 1 日第七届全国人民代表大会常务委员会第二十六次会议通过我国加入《保护文学和艺术作品伯尔尼公约》的议案,该公约于 1992 年 10 月 15 日在中国生效。1992 年 7 月 30 日我国政府递交《世界版权公约》加入书,1992 年 10 月 30 日我国成为该公约成员国。

(4)1993 年 1 月 4 日,中国政府向世界知识产权组织递交了《日内瓦国际唱片公约》加入书,并于 1993 年 4 月 30 日起,中国成为该公约的成员国。

(5)中国政府同意,不迟于《伯尔尼公约》在中国生效之日,承认并将计算机程序按照《伯尔尼公约》的文学作品予以保护。按照《伯尔尼公约》规定,对计算机程序的保护不要求履行手续,并提供 50 年的保护期。

(6)1993 年 9 月 2 日,第八届全国人民代表大会常务委员会第三次会议通过了《中华人民共和国反不正当竞争法》,并于同年 12 月 1 日起施行,该法对商业秘密的保护做了较为详细的规定。

这次谈判及随后的立法工作,使中国知识产权的立法达到了世界先进水平,但实际的司法保护水平不足,又引发了另一次知识产权大战。

1.2.3 美国关于产品进口中知识产权保护的"337 条款"

"337 条款"是保护美国市场的一个固定的法律。它是根据乌拉圭协议修订过的"美国 1930 年海关法"第 337 条,旨在当美国的专利权、商标权的所有人遭遇侵权时,可以根据该条款的具体规定,向美国国际贸易委员会递交申诉书来保护自己的知识产权。

近年来非常活跃的"337 条款",明确指明对美国进行不正当贸易分为两类:一是普通不正当贸易,即指进口到美国的产品在销售过程中的不正当竞争和不正当行为;二是与知识产权相关的不正当贸易,即是指进口到美国的产品侵犯美国法律保护的专利权、商标权等知识产权。

"337 条款"执行多年以来,对于打击 20 世纪 70 年代开始崛起的亚洲新兴工业国家起到了显著作用,并保护了美国市场。2000 年以来,虽然我国的知识产权保护发展很快,但仍然成为"337 条款"调查案件数目最多的一方,仅 2003 年 1—6 月,美国国际贸易委员会就"337 条款"立案的 11 个案子中,涉及中国的有 10 个之多,与大陆有关的就有 6 件;2012 年美国发起

"337 条款"调查案中涉及中国企业的有 47 起,占总发起量的 86.2％[①];2013 年美国共发起"337 条款"调查案 42 起,其中涉及中国企业的有 17 起,占比高达 40％,均居涉案国之首[②]。

美国"337 条款"的进一步执行,对我国具有国际较先进水平的工程机械产品,如压路机、摊铺机、平地机、推土机等参与国际竞争,以及电视机等日用电器产品的海外市场开拓,产生了严重的抑制作用。

1.2.4　中美经济贸易协议

2018 年 7 月 6 日,美国政府开始对中国进口到美国的 818 项产品课征额外的 25％惩罚性关税,中美经贸冲突发生。截至中美经贸谈判协议文件签署前,美方总共对中方价值约 5500 亿美元的产品加征了惩罚性的关税,作为反制,中方则对美方价值约 1850 亿美元的产品加征了惩罚性关税。

为此,中美双方开展了极为艰苦的贸易谈判,其间谈判多次出现曙光又多次出现僵局,以至于双方首脑多次见面、打电话交流。在经历了 526 天、13 轮高级别磋商、20 多次牵头人电话磋商后,2019 年 12 月 13 日,中美双方宣布达成了第一阶段经贸协议,并中止执行美方即将进一步课征的 15％额外惩罚性关税(价值约 1600 亿美元)。美国东部时间 2020 年 1 月 15 日,中美双方在美国华盛顿签署《中华人民共和国政府和美利坚合众国政府经济贸易协议》(即中美第一阶段经贸协议)。

整个协议文本一共涵盖了九个部分(章):序言,第一章知识产权,第二章技术转让,第三章食品和农产品贸易,第四章金融服务,第五章宏观经济政策、汇率问题和透明度,第六章扩大贸易,第七章双边评估和争端解决,第八章最终条款。而涉及知识产权的有两部分,而且是排在最前面,即第一章知识产权、第二章技术转让。在知识产权方面,更进一步细分为十一节内容:①一般义务;②商业秘密和保密商务信息;③药品相关的知识产权;④专利;⑤电子商务平台上的盗版与假冒;⑥地理标志;⑦盗版和假冒产品的生产和出口;⑧恶意商标;⑨知识产权案件司法执行和程序;⑩双边知识产权保护合作;⑪履行。在技术转让方面,则分为总则、市场准入、行政管理和行政许可要求及程序、正当程序和透明度、科学与技术合作等五条内容。

1.3　我国知识产权的保护

中国的知识产权立法虽然起步晚,但是发展速度比较快,自中华人民共和国成立以来经历了以下几个阶段。

1949 年 10 月至 1980 年。在这一时期内,我国仿效苏联的做法,即公民及单位的智力成果属于国家所有,不承认个人发明创造的私有权利。对公民或单位的智力成果,任何一个企业都可以无偿地使用。对商标进行着不完全的保护。可以说,这一时期是知识产权的荒漠,工业产权、著作权这些知识产权的概念在国人的头脑中几乎是空白。

1980—1992 年。这一时期,我国在改革开放的推动下,自觉地按照我国的实际发展情况,适时地颁布了若干重要的知识产权法规,如《中华人民共和国商标法》《中华人民共和国专利

---

① 向利,丁涛. 如何降低中国企业"337 调查"的败诉率[N]. 中国知识产权报,2013-12-06(2).
② 于朗添. 中企如何从容面对"337 调查"[N]. 中国知识产权报,2014-01-02(2).

法》《中华人民共和国著作权法》等，并申请加入了世界知识产权组织，递交了《国际商标注册马德里协定》加入书，并成为其会员国。这些做法是任何一个国家在知识产权发展过程中的自觉行动。

1992—1994 年。1992 年，中美知识产权谈判及此后达成的《中美关于保护知识产权的谅解备忘录》，使我国知识产权立法一跃跨入了世界知识产权立法的先进国家行列。这期间，我们修改了专利法、商标法等法律，颁布了《中华人民共和国反不正当竞争法》，并分别申请加入了《保护文学和艺术作品伯尔尼公约》《世界版权公约》《日内瓦国际唱片公约》《专利合作条约》等公约。

1994—2008 年，随着知识产权保护范围的日益广泛和适应国际知识产权保护的大趋势，特别是为适应 WTO《与贸易有关的知识产权协定》(TRIPS 协定) 的需求，我国在 2000 年第二次修正了《中华人民共和国专利法》，2001 年修订了《中华人民共和国商标法》和《中华人民共和国著作权法》，使得知识产权的法律保护日益完善，并为知识产权保护逐渐与国际接轨提供了良好的法律环境。

以 2008 年 6 月 5 日国务院颁布实施《国家知识产权战略纲要》为标志，我国的知识产权立法和保护进入到一个新的历史时期。国家积极倡导创新型国家的建设，强调企业是创新的主体，要进一步通过原始性创新、引进消化吸收再创新和集成创新等方式，提高我国企业的创新能力和水平。为了进一步落实《国家知识产权战略纲要》，我国又再一次修改了专利法 (2008 年 12 月)、著作权法 (2010 年 2 月) 和商标法 (2013 年 8 月)，先后出台了《全国专利事业发展战略 (2011—2020 年)》(2010 年 11 月)、《国家知识产权事业发展"十二五"规划》(2011 年 10 月) 等多个国家发展知识产权的计划，各地政府、各有关部门也先后制定了相应的战略目标。特别是国家质量监督检验检疫总局、国家标准化管理委员会于 2013 年 2 月 7 日发布，并于 2013 年 3 月 1 日起实施了《企业知识产权管理规范》(GB/T 29490—2013) 的国家标准，使我国企业在现代化管理的进程中又向前迈出了重要的一步。与此同时，知识产权已经成为企业和个人一项重要的民事权利，完成了知识产权从公权向私权的转变，企业和个人申请专利、商标权的积极性空前高涨，国家知识产权管理部门受理的专利权、商标权申请数量已经成为世界第一；企业在从创新到对创新的使用、从对知识产权保护到对知识产权管理的过程中，全社会已经对知识产权质量的要求达成了共识，并不断朝着这一目标前进。

为统筹推进知识产权强国建设，全面提升知识产权创造、运用、保护、管理和服务水平，充分发挥知识产权制度在社会主义现代化建设中的重要作用，我国在 2020 年 5 月出台《中华人民共和国民法典》的同时，先后对商标法 (2019 年 4 月)、专利法 (2020 年 10 月)、著作权法 (2020 年 11 月) 进行了又一轮的修正；2021 年 9 月，中共中央、国务院还专门印发了《知识产权强国建设纲要 (2021—2035 年)》，明确了建设面向社会主义现代化的知识产权制度、建设支撑国际一流营商环境的知识产权保护体系、建设激励创新发展的知识产权市场运行机制、建设便民利民的知识产权公共服务体系、建设促进知识产权高质量发展的人文社会环境以及深度参与全球知识产权治理的新目标。

1.4　知识产权的基本概念和特征

知识产权并非起源于任何一种民事权利，也并非起源于任何一种财产权，它起源于封建社会的"特权"。这种特权,或由君主个人授予,或由封建国家授予,或由代表君主的地方官授予。今天,我们已经知道,财产分为两大类,即有形财产和无形财产,财产权也相应地分为有形财产权和无形财产权。对物的财产权称为有形财产权或物权,对智力成果的财产权称为无形财产权或准物权。有形财产包括不动产(如土地、房屋等)和动产(如汽车、家具、家用电器、衣服等),所以,也有学者把财产分为动产、不动产和知识财产,相应地将财产权分为动产财产权、不动产财产权和知识财产权。从民法学的角度看,民事权利共有以下几个方面:物权(含所有权及与所有权有关的权利)、债权、人身权和准物权(即知识产权)。也就是说,知识产权不是物权,但与物权有很多相似之处,所以可以准许运用物权的一些性质来更好地理解知识产权。

1.4.1 知识产权的概念

关于知识产权的概念,《中国大百科全书·法学》将其定义为:"基于智力的创造性活动所产生的权利。"[①]《法学词典》定义为:"知识产权亦称智力成果权,指对科学、技术、文化艺术等领域从事智力活动创造的精神财富所享有的权利。"[②]可见,知识产权(intellectual property)即知识财产权,是从法律上确认和保护人们(包括自然人和法人)在科学、技术、文学艺术等(精神)领域所创造的智力成果("产品")所享有的权利,他人不得侵犯,否则要受到法律制裁。

1.4.2 知识产权的基本内容

知识产权主要包括著作权、专利权、商标权和商业秘密权,其中专利权、商标权和商业秘密权又称为工业产权,如图1-1所示。

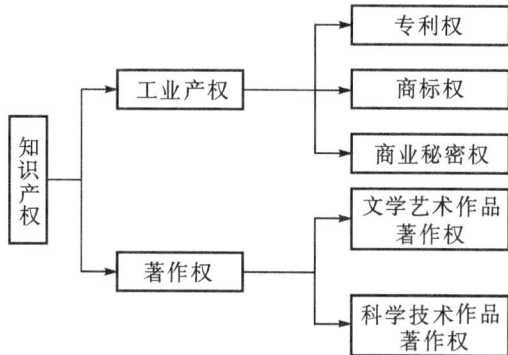

图1-1 知识产权内容及其相互之间的关系示意图

世界知识产权组织(WIPO)的《建立世界知识产权组织公约》第2条第8款规定,"知识产权"包括有关下列项目的权利:

(1)文学、艺术和科学作品;

(2)表演艺术家的表演以及唱片和广播节目;

(3)人类一切活动领域的发明;

(4)科学发现;

---

① 《中国大百科全书》总编委会. 中国大百科全书:法学[M]. 北京:中国大百科全书出版社,1984:751.

② 法学词典编辑委员会. 法学词典[M]. 上海:上海辞书出版社,1984:560.

(5)工业品外观设计；

(6)商标、服务标记以及商品名称和标志；

(7)制止不正当竞争；

(8)在工业、科学、文学或艺术领域内由于智力活动而产生的一切其他权利。

在世界贸易组织(WTO)的《与贸易有关的知识产权协定》(TRIPS协定)第一部分第一条中所指的知识产权范围如下：

(1)版权和相关权利；

(2)商标权；

(3)地理标识权；

(4)工业设计权；

(5)专利权；

(6)集成电路布图设计(拓扑图)权；

(7)未披露信息的保护权。

我国对知识产权的内容也进行了界定,《中华人民共和国民法典》第123条第2款规定：知识产权是权利人依法就下列客体享有的专有的权利：

(一)作品；

(二)发明、实用新型、外观设计；

(三)商标；

(四)地理标志；

(五)商业秘密；

(六)集成电路布图设计；

(七)植物新品种；

(八)法律规定的其他客体。

知识产权是国际上广泛承认的一种财产权。目前,世界上除极少数国家以外,大都在不同程度上对知识产权给予承认,并制定了有关法律予以保护。

1.4.3 知识产权的基本特征

1. 与物权相比的特征

知识产权与物权相比,有以下特征：

(1)专有性,也称独占性或垄断性。这些权利一经法律确定,即具有排他性,只有权利人才能享有,其他人不经权利人的同意均不能使用这种受法律保护的权利,否则就是侵犯专有权的违法行为。一项发明、一个商标或一部文学艺术作品的独占权只能授予一次,权利人充分享有对其智力成果的占有、使用和处分的权利以及通过使用、处分智力成果获得经济利益的权利。知识产权可以作为商品流通,可以转让和继承,权利人有权许可他人使用并收取费用。知识产权与物权的实质内容是相同的,但专用权的形式、内容和保护程序有别于物权,其他人不能因相同的发明、商标、著作获得法律的保护。物权则不同,完全一样的物品,其所有者的财产权都成立,互不排斥,互不干扰。

(2)地域性。地域性是指一国所确认和保护的知识产权,只能在该国的法律管辖范围内有效；在没有专门条约规定的情况下,对其他国家不产生法律效力,因而在外国就得不到保护。

物权则不然,如某人对一辆汽车的所有权,不会因该汽车随该人移到另一国家而被取消。

(3)时间性。法律规定的期限一经届满,知识产权就自行终止。这是知识产权与有形财产权的主要区别之一,物权没有法定有效期的限制。多数国家的著作权法规定,对作品著作权的保护期为作者的有生之年加死后 20 年至 50 年,有的国家规定了较短或更长的保护期,个别国家对著名作品(如英国对牛津、剑桥等六所大学的某些教科书)永久保护。专利法规定了专利权的期限,一般为 15 年至 20 年。商标法也规定了商标权的期限(我国和大多数国家都规定为 10 年,英国为 7 年),到期后通常可以续展。知识产权的时间性意义在于,在法定的期限内,专用权受法律保护,期限届满后,智力成果就成为社会公共财富,任何人都可以不受限制地使用。

(4)人身权和财产权并保。法律对知识产权权利人的保护,不仅在于权利人在一定时间内享有因该智力成果的使用、转让、许可等获得收益,还在于权利人对该智力成果享有的永久的人身权,如署名权等。

但对专有技术(know-how)或商业秘密(trade secret)都是例外,虽然人们普遍认为专有技术或商业秘密是工业产权的一部分,但其特性与上述知识产权的基本特性明显不同。这将在后面进一步介绍。

2.知识产权客体的特点

就知识产权的客体来讲,一般认为有以下几个特点:

(1)无形性。知识产权客体最重要的特点,就是无形性。这一特点把它们同一切有形财产及人们对于有形财产享有的权利区分开。一台彩电,作为有形财产,其所有人行使权利转卖它、出借它或出租它,标的均是该彩电本身,即该有形物本身。一项专利权,作为无形财产,其所有人行使权利转让它时,标的可能是制造某种专利产品的"制造权",也可能是销售某种专利产品的"销售权",却不是专利产品本身。

无形性使得这种标的所有人之外的使用人,因不慎而侵权的可能性大大高于有形财产的使用人,同时,也使得知识产权权利人有可能"货许三家"或"一女两嫁"。一幢房产的所有人,不可能把他的财产权标的同时卖给两个分别独立的买主,而一项专利权的所有人,则有可能把他的专利权同时"卖"(许可)给两个(乃至两个以上)不同的"买"主(被许可人)。

"无形"这一特点,给知识产权保护、知识产权侵权认定及知识产权贸易,带来了比有形财产在相同情况下复杂得多的问题。其中之一就是,技术和技术载体是完全不同但又容易混淆的问题。如:甲用乙的技术造了一台设备卖给了丙,价格为 30 万元,甲应赔乙多少钱呢? 显然这个侵权数额不仅仅是 30 万元的问题,而要结合技术本身综合考虑。

(2)可复制性。知识产权之所以能成为某种财产权,是因为这些权利被利用后,能够体现在一定产品、作品或其他物品的复制活动上。也就是说,这种权利的客体一般可由一定的有形物去复制。作者的思想如果不体现在可复制的手稿、录音上,就不成为一种财产权了。别人不可能因直接利用了他的"思想"而发生侵权。对专利权人也一样,他的专利技术必须能体现在可复制的产品上,或是制造某种产品的新方法,或是新产品本身。没有这些有形物,专利权人也无从判断何为"侵权"。

可复制性把知识产权与科学原理、理论知识相区别。科学理论的创始人不能像知识产权人那样,对自己的理论"专有",不能要求其他人经其同意后方可借助他的理论去思考和处理问题。虽然世界知识产权组织把"科学发现"作为知识产权内容之一,但人们一般理解为仅包括作为第一个发现者享有的精神权利,而不是如专利权人或著作权所有人享有的那种控制权或独占权。

问题讨论

1. 如何理解知识产权的独占性、时间性和地域性？
2. 应该从哪些角度理解知识产权对国家、企业的战略性作用？

案例讨论

1. 在医学实践中，常常出现医院和医学研究人员组成的科学研究小组，对疑难杂症进行研究，并与当时医疗条件下无救的病人及其家属签订"探索性免费治疗"协议，以便开展相应的科学研究，失败后风险双方共担。

但如果成功后，相关的科研项目产生的获奖、研究论文、试验报告等会通过一定的方式形成知识产权，那么，请问：

(1) 除了相关的研究人员可以享有这些知识产权外，病人是否可以成为知识产权权利人之一？为什么？

(2) 都有可能形成哪些知识产权呢？

2. 我国某洗衣机厂通过我国某外贸公司与日本S公司签订了一项引进双缸洗衣机生产设备和专有技术的合同。

合同规定，S公司向我方提供××型双缸洗衣机专用设备、检测设备×台、模具×套以及双缸洗衣机专用设备的设计工艺与检测技术，由我方洗衣机厂生产和销售该种型号的双缸洗衣机。成交金额(包括技术转让费)×××万元，合同有效期为3年。

在履行合同期间，洗衣机厂在查阅专利中偶然发现，S公司于1995年4月就上述型号的双缸洗衣机向中国专利局申请了外观设计专利权，该专利申请后于1996年5月获得批准。那么：

(1) 这样会对引进技术后的我方带来什么样的问题呢？

(2) 如果S公司在其他国家也就该型号洗衣机的外形申请了专利，会对我方的产品出口产生什么的影响？

(资料来源：叶京生. 洗衣机外观设计专利纠纷案[M]//上海对外贸易协会. 对外经济贸易案例. 上海：立信会计出版社，1997.)

3. 英国某公司曾就转让浮法玻璃生产线与中方举行谈判，对方提出转让费为2500万英镑，因为这样一条生产线含有137项专利技术。2500万英镑，这在当时(20世纪80年代初)相当于2.5亿元人民币，如此巨额的费用让中方举棋不定了。

怎么办？

查专利！

有关谈判人员查询专利，结果令中国谈判代表大喜！此137项专利中，已有51项失效，另有40余项专利没有在中国注册，而是英国的专利。

谈判桌上气氛骤变，该公司不得不将入门费由2500万英镑降为52.5万英镑。那么请问：

(1) 专利查询结果带来入门费变化如此大的原因是什么？

(2) 如何理解专利的时间性和地域性？

(资料来源：王伟群.冷：中国专利文献的遗憾[N].中国青年报，1993-01-02(3).)

【阅读 1-1】

柯达与宝丽来的知识产权纠纷

1990 年 10 月"柯达"公司与"宝丽来"公司对垒法庭败诉,被判处罚金 9.095 亿美元,创造了知识产权赔偿的世界纪录。

柯达与宝丽来均为世界著名公司。宝丽来长于相机制造,柯达胶卷更是风靡全球。这两家公司曾有过数十年的亲密合作,柯达为宝丽来的相机生产各种配套的胶卷。井水不犯河水,各有各的市场范围。然而,1972 年宝丽来公司推出即时取相的 SX-70 型瞬时相机后,两家公司之间的关系就变得不太愉快了。瞬时相机是宝丽来公司的创始人埃德温·兰德 1947 年发明,并于 1948 年首次投入市场。宝丽来公司享有这种相机及胶卷的专利权。SX-70 型推出之后,宝丽来便要求柯达公司为这种新相机生产配套胶卷。在瞬时相机的巨大市场利润诱惑下,柯达拒绝了宝丽来的要求,提出如果宝丽来允许柯达生产自己的瞬时相机,柯达就为它生产配套胶卷。肥水岂能流入他人田,宝丽来建立了自己的胶卷工厂,割断了与柯达之间的联系。柯达公司也不甘示弱,在 1976 年将自己的瞬时相机投入市场,打破了宝丽来公司近 30 年的独家垄断。由于柯达公司的介入,宝丽来的利润大大下降,被迫以低于成本的价格出售一些型号的相机。

宝丽来公司诉诸法院,告柯达公司侵犯其瞬时相机和胶卷的专利权。这场艰苦的官司从 1976 年起一直打了 14 年。1990 年,波士顿地方法院裁决柯达公司侵犯了宝丽来公司有关瞬时相机和胶卷技术方面的约 150 项专利中的 7 项。法院判宝丽来胜诉,柯达须支付 9.095 亿美元赔偿金。这个数目虽然远低于宝丽来要求的 120 亿,也低于分析家们预计的 10 至 20 亿,但已创下了当时侵犯专利权赔偿额最大的世界纪录。

判决的影响更是很快显示了出来。在纽约股票交易市场上,柯达公司每股当天收盘价为 35.25 美元,下降了 2.75 美元。而据希尔森-莱曼兄弟公司的分析家估计,宝丽来公司股值在短期可能上涨近 20 美元。

(资料来源:唐霄.	"宝丽来"法庭胜诉,"柯达"受罚创纪录[N].	中国青年报,[1995].)

【阅读 1-2】

玩家私自直播《王者荣耀》,抖音火山版被判赔偿腾讯 800 万

中国新闻网(2021 年)5 月 7 日消息,记者获悉,4 月 26 日,因玩家未经腾讯视频授权直播《王者荣耀》游戏,直播平台火山小视频(现"抖音火山版")已于 4 月 26 日被广州知识产权法院认定侵权。法院一审判决平台停止直播相关游戏,并赔偿原告腾讯 800 万元。

法院审理后认为,《王者荣耀》运行中的连续画面著作权由游戏开发商享有,且游戏直播不构成对著作权的"合理使用",要求火山小视频停止《王者荣耀》游戏直播,但没有支持原告的全部赔偿数额。

(资料来源:中国青年报.	玩家私自直播《王者荣耀》,抖音火山版被判赔偿腾讯 800 万[EB/OL].	(2021-05-07)[2022-10-20].	https://baijiahao.baidu.com/s? id=1699100554923839416&wfr=spider&for=pc. 有少量改动)

【阅读 1-3】

腾讯旗下游戏公司涉专利侵权，被判赔聚逸 9220 万美元

2021 年 5 月 8 日，据新浪财经报道，得克萨斯州马歇尔市的联邦陪审团周五判定，腾讯控股的游戏子公司超级细胞（Supercell）在热门网游功能的专利诉讼中败诉，因其游戏侵犯六项专利，被判向日本的聚逸株式会社（以下简称"聚逸"）赔付 9220 万美元。

据悉，聚逸在 2020 年 9 月裁决的一宗专利诉讼中已经从 Supercell 获赔 850 万美元。双方之间的第三宗诉讼将于今年晚些时候审理。双方争议的是"免费增值"游戏的功能。

"免费增值"是指平台向用户免费提供服务，借助口碑传播有效地获得大量用户，然后向用户提供增值的附加服务。其中的关键是"大量用户"，有了大量用户就形成稀缺资源。用户越多，稀缺性就越大，提供的增值服务也越能吸引人购买，QQ 等迅速发展的 IT 企业大多采用这样的营收模式。

免费增值模式在游戏中的应用表现为游戏免费下载，后续通过用户升级或在游戏中购买虚拟物品来赚钱。聚逸是这个功能的开拓者之一。

（资料来源：佚名.腾讯旗下游戏公司涉专利侵权，被判赔聚逸 9220 万美元［EB/OL］.（2021-05-08）［2022-11-25］.https://www.163.com/dy/article/G9FJKUCM05118K7K.html.有删改）

拓展阅读

第2章

知识产权的经济学渊源
——以技术资源为例的无形资源保护分析

知识产权的内容主要是人类智力劳动的成果,涉及的面比较广。为了经济学分析上的便利,本章以技术资源为代表进行经济学分析。

2.1 技术资源的特殊性及其激励机制设计

2.1.1 技术资源的特殊性

(1)技术作为一种生产的投入要素,是特殊的资源,它与人的思维活动紧密相关。在这样一个过程中,技术资源从无到有,是一种通过创造性的劳动所得到的创新资源。而且一项已有技术产生的利润一旦减少甚至为零时,只有转向更好的技术创新才会带来未来的经济增长。从人类创新技术这个意义上讲,它不是稀缺的。罗默曾说:点子不同于其他东西,点子有它们的特性[①]。土地、机器和资本这类东西稀少,但是点子和知识丰富,它们相辅相成。点子能以很低的成本复制,甚至什么成本也不要。换句话说,收益递减的法则,对它们不适用。可见只要有人类,它就可以被源源不断地创新出来,为社会服务。因此产权的安排,首先要有利于激励人类进行这一资源的创新活动。可以说只要产权的安排恰当,它就可以随着人类的存在而永不稀缺。

(2)对于已经创新出来的技术资源来说,它毕竟是有限的,从这个意义上来讲,它又是稀缺的。如何有效地利用已创新出来的技术这一稀缺资源,在现实有交易费用的社会里,法律制度的安排就显得极为重要,而这一点正是科斯定理所要解决的问题。

(3)技术资源的一个最大特点,就是同一个技术资源可以被若干个人(或企业)分别各自独立地创新出来,从而出现同一技术的多主体特征,造成交换中的权利矛盾和冲突。而且技术资源一旦被创新出来后,它被多角度使用时的边际成本为零,会产生边际效益递增的现象,因此多次重复创新同一技术是无效率的。

(4)技术资源具有很强的外溢特性,加之人类学习和模仿的天性,故易于传播,传播成本几乎为零,别人一旦获知,使用的成本很低,并可以成为人们(或企业)更高一个层次技术资源创

---

① ROMER P M. Endogenous technological change[J]. Journal of Political Economy,1990,98(5):71-102.

新活动的基础。这样,技术资源产权的界定就不像天然资源那样可以简单地实施"强力界定产权",而应由创新技术资源者排他性地获得这一产权。

2.1.2　技术资源的创新与使用

从以上分析可以看出,技术作为一种与有形资源不同的资源,它所涉及的问题共有两个:一个是如何创新出来,这是技术资源从无到有的过程;另一个是对已有的技术资源如何使用、谁来使用的问题。相比较而言,有形资源是一种现实的客观存在,人们只能运用它,却无法创造它,正因为如此,有形的资源总是有限的,总有一天会被人类所用尽。所以经济学家们才花大量的时间和精力来研究如何更好地利用稀缺资源,以实现资源使用的效率最大化。在有交易费用的现实社会里,法律制度的安排、有限资源产权的界定就显得尤为重要。

但技术资源产权的界定不像一般稀缺资源那样,只要考虑使用该资源实现社会效用最大化就行了。这一产权的安排,不仅要有利于已创新的技术的有效使用(这是科斯世界的问题),更为首要的问题是如何刺激和激励人们创新出技术资源(这可称为是科斯世界以前的问题),或者说,对于技术资源,创新出来比有效使用它更为重要、更为基础,只有创新了这一资源,才能有基础论证如何更好地运用这一资源。因此技术资源产权制度的安排要考虑两个问题:

问题一:如何设计激励机制来创新出技术资源。

问题二:如何有效利用已创新出的有限的技术资源。

2.2　刺激技术资源创新的垄断机制

2.2.1　垄断的产生

"垄断"一词,按照古希腊文原义,就是指单独一个卖者的意思。由于市场上只有一个卖者的可能性在现代商品种类众多、可相互替代的市场里是极为罕见的,因此,经济学家对垄断也有着不同的看法。亚当·斯密(Adam Smith)在1776年出版的《国富论》中常常提到这个词,他认为垄断是指享有法律保护的多厂商行业,如"法律给制靴商和制鞋商垄断的地位"。而欧文·费雪(Irving Fisher)则把垄断简单定义为"竞争的缺乏"。在新古典经济学家看来,垄断是与"完全竞争"相对立的只有单独一个卖者的一种假想的市场形态。

按照新古典经济学理论,垄断是与"自由竞争"相对立的一种市场行为。"单一的卖者是他所在行业的唯一生产者",当市场上只有一家厂商时,该厂商不太可能接受既定的市场价格。相反它能看到自己对市场价格的影响,并选择使它总利润实现最大化的价格和产量水平。可见垄断表现了一种生产厂商控制市场产量和价格的状态。获得这种市场控制力的厂商可以通过使用自己的资源,来实现使自己利润最大化的价格和产量设计。

从理论上讲完全垄断具有以下特征:①在一种产品市场上,只有唯一或极少数生产者,企业可以视为行业,且此种产品没有良好的替代品,因而不面临任何别的企业的竞争或威胁。②垄断企业是价格的制定者,它可自行决定自己的产量和销售价格,并因此使自己利润最大化。③垄断企业可根据获取利润的需要在不同销售条件下实行不同的价格,即实行差别价格(price discrimination)。

很显然,垄断的独立定价和决定产量的特征对企业技术投入成本的回收、增加收益、实现自我利益最大化是极有好处的。

2.2.2 对垄断制度的再认识

垄断实际上是一种关于资源控制、交易和使用权利的巨大集中。这种集中,使得在交易和谈判的过程中,权利人能增加对资源的处分程度,提高其在谈判中的决策速度和优势地位。从这个意义上讲,垄断并非一定是坏事。正因为如此,垄断者可以通过自己的行为来制定和控制市场上唯一产品的价格,使消费者因使用新产品而提高对生活的享受,其代价则是由技术创新者获得了相应的生产者剩余。

垄断作为市场经济运行的一种制度,其数百年来得以存在的现实,就说明了它的意义。

长期以来,"垄断会造成社会净损失因而应严格限制企业规模,从而达到反对垄断"的做法早已被抛弃,人们在不断认识到垄断经济所产生的巨大作用的同时,更加明确地认识到,反垄断应针对垄断者滥用市场控制权利所进行的不正当竞争行为,而不应限制企业的规模和其垄断的力量。波斯纳就曾多次为此而呼吁,并针对结构主义理论机械地认为"企业规模的大小是产生垄断的原因"进行了批评,认为结构主义理论将注意力集中在保护竞争者,而不是保护竞争。实际上垄断行为必然产生市场激烈的竞争,是有利于经济效益的提高的,而不能因为竞争的激烈来否定竞争性行为。因此反托拉斯法的重点不是市场结构,而是企业的不正当竞争行为。不仅如此,经济学家也从不同的角度对这一问题进行了讨论。

1. 竞争也对社会带来不利的效应

竞争对于社会经济发展的卓越作用并非人们所想象的那样无懈可击。首先,在竞争状态下,企业为了降低成本,获取最大利润,很可能降低产品的安全性,牺牲社会利益,同时造成诸如环境污染等外部不经济。其次,竞争中的企业为了战胜竞争对手,往往也会采取非正当的竞争手段,例如生产假冒伪劣产品,力求钻管理的空子,生产不符合卫生、环境等法律要求的产品,坑害消费者,导致社会道德沦丧。其三,过分的竞争会使消费者无所适从,在选择商品上花费大量精力、财力,造成社会资源的浪费。

2. 垄断利益的合理性

不能简单地否定垄断的利益。企业能够在市场上占据主导地位通常是由于其经济策略的成功或技术的先进,这正是竞争机制的直接后果。垄断企业获得的垄断利润是竞争胜利者应得的正当商业利润,无可厚非。

3. 垄断是规模效益的源泉

在某些成本巨大、社会回报率低的产业,生产者必须实现足够大的生产规模及市场占有,才可能获得合理的利润,这一规模成为实现最低效益的临界规模。在这种行业实行过度竞争,将不利于规模经济及其经济效益的提高,结果必然导致资源浪费。从这个意义上讲,某些行业中企业数量的减少,大企业占主导地位是有利的。此外,在实践中,一些企业彼此协议限制相互间的竞争,以期形成更为有效的规模,开发新产品,提供新服务,这于社会利益而言,亦是有利无害的。

4. 垄断产生企业内部经济

被称为"福利经济学之父"的庇古(A. C. Pigou),于1920年出版了《福利经济学》一书,研究和讨论了边际私人纯产值与边际社会纯产值背离的问题。

庇古认为，首先，某一生产部门成本递减所包含的内部经济的存在，意味着对社会来说也存在成本递减的情形。他写道："在完全的递减供给价格情形起作用时，对社会来说，递减供给价格的情形通常也一定起作用。因此在竞争条件下，某一生产部门投资的边际私人纯产值一般会小于边际社会纯产值。"①于是得出结论，对于这种生产部门，国家要采取奖励政策，使之能扩大规模，使"那里的边际社会纯产值接近于一般资源的边际社会纯产值"。

其次，在垄断情况下，由于各个垄断企业进行大规模生产，控制了相当大的市场份额（如钢铁工业等），且它们还生产副产品，产生了内部经济，所以这时边际私人纯产值与边际社会纯产值的差距要大于完全竞争下的差距。

最后，如果垄断企业成为经常而普遍的现象，那么只要边际私人纯产值与边际社会纯产值的背离程度在所有生产部门都相同，也可以说是达到了最优资源配置。同时，虽然庇古提出了在垄断条件下有必要采取国家干预的措施，但他认为阻止厂商合并为垄断企业的做法并不有利于国民收入的增加，如果由国家直接控制垄断企业，则会压抑这些企业生产和经营的积极性，那么情况就会更糟，因为那样会导致腐化、官僚主义等现象的产生。

可见，垄断是企业权衡内部经济与外部经济后的一种必然结果，这与科斯关于企业的规模是权衡市场交易费用与企业内部管理费用的一种必然结果的思想不谋而合。企业的大小并非是由政府决定，而是由其内、外部经济性（或市场交易费用与内部管理费用）来决定的，垄断的产生也是企业权衡内部经济与外部经济后形成的。

5. 熊彼特假说

1942年，美籍奥地利学者J. A. 熊彼特（J. A. Schumpeter）提出了一个重要的观点：在巨型公司和不完全的竞争中存在着创新与技术变革的源泉。这一假设使经济学家们感到吃惊，但事实的确如此。随后莫尔顿·卡曼（M. Karman）、南塞·施瓦茨（N. Schwartz）等人进一步分析得出：只有垄断竞争市场才是最适合于技术创新的市场结构。

正因为如此，专利权作为一种垄断权利，也是在考虑到其效益与成本的基础上形成的，政府的授权只是对这一必然状态的认可而已。这也符合国家立法渊源的基本学说。

2.2.3 垄断优势存在的原因

由于规模经济的作用，垄断企业促进了资源配置的优化，提高了生产效率。对此，传统的观点认为，由于在垄断的规模经济条件下，产出量扩大，分摊到单位产品上的固定成本就自然会降低，从而有助于生产成本的节约和生产效率的提高。不仅如此，垄断企业通过组合经济可以节约交易费用，即在一定规模下同时生产、经营多种不同商品的成本低于其他厂商分别生产经营其中一种商品的成本总和。组合经济存在的根本原因在于具有不完全可分性的生产要素能够产生功能的多样性、经济价值的多重性、组装性能的多重性，以及厂商的无形资产在扩大的品种范围上的重复使用性等。这些论点在一定的范围内是有意义的，但资源的优化配置总有一个最佳结构，实现了这一结构后的效益提高总会有一个极限。同样交易费用的节约也是有极限的，否则企业就会无限制地膨胀下去。

随着科学技术的发展，新的技术资源的创新需要大量的人力、物力的支持，而这正如熊彼特所讲的，垄断企业是技术变革和创新的源泉。正因为垄断企业不断有新的技术资源的创新、

---

① 厉以宁，吴易风，李懿. 西方福利经济学述评[M]. 北京：商务印书馆，1984：56 - 60.

技术要素的投入，才能使垄断企业的优势始终不衰。

技术作为一种资源，其从无到有的创新过程是有代价的，这个代价是为了实现激励该资源的创新而设立社会机制过程中的必然代价。技术资源的不断创新与应用是垄断企业保持利润优势的原因之一。

2.3 技术产权明晰的分析

为了实现技术资源的创新，法律必须将技术的产权明晰给创新者本人。对于一般的有形物来说，产权的明晰是比较容易进行的，最原始的办法莫过于"强力界定产权"（也被称为"丛林法则"）。随着社会的发展和进步，由法律确认财产主体在占有、使用、收益和处分过程中的私有权，权利人不需要任何手续而自动取得财产私有权的做法日益普遍。在一个完全竞争的经济社会中，私人独立决策运用所有权将或多或少地带来社会效率的增加。对技术产权明晰的方法之一也是由私人自我保护技术资源的私有垄断权，即政府以法律规定技术的产权属发明人所有，允许权利人进行使用和交易，并对侵权者进行处罚。

2.3.1 技术产权私有的多元主体特征

技术的特殊性导致了技术产权私有中的复杂性。技术的基本特征反映在：

（1）同一技术可以被不同的人分别独立地创新出来；

（2）同一技术可以被不同的人分别同时持有；

（3）同一技术资源的创新只要有一次就行了，在可自由交易的情况下，多次重复的创新是没有意义的。

显然自动取得技术产权的制度中，一项技术会有若干个独立的权利主体，技术产权的私有就必然出现多个不同的主体对同一技术产权的私有，可称之为多重私有。

自动取得技术产权所导致的多重产权私有，存在的最大问题就是巨大的保密成本（这可以认为是技术产权界定中交易费用的一种）造成技术资源使用中的低效率，并且无法实现刺激技术资源创新的目的。

2.3.2 技术产权多重私有会产生巨大的保密成本

把技术资源产权授予发明者，允许其合法使用并通过市场进行交易来获取收益。然而技术的开发是一种智力活动，不仅可以由某一个人发明出来，而且可以由若干个人分别各自独立发明出来，因此每个人皆享有合法的私有权利。

与此同时，技术极易被模仿且易于传播，尤其是在传播媒介迅速发展的今天。技术一旦被他人模仿，发明人很快就会失去因技术优势而占有的市场优势，使其技术投入或应得利润无法得到回报。鉴于此，发明人只有采取最传统的方式，即保密的方式。

但保密的方式对发明人来说，风险成本很高，一旦泄露，就无法挽回。发明人为了保护自己的技术秘密费尽心机，如中国自古就有"秘方传子不传女，传媳不传婿"的习惯，西方也有为了技术秘密而残酷杀害对手的历史。如果没有专利制度，现代企业制度也将无法建立起来，人们会更多地在企业中雇用家族成员，以利于有效地保护自己的技术秘密。

在技术产权私有、如同一般有形物一样对其给予保护的情况下，极高的保密成本使得技术资源的创新和有效利用都难以实现。

2.3.3 技术产权多重私有的矛盾

技术产权的多重私有,使得每一个发明人都获得了对同一技术的私有权。在有形财产权制度中,可以允许若干人分别拥有相同物的所有权,是因为相同物中的每一个物都可以独立存在,并且这种存在各有其实际意义,因此每一个物都分别具有不同的所有权主体。同有形财产权制度不同的是,相同的技术只能有唯一的一个权利主体,否则各个权利主体在交易的时候,其个体的决策自主性之间就会发生冲突和矛盾,影响技术资源的使用和交易。技术产权的多重私有会产生一个权利客体同时拥有若干主体的矛盾,从而使技术产权的保护极端困难。

第一,发明人要辨别他人的技术是否属于盗取的,所要花费的成本将很高。技术易于传播,又可以由不同的人分别独立研究开发出来,这样一来,发明人对偷窃技术行为预防的成本就很高,也就是说,别人与自己持有的同一技术究竟是对方开发的,还是偷窃自己的甚或偷窃第三人的,这一辨认成本很高。因为每一个人无法完全获知对方的研究过程,尤其是思维的过程。

第二,技术所有人发现并指控众多的侵权者很困难。由于技术资源更多地靠个人保密来维持私有,因此技术的发明者在广大的范围内很难发现别人是否也拥有该技术,即使知道,也很难辨认是对方开发的还是偷窃自己的。

第三,不利于技术的传播,从而限制了科学技术的发展。很显然,技术资源创新的巨大作用不仅在于技术开发人能够用它来生产新产品,更重要的是技术的传播和溢出效应进一步刺激和启发了其他人的二次开发和创新,推动了社会的发展。然而技术的保密极大地限制了技术的传播,遏制了人类的创造活动,阻碍了社会发展。

可见,在技术产权明晰的过程中,依靠当事人像取得一般有形物那样取得技术的所有权是低效率的。对技术资源来说,私人保护无法达到实现明晰产权的目的。其原因主要在于:

(1)高保密成本使社会大量资源用于保密和窃密上,造成的浪费极为惊人。

(2)高保密成本,使得发明人往往更多地将时间和精力花在保密上,后续改进的时间和精力的投入就很有限,不利于社会发展,而且这一成本往往会高到使潜在的发明者放弃发明的地步。

(3)极高的私人保护成本,严重阻碍了市场交易,是一种很高的交易费用。对此,波斯纳认为:当私人保护成本(交易成本)很高时,政府应该来干预处理这种资源的权利分配。在这种情况下,政府出面干预是有效率的。

2.4 保护技术资源垄断权制度的设计

由政府设立专门机构,采取登记的方式,使技术的创新者通过一定的程序取得独占的垄断权利,是专利权最基本的前提,是有效率的。这种产权制度的安排,不仅刺激和激励了技术资源的创新活动,而且有利于技术资源的有效使用。

2.4.1 政府干预产权的基本方式

政府干预技术产权的基本方式是登记制度。政府设立一专门机构,按照一定的方式(先发明或先申请)向技术发明人颁发证书,与此同时拒绝了其他相同技术开发者的权利申请,即运用政府的规制权利限制其他较晚的相同技术开发者进入该产品市场,从而保证技术的权利者在此法律管辖范围内只有一个,并使这个人取得一种垄断权,这种权利被称为技术专有权或专利权。

技术资源的专有权,也称为独占权或垄断权,是技术资源的创新者经过一定的法律手续(因各国立法体系的不同而不同)取得的。这个权利一经法律授予,即具有排他性,只有权利人才能享有,其他人不经技术权利人的同意均不能使用这种受法律保护的技术,否则就是侵犯了技术专有权人合法权利的行为,是要受到法律制裁的。这种权利的专有性表现为一个技术的独占权只能被授予一次,其权利人也是唯一的,只有权利人能充分享有对该技术资源的占有、使用、收益、许可和处分等权利。

当然,技术专有权的取得还必须有利于社会科学技术的发展。为此,专利制度要求给发明人授予专利权保护的一个必要前提条件,就是发明人要将其技术公开于社会。公开的方式就是在专利说明书中对于发明的新技术做出充分的说明,使本领域内的一般技术人员凭说明书就可掌握该技术、实施该技术。人们为了获得专利这种最强有力制度的保护,就要公开其技术,这样,新技术不再像以往那样长期处于秘而不宣的保密状态。事实上,由于许多国家专利制度所实行的先申请原则,更加有力地刺激了发明人尽早公开自己的新技术。

另外,专利制度授予技术发明人一定时间内唯一的技术专有权,一方面从实质上就是保护发明人获取技术的垄断利润,为发明人收回发明创造投资提供了保证,不仅鼓励了发明活动,也为发明者再次的技术发明投入提供了物质基础,保护了技术的生产与再生产,形成了良好的刺激技术资源创新的激励机制。另一方面,在垄断权利结束后,政府允许社会公众对技术发明的使用,也使垄断权的社会收益与个人收益达到均衡(如图2-1所示)。当然,专利权的确认和专利技术的公开还会使同一技术的后续发明人放弃这一发明的投资和努力,减少了重复研究和投资,节约了社会的总资源。

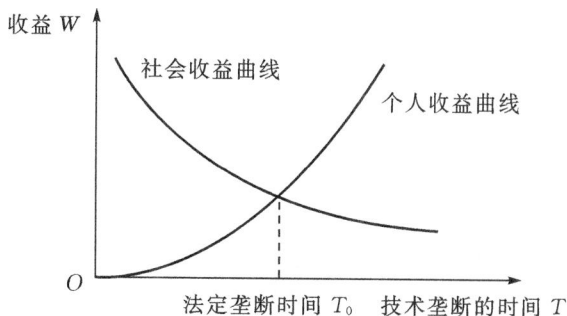

图 2-1 技术保护法定期限

专利制度不仅鼓励和督促技术的开发,而且满足了私人拥有技术,保证了技术资源的有效利用。

2.4.2 技术的溢出效应

专利制度可以使技术资源的使用效率提高,促进其他技术创新的产生。专利制度要求的技术公开使得技术的外溢效应作用巨大,极大地促进了技术信息的传播,对社会的技术进步和发展产生了不可估量的作用。"专利制度具体体现了某种社会费用节约的技巧,在没有专利制度的时候,发明者要花费大量的投资来保护他们发明的技术秘密,这些花费成为社会直接成本的一个重要组成部分,因为这直接妨碍了技术的传播。"[①]专利法明文规定对"偷窃"专利技术者进行处罚,增加了偷窃者偷窃行为的风险责任,从而有效地减少了发明者因此而支付的保密费用,促进了技术的扩散。

2.4.3 专利制度促进技术资源创造

技术资源的创新是以垄断作为激励机制的,专利制度的独占权原则为技术资源创造的良性循环提供了基础。

1. 收回发明投资

技术资源的创造过程作为一种以脑力劳动为主的生产活动过程,是一定知识和投资的积累,开发出的技术资源的价值往往无法用具体的金额来计算。个人无形智力的投入使得技术资源创造的投入并不一定与技术所能带来的价值成正比,因此人们进行技术开发往往要求有较高的回报,以补偿自己有形与无形资产的投入,最少也要把有形的投入收回。近年来随着科学技术的发展,一项新技术的产生往往都需要大量的资金、设备、材料和人力。没有专利制度保护,发明人既不能收回科技开发的投入,更不能取得高额回报,也就不能为下一轮的开发准备资金。

2. 为技术进步打下了基础

技术资源创造投资的回收,甚至超额利润的回报,为技术发明人的再一次开发提供了物质基础和知识积累。不仅如此,技术信息的传播,也为他人提供了经验,使其他同行有可能在其研究的基础上进一步研究,从而为新的技术资源源源不断的生产创造打下了基础(参见第3章图3-1)。

2.4.4 保护技术资源垄断权的成本

在现实社会中,任何一种制度的运行都是有成本的,正如科斯所强调的一样,每一个机构、组织在资源分配的运作上都要承担经济成本。专利制度所确定的技术垄断权制度的运行也是有成本的。

1. 专利制度中的管理费

建立以登记为主的专利管理制度,要求政府专门建立一系列的专利管理部门,大量烦琐的程序也要求众多的人力劳务支出。目前在大多数国家普遍实行的审查制的专利制度中,只有申请人的申请案完全符合了审批条件,才能被授予专利权。采用这种审查制度,专利局要在各个技术领域配备一定数量、具有较高水平专业知识和法律知识的审查员,并需要大量门类齐全的专利文献和技术资料,以及相应的管理人员。

2. 专利权人获取权利的成本

各国专利制度都毫无例外地规定:申请人要获得一项发明专利,必须向专利局提出申请,专利局依据法律规定程序进行审查。申请人在专利申请及授权后要向专利机关支付一定的费

---

① POSNER R A. The social costs of monopoly and regulation[J]. Journal of Political Economy, 1975, 83(4): 807-827.

用,这些费用成为申请人获取专利权过程中的一项重要支出。以我国为例,《中华人民共和国专利法实施细则》(2010 年 1 月 9 日第二次修订)第 93 条规定,向国务院专利行政部门申请专利和办理其他手续时,应当缴纳下列费用:申请费、申请附加费、公布印刷费、优先权要求费;发明专利申请实质审查费、复审费;专利登记费、公告印刷费、年费;恢复权利请求费、延长期限请求费;著录事项变更费、专利权评价报告请求费、无效宣告请求费。如果在法定的期限内未交纳的,申请人或请求人提出的申请将不具备法律效力。这些费用几年来一直呈上升趋势。

其中专利年费又称专利维持费,专利权人所缴金额逐年递增。实际上这种逐年递增的年费制度是用经济手段来促进专利权人实施其专利的有效措施,它要求权利人在专利实施收益与支付费用之间进行权衡,如果支出大于收益,或技术趋于淘汰,则可以提前放弃专利权,从而使该技术进入公共领域,以加速技术的传播和使用。在一些发达国家,专利维持费递增率很高,有的甚至是随着政府的市场控制目的而制定的动态价格。

可见,各项费用构成了发明创造人在申请专利权时必须考虑的成本之一。如果收费过高,或申请专利后所带来的经济效益不尽如人意,造成入不敷出的话,必定会影响申请人申请专利的积极性。

3. 技术资源保护的方式选择

专利制度的诞生,有利于刺激技术资源的创造,但在运用这一资源的时候,并不是所有的发明都申请了专利,因为有的发明人或公司不想承担特定的费用,如为保护专利而可能的诉讼费用和因专利管理当局的官僚所导致的费用等。况且随着科学技术的发展,取得专利权并不意味着取得了垄断地位,在某些行业新技术的扩散会使更多的类似技术改头换面地涌现出来。对此,美国经济学家肯尼斯·约瑟夫·阿罗就曾说,在一项发明中专利并非保护财产权的唯一方法,保密可能是另一条路。因此,对于易于保密的技术,技术开发者总是要权衡成本的大小,来选择恰当的技术资源保护方式,这对于技术所有人来说是有效率的。

设技术保密的可能性为 $h(y)$,则失密的概率为 $1-h(y)$,又设在保密的情况下,持有技术者为独家垄断,产品垄断价格为 p_1,一旦失密,技术就成为公知技术,生产该产品的无数厂家,则成为自由竞争的状态,产品的均衡价格为 p,令 p^* 为取得专利权时的产品垄断价格。于是可假设

$$h(y) \cdot p_1 + [1-h(y)] \cdot p \geqslant p^*$$

即

$$h(y) \geqslant \frac{p^*-p}{p_1-p}$$

当 $h(y) \geqslant \dfrac{p^*-p}{p_1-p}$ 时,风险喜好者就会选择自行保密来维系自己的垄断,而当 $h(y) < \dfrac{p^*-p}{p_1-p}$ 时,他就会申请专利进行保护。

2.4.5 政府对专利权的保护成本

专利制度是保护发明的法律制度。所谓保护,包含两个方面的意思:一方面是从立法上保护依法授予专利权的适当程序,给申请人或第三人以申诉的权利;另一方面是从司法上保护专利权,对侵权者加以处理,这是专利法律制度必不可少的组成部分。如果发明人取得专利权,而专利权没有国家强制力保护,它是难以完全实现的。

1.申请中的行政程序保护

根据各国专利制度的规定,发明人依法取得的专利权,受到国家申请程序的行政保护。发明人(或合法受让人)提出专利申请,如若国家专利主管机关经过审查驳回了专利申请,而发明人(或合法受让人)对专利主管机关这一驳回决定又不服,他就可向专利主管机关提出申诉,请求再审。在再审的过程中,国家必须设立专门的机构来完成这一工作。如日本的专利法明文授权专利局局长指定三至五名裁判官组成合议庭,负责审理裁决被专利局驳回决定的申诉。有的国家规定,这种申请由专利局的专门机构受理,比如美国专利局就依法设置了处理申诉案件的专门机构——申诉委员会;还有的国家规定,这种申诉应由专利局的上级行政管理机关在专利局之外组织的专门机关受理,比如意大利就是由工商及手工业部部长任命、司法部批准的上诉委员会(主席一人、成员四人组成)受理,泰国是由内阁任命,以商业部副部长为主席的专利委员会负责这项工作。

2.司法程序的保护

发明人依法取得专利权的权利,受到国家司法程序的保护。如果主管专利的行政管理机关经过审理驳回了申诉,发明人(或合法受让人)还可以就这一驳回的决定向法院提出诉讼,请求法院保护其依法取得专利权的权利。受理这类案件的法院大致有三种:一是专利专门法院;二是专利法特别指定的普通法院;三是专利专门法院和特别指定的普通法院并用。由此带来的申诉和诉讼成本,构成了专利制度成本的一部分。

我国自实行了专利制度以来,专利纠纷案件大量增加。据统计,自 1990 年到 1995 年,人民法院共受理专利侵权纠纷案件 3106 件,共审结 2646 件,1995 年的积案数量相当于当年受理案件的 50%,绝大部分积案是中止诉讼的案件,有相当一部分专利无效纠纷案件的审查时间长达 2 年以上。随着企业专利竞争的加剧,专利纠纷也一直居高不下,2004 年、2005 年和 2006 年全国地方法院一审分别受理专利案件 2549 件、2947 件和 3196 件。

另据《最高人民法院知识产权法庭年度报告(2021)》,2021 年,法庭共受理技术类知识产权和垄断案件 5238 件(新收 4335 件),审结 3460 件,结收比为 79.8%。法庭受理案件占全院的 17.8%(受理的民事二审案件占全院 68%、行政二审案件占全院 100%),新收占 16.4%,审结占 13.5%,收结案件数均为全院各部门之首。与 2020 年同期相比,新收案件数量增加 1158 件,增长率为 36.4%;结案数量增加 673 件,增长率为 24.1%。

2.4.6 技术竞争的成本

专利制度给取得专利权的技术创新者以独占的权利,以使其获得垄断利润。这一机制激励众多的企业、个人进行技术开发、发明,为获取专利权而进行着长期的激烈竞赛。竞赛的结果,也导致了更多的资源浪费。关于这一点,国际上自 20 世纪 70 年代以来进行了许多研究,并得出了一些明显的结论。

自 20 世纪 70 年代后期以来,经济学家们构造了一系列"专利竞赛"的模型来描述企业间的技术竞争行为。起初人们假设技术开发先期的投入与后期的技术进一步开发的投入无关,因而得出企业在未取得专利之前的竞赛是极为激烈的,竞争中的企业投入是很大的。显然这个假设在事实上不能成立,但修改后的假设条件并没有改变专利竞争激烈、投入巨大的结论。最先完成技术开发的公司在得到专利保护以后将得到此项新技术所产生的全部收益,而失败者什么也得不到。J. 帕克(Jaesun Park)用一个两公司双阶段的专利竞赛模型证明了下列结论：

（1）处于技术优势的企业必须投入巨大的 R&D 资金来保持自己的技术领先地位；

（2）处于技术劣势的跟随者企业，为了获取专利竞赛中的成功，要么必须花费更大的力气和加大投入，选择一条风险较大的路径来参与竞赛，要么就必须放弃而退出竞赛。

专利竞赛不仅发生在技术的开发阶段，而且存在于专利技术的产业化阶段。可见政府授予垄断权这一机制本身，就引导企业花费更多的投入来进行获取专利的竞赛，竞赛失败者所投入的巨大资金都作为这一制度的沉没成本而浪费了。

✦ 问题讨论

1. 企业技术资源创新产生应该考虑哪些基本条件？
2. 政府主要采取什么手段保护技术资源创新？
3. 技术资源创新的权利归属应该考虑哪些因素？

✦ 阅读材料

【阅读 2-1】

科斯关于外部性问题的一个常用案例

假设：有一家工厂（甲方）与周围五户居民（乙方）发生民事纠纷，原因是甲方的烟囱冒黑烟，致使乙方在室外晾晒的衣服受污。乙方起诉，要求甲方停止排烟，并赔偿损失。法院如何审理此案呢？

从假设已知，乙方每户居民因烟污蒙受 75 元的损失，损失共计 375 元（75×5）。如要消除烟污，可采取两种方法：其一，甲方安装除烟尘设备，需用 150 元。其二，乙方不在室外晾晒衣服，每户买一台干衣机（50 元/台），共需 250 元（50 元×5）。

显然，第一种方法最经济、最有效益。因为，这样可以花 150 元成本消除 375 元损失，净收入为 225 元；而第二种方法仅得收益 125 元。问题在于，如果法院判决甲方应承担损害赔偿责任，或不承担该责任时，会出现相同的结果吗？回答可分两步。

首先，假设在零交易成本的条件下，即甲乙双方或乙方各户之间的任何谈判协商及履行都不需要任何费用的情况下，不论法院判决如何即法律规定谁有权利，甲乙双方都会设法寻求一个最有效益的解决办法。

如法院判决甲方应承担损害赔偿责任，甲方无疑会花 150 元安装除烟尘设备；如法院判决甲方不承担责任，乙方衡量以下三者的得失：①每户甘愿损失 75 元，共计 350 元；②每户买一台干衣机，共计 250 元；③每户花 30 元，共计 150 元，以便与甲方谈判，由甲方安装除烟尘设备。结果肯定会选择③。

其次，假设在有交易成本的条件下，法院判决对效益结果会产生什么样的影响呢？

如法院判决甲方应承担损害赔偿责任，甲方无须与乙方谈判，自己会花 150 元去安装除烟尘设备。

如果，法院判决甲方不承担该责任，即由乙方承担责任、甲方有污染权时，乙方却陷入进退两难的境地:要么每户自己去买干衣机(方案一),要么花费一定的交易成本,说服甲方安装除烟尘设备(方案二)。假如每户需花60元交易成本(合计300元),那么乙方就只得放弃谈判,因为方案二的总成本为450元(300+150),超过了原来所蒙受的损失375元和购置干衣机的费用250元。相比之下,乙方每户添置一台干衣机会比较合算。

上述分析表明,在零交易成本的条件下,法院的判决(即法律权利的赋予,如在此案中,赋予甲方排放烟尘的权利,抑或乙方享有洁净空气环境的权利)对效益结果的产生,没有任何影响;反之,在有交易成本的条件下,法院的判决直接影响到效益的不同结果。因此,在决定法律权利的赋予时,要顾及效益,如在以上案例中,法律就应规定甲方承担损害赔偿责任。推而言之,任何法律的制定和执行都应有利于资源配置效益的最大化。

第三,我们还看到,在交易成本为零时,150元是最终的花费,但因法律授权的不同,谁支付150元也是不尽相同。因此法律的制定(特别是有交易费用时),不仅要达到效益最佳,还要分析谁支付最合理。

【阅读2-2】

几个产权经济学的定律

1. 斯密定理

自愿交换对个人是互利的。即:产权明晰有利于交换,可以节约交易费用。

2. 科斯定理

在一个零交易成本世界里,不论如何选择法律、配置资源,只要交易自由,总会产生高效率的结果。而在现实交易成本存在的情况下,能使交易成本影响最小化的法律是最适当的法律。交易成本的影响包括了交易成本实际发生和希望避免交易成本而产生的低效率选择。简言之:若交易费用为零,无论初始权利如何界定,都可以通过市场达到资源的最佳配置。

3. 波斯纳定理

(1)即使在零交易成本条件下,初始的权利规定不影响最终的效益结果,它也会对当事人的相对财富产生影响。

(2)如果市场交易成本过高而抑制交易,那么,权利应赋予那些最珍视它们的人。

(3)当市场交易成本很低时,法律应主张将资源所有权的分配留给市场决定;当交易成本很高时,法律应主张由政府干预来处理这种资源所有权的分配。

波斯纳认为,帕累托最优是指第三方的效用不减少,交易方的效用增加,从而增加了整个社会的福利,这是有效率的。"但这种情况在现实社会几乎是不会令人满意地存在的",人们在交易的过程中总是对交易以外的第三人产生影响,但如果第三人的损失小于交易当事人的收益,那么社会的总福利也是增加的,并且总能找到交易人对第三人给予的恰当补偿,从而实现社会的公平。这也是一种帕累托最优。为了与上述帕累托最优相区别,波斯纳把这一原则称为卡尔多·希克斯有效率(Kaldor-Hicks Efficient),这一原则告诉我们:

第一,在现实社会中(有交易费用时),当法律规范已定,也即初始权利已定,这时因人们的不同偏好和对利益最大化的追求,必然会产生交易。交易的结果可以通过经济学分析进行预测,从而可以检验法律规定对社会的影响。

第二,不同的结果反映出法律规范的优劣,其检验标准有三:其一是能否实现资源合理利用;其二是交易者从这个法律规范中得失多少;其三是如何对第三方的损失进行补偿。

第三，法律规范发生变化，交易必然产生，交易的结果可以反映出法律规范变动的方向和趋势，从而为立法研究打下量化分析的基础。

第四，法律最重要的作用之一，是通过立法工作和司法判决解决人们之间的纠纷，并以此警示其他潜在争端解决的结果。因此，法律的经济学分析也有利于立法者和法官的判决朝着有益于资源有效利用的方向发展，并使人们事先知道自己行为的后果，以决定是否引起争端并提交司法裁定。因此法律的经济学分析对司法工作也有着重要的指导意义。

第3章

专利权及其法律制度

3.1 专利制度综述

3.1.1 专利制度发展简史

"专利"一词是从英文 patent 翻译过来的,意即"打开""公开"的意思。patent 源自 letters patent,是英国历史上国王封爵、任命官员或授予某种特权时所常用的一种文书。这种文书据说没有封口,任何人都可以打开来看。所以 letters patent 可以被认为是一种公开的文件。封建社会末期,随着手工业的出现,封建性质的技术封锁被打破,保护发明成为社会

《中华人民共和国专利法》

的需要。这时,一些国家的君主开始授予商人或手工业主制造或贩卖某种产品的特权或垄断权,这种特权或垄断权包含有现代专利制度的成分。1331 年,英王爱德华三世曾授予佛兰德的工艺师约翰·卡姆比(John Kempe)在缝纫与染织技术方面"独专其利"。该早期"专利"的授予目的,在于避免外国的制造作坊将当时英国正在使用的先进技术吸引走,这已经接近现代的专利了。1421 年,在意大利的佛罗伦萨,建筑师布鲁内来西(Brunelleschi)为运输大理石而发明的"带吊机的驳船"(a barge with hoisting gear),也曾获得类似早期英国的专利,而且这时专利已有了"保护期"(3 年)。

1474 年威尼斯共和国颁布了第一部接近现代意义的专利法,1623 年英国颁布了被认为是世界上第一部现代含义的专利法,它规定了发明专利权的主体、客体、可以取得专利的发明主题、取得专利的条件、专利有效期以及在什么情况下专利权将被判为无效等。这些规定为后来所有国家的专利立法划出了一个基本范围,其中的许多原则和定义一直沿用至今。

18 世纪初,资产阶级革命之后的英国,着手进一步改善它的专利制度。专利法中开始要求发明人必须充分地陈述其发明内容并予以公布,以此作为取得专利权的"对价"(consideration)。这样,专利制度就以资产阶级的契约形式反映出来。专利权的取得成为一种订立合同的活动:发明人向公众公布他研制出的新产品或新技术,以换取公众在一定时期内承认他对研制成果的专有权。按照法律中的这种要求,"专利说明书"出现了。它的出现标志着具有现代特点的专利制度的最终形成;它对于打破封建社会长期对技术的封锁,对于交流和传播科学情报,具有革命性的进步。当然,专利制度真正在整个社会上起到鼓励发明的作用,时间还要更

迟些,大约开始于 19 世纪前期的"工业革命"。从英国专利申请案的历史记载上可以看到:在 18 世纪 50 年代,全国平均每年只提交了 10 份申请案,而在 19 世纪 40 年代,则平均每年提交了 458 份。

继英国之后,美国于 1790 年、法国于 1791 年、荷兰于 1817 年、德国于 1877 年、日本于 1885 年都先后颁布了自己的专利法。到目前为止,世界上建立了专利制度的国家和地区已经超过 170 个。

3.1.2 我国专利制度的发展

1859 年,太平天国领导人之一洪仁玕在他著名的《资政新篇》中,首次提出了建立专利制度的建议。他认为:对发明实行专利保护,是赶上西方发达国家的必备条件。他甚至提出了在同一专利制度下分别保护发明专利与"小专利"(或"实用新型")的设想,提议在专利保护期上有所区别,"器小者赏五年,大者赏十年,益民多者年数加多"。今天法国、澳大利亚等国家,实际上实行的正是这种大、小专利并行的制度。由于太平天国在 1864 年失败,洪仁玕的建议没有能真正实现。

1881 年,我国早期民族资产阶级的代表人物郑观应,曾经就上海机器织布局采用的机器织布技术,向清朝皇帝申请专利。1882 年,光绪皇帝批准了该局可享有十年专利。这是我国历史上较有影响的"钦赐"专利,它已经比西欧国家的类似进程迟了 300 多年。

1898 年,在著名的戊戌变法中,光绪皇帝签发了《振兴工艺给奖章程》,这是我国历史上的第一部专利性质的法规,但它并未付诸实施。

新中国成立后,按照苏联的模式,发明成果实行国家所有,成果使用由国家统一调配。虽然政务院(国务院的前身)于 1950 年颁布了《保障发明权与专利权暂行条例》,1963 年又颁布了《发明奖励条例》取代《保障发明权与专利权暂行条例》,但这些都与今天意义上的专利法律有较大的差距,没有达到"专利制度私权化"的立法目的。

1984 年 3 月 12 日,第六届全国人民代表大会常务委员会第四次会议通过了《中华人民共和国专利法》,自 1985 年 4 月 1 日起实施。

1992 年 9 月 4 日,第七届全国人民代表大会常务委员会第二十七次会议对专利法进行了第一次修正,2000 年 8 月 25 日第九届全国人民代表大会常务委员会第十七次会议对专利法进行了第二次修正,2008 年 12 月 27 日,第十一届全国人民代表大会常务委员会第六次会议对专利法进行了第三次修正,2020 年 10 月 17 日,第十三届全国人民代表大会常务委员会第二十二次会议对专利法进行了第四次修正,修正后的专利法于 2021 年 6 月 1 日起施行。

我国自 1985 年专利法开始实施到 2000 年初,用了近 15 年的时间,专利申请总量达到第一个 100 万件;第二个 100 万件则历时 4 年 2 个月;尔后再用 2 年 3 个月完成第三个 100 万件;到 2007 年 12 月 24 日,仅用了 1 年 6 个月完成了第四个 100 万件。根据国家专利局的统计资料,截至 2013 年 12 月我国专利申请总量已达 13 093 538 件(其中国内申请总量为 11 646 748 件,国外申请总量为 1 446 790 件);在发明、实用新型、外观设计三种专利申请中,发明专利申请累计总量为 4 327 819 件(含国内申请 3 084 208 件,国外申请 1 243 611 件)。专利授权总量 7 426 010 件(其中授权国内 6 659 972 件;授权国外 766 038 件);发明、实用新型、外观设计三种专利授权中,发明专利授权 1 318 659 件(含授权国内 735 863 件,授权国外 582 796 件)。

长期以来,因为实用新型专利、外观设计专利比例高以及发明专利中外国人申请的数量较大等原因,我国的专利申请存在数量大而专利质量不高的问题。值得高兴的是,这种情况在2013年有所改观。这一年我国发明专利的申请受理量达到82.5万件,占三种专利申请总量的34.7%,突破了三分之一;我国企业获得发明专利的授权7.9万件,占国内授权总量的54.9%。这表明我国专利申请的质量逐步提高,企业知识产权创造主体的地位逐步稳固[1]。不仅如此,我国企业在国家的大力支持和引导下,申请国外知识产权的积极性也在不断提高,据世界知识产权组织(WIPO)公布的数据,2013年我国通过《专利合作条约》(PCT)途径提交的国际专利申请数量达2.1516万件,首次突破2万件,跃居世界第三[2]。

2018年以来,我国主要知识产权指标稳中有进。2018年,我国发明专利申请量为154.2万件。共授权发明专利43.2万件,其中,国内发明专利授权34.6万件。在国内发明专利授权中,职务发明为32.3万件,占93.3%;非职务发明2.3万件,占6.7%。2018年,我国发明专利授权量排名前3位的国内(不含港澳台)企业依次为:华为技术有限公司(3369件)、中国石油化工股份有限公司(2849件)、广东欧珀移动通信有限公司(2345件)。截至2018年底,国内(不含港澳台)发明专利拥有量共计160.2万件,每万人口发明专利拥有量达到11.5件。另外,国家知识产权局共受理PCT国际专利申请5.5万件,同比增长9.0%,其中5.2万件来自国内,同比增长9.3%。高价值发明专利审查周期压减10%,专利审查有责投诉同期下降52%[3]。

2021年3月2日,世界知识产权组织发布的《2020年国际专利、国际商标和设计体系报告》指出,2020年,尽管新冠疫情造成全球巨大的人员和经济损失,全球GDP下降3.5%,但世界知识产权组织《专利合作条约》(PCT)体系国际专利申请量仍增长了4%,达到27.59万件,数量创历史新高。其中,中国申请量同比增长16.1%,仍然保持PCT体系"国际专利申请年度最大用户位置",即国际专利申请量最多的国家。2020年,中国的申请量达68 720件,同比增长16.1%,继续位居PCT体系最大用户位置;紧随其后的是美国,申请量达59 230件,同比增长3%;日本申请量为50 520件,同比下降4.1%;韩国申请量为20 060件,同比增长5.2%;德国申请量为18 643件,同比下降3.7%。还有一些国家的国际专利申请量增长强劲,包括沙特(956件,同比增长73.2%)、马来西亚(255件,同比增长26.2%)、智利(262件,同比增长17%)、新加坡(1278件,同比增长14.9%)和巴西(697件,同比增长8.4%)。

特别需要指出的是,2020年,华为技术有限公司以5464件申请量连续第四年成为PCT体系申请量最大的申请人,位居其后的是韩国三星电子(3093件)、日本三菱电机株式会社(2810件)、韩国LG电子公司(2759件)以及美国高通公司(2173件)。

数据显示,在专利申请的技术领域,计算机技术在PCT申请中占比最大(9.2%),其次是数字通信(8.3%)、医疗技术(6.6%)、电气机械(6.6%)和测量(4.8%)。2020年,在排名前十的技术中,有6项技术出现两位数增长,其中音像技术的增速最快,同比增长29.5%[4]。

---

① 陈建明. 我国发明专利:结构优化质量提升[N]. 中国知识产权报,2014-02-21(1).
② 王宇,刘磊,李凤新. 检验我国自主创新能力的又一把标尺:去年中国PCT国际专利申请量跃居世界第三[N]. 中国知识产权报,2014-03-19(1).
③ 吴珂. 国家知识产权局公布2018年主要工作统计数据[EB/OL]. (2019-01-13)[2022-06-29]. http://www.gov.cn/xinwen/2019-01/13/content_5357464.htm.
④ 杨海泉. 中国国际专利申请量保持全球第一[EB/OL]. (2021-03-03)[2023-02-12]. https://www.gov.cn/xinwen/2021-03/03/content_5589856.htm.

3.1.3 专利法定义

专利法是调整因授予发明创造专有权和利用发明创造专有权,而产生的各种社会关系的法律规范的总和。有人将专利制度与公司制度并称为资本主义社会经济发展的两大法律支柱。专利制度的特点之一就是充分公开技术,这就使得技术的传播更为迅捷,人们没有必要为相同的技术耗费人力、物力和财力;另一方面,这一制度又充分地保护发明人享有的垄断权,使其从中获取收益。图 3-1 说明了专利制度运行的基本关系。

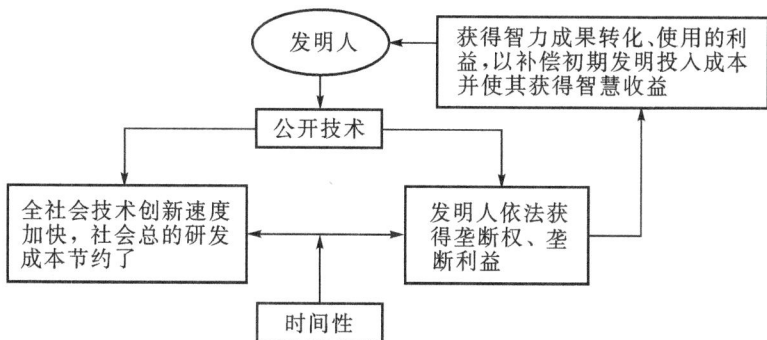

图 3-1 专利制度运行机制图

我们现在所讲的"专利"一词,在日常工作中往往有三种含义:一是指专利权,如"某某企业拥有该种产品的专利";二是指拥有专利权的发明创造本身,如"专利权人有义务公开其专利";三是指记载发明创造内容的专利文献,如"查专利"等。但总的来讲,专利一词,主要指专利权。

3.1.4 专利的基本形式

1. 发明专利

发明是专利保护的主要对象。什么是发明,各国有不同的定义。美国专利法规定,可以获得专利的发明是指新颖而有用的制法、机器、制造品、物质的组成,或者是对它们的新颖而有用的改进。日本的专利法规定,发明是指利用自然规律所做出的高水平的技术创造。我国专利法第2条第2款规定:"发明,是指对产品、方法或者其改进所提出的新的技术方案。"作为专利的发明,与一般技术意义上的发明不同,它是一个法律概念。因此:

(1)揭示自然规律的科学发现不能被认为是发明,因为科学发现是对自然规律的认识,而发明必须是对自然规律的利用;

(2)发明是利用自然规律的技术性方案,故智力活动的方法、规则不能成为发明;

(3)发明应具有工业上的实用性,具有多次的重复性。

2. 实用新型专利

我国专利法第2条第3款规定:"实用新型,是指对产品的形状、构造或者其结合所提出的适于实用的新的技术方案。"由于实用新型的创造水平较低,故人们通常又称其为"小发明"。例如,制造出第一部电话机是发明,后来将原电话机分离的送话筒和受话筒组合在一起,则是实用新型。

根据上述关于实用新型的定义,可以看出我国实用新型保护的客体必须具有一定的形状或者结构,或者是形状和结构的结合。形状是指外部能够观察到的产品的外形,结构一般是指组件或者零件的有机联结或者结合。即使是产品,如果没有固定的形状,例如液体、气体、粉状产品等,或者是材料本身,例如药品、化学物质以及玻璃、水泥、陶瓷等,也不属于实用新型。但是,如果上述材料作为具有一定形状的产品的一部分,并且和其他部分有机地结合在一起而产生一定的效果,则可成为实用新型保护的客体。

实用新型专利的产品形状或者产品结构必须具有功能作用,即是实用的。所以,不实用的美术作品,例如雕刻、建筑、绘画、珐琅、刺绣等,不能申请实用新型专利。产品的结构要有一定的功能作用,产品的形状也要有一定的功能作用。实用新型所保护的也是一种解决技术问题的方案,因此,在本质上与发明是一致的。但实用新型与发明又是两种不同的专利形式,其不同之处主要有两点:其一,实用新型的创造性水平要低于发明;其二,实用新型仅涉及产品而不包括方法,并且产品必须是具有实用性的立体造型。

对实用新型,各国的保护方式是不一样的。有的国家是以准予注册的方式加以保护,有的国家则是以授予专利的形式加以保护。在采用注册方式的国家,专利法不适用于实用新型,对实用新型有专门制定的实用新型法律。而在采取专利形式的国家,对实用新型在专利法中一并加以规定。我国就采用后一种做法。

3. 外观设计专利

我国专利法第2条第4款规定:"外观设计,是指对产品的整体或者局部的形状、图案或者其结合以及色彩与形状、图案的结合所作出的富有美感并适于工业应用的新设计。"外观设计在国外通称工业品外观设计,将此予以法律保护,主要是为了促进产品外形、式样不断翻新,增强产品竞争能力,丰富商品,满足人们对于产品的外形、图案、色彩的不同消费需要。对于外观设计,现在各国一般采取两种法律保护形式:一种为著作权法保护形式,另一种为专利法保护形式。我国采取后一种方式,因此,外观设计是我国专利保护的客体。

外观设计申请专利,应该符合以下几点要求:

其一,外观设计是指形状、图案、色彩或者其结合的设计。外观设计的对象是形状、图案、色彩或者其结合,这与以概念性技术方案为对象的发明和实用新型不同。形状是指三维空间的立体造型,如电视机、冰箱、酒杯、香水瓶等;图案一般是二维的平面设计,如地毯图案、床单花色,壁纸花纹等,由线条、色彩构成二维平面的装饰图案;色彩一般是构成图案的成分。在许多情况下,外观设计是形状、图案、色彩的结合。

其二,外观设计必须与产品结合在一起,即外观设计必须是对产品的外表所作的设计。外观设计必须应用于具体的产品上,单独的设想或用于装饰的独立存在的图案不能算外观设计。例如一幅油画,只是一件美术品,不算外观设计,当将它绘制在一件具体的物品上时,就成了外观设计。这里的产品必须是具有一定形状、可以成为交易对象、可以移动的东西。

其三,外观设计必须富有美感。是否要求外观设计富有美感,各国做法不一。多数国家并不明确提出美感这一要求,只要外观设计具有视觉特点,能引起人们的注意就可以了。我国则要求外观设计必须通过视觉引起美感。那么,怎样才算是富有美感呢?对此,法律没有规定,人们的看法也不尽相同。一般地,不应以专利审查员的喜恶为标准,也不应从艺术美的观点来判定,而应以广大消费者的认同观点加以衡量。

其四,外观设计必须是适合于工业上应用的。所谓适合于工业上应用,是指使用外观设计的产品经过工业生产过程能够大量地复制生产,包括通过手工业大量地复制生产。外观设计不同于艺术创作,在艺术创作中即使同一个人也不能创造出两件完全相同的艺术品。而外观设计,则是任何人能够用工业方法大量复制生产的。

3.1.5 不能获得专利权保护的发明创造

所有实行专利制度的国家都有被排除在专利法有效范围之外、不能获得专利权保护的发明,即使它们符合专利法规定的专利标准。在各国列为不能获得专利保护的发明中,首先是那些与法律、善良风俗、公共秩序、道德和宗教信仰相抵触的发明。例如,瑞士专利法第1条规定,"其利用与道德或公共秩序相抵触的发明"不授予专利。波兰专利法第12条规定,"其利用与现行法律或社会秩序相违背的发明"不授予专利。在美国和加拿大,这一准则是通过实践来确定的。我国专利法第5条规定:"对违反法律、社会公德或者妨害公共利益的发明创造,不授予专利权。"例如某人发明了一种采用催眠气体的汽车防盗装置,使盗车者在启动发动机开车时会失去知觉,以便为人们所逮捕,但由于它会给行人造成伤害,所以不能授予专利。

另外,对违反法律、行政法规的规定获取或者利用遗传资源,并依赖该遗传资源完成的发明创造,也不授予专利权。

除了上述发明创造不授予专利权外,各国专利法还根据本国的实际情况规定了另外一些不予专利保护的发明创造。我国专利法第25条也有相应的规定:

对下列各项,不授予专利权:

(一)科学发现;

(二)智力活动的规则和方法;

(三)疾病的诊断和治疗方法;

(四)动物和植物品种;

(五)原子核变换方法以及用原子核变换方法获得的物质;

(六)对平面印刷品的图案、色彩或者二者的结合作出的主要起标识作用的设计。

对前款第(四)项所列产品的生产方法,可以依照本法规定授予专利权。

3.2 专利权的取得

3.2.1 专利权的概念及法律特征

专利权(简称专利),是指按照专利法的规定,由国家专利机关授予发明人、设计人或其所在单位及其权利继受人,在一定期限内对某项发明创造享有的专有权。它包括精神权利和物质权利。

专利权的基本法律特征有独占性、地域性和时间性。独占性,指专利权人有权排除他人未经许可对该专利产品的制造、使用和销售,或者对该种专利方法的使用。地域性,指专利权的享有只限于授予国法律管辖的范围内,只受该国法律的保护。时间性,指专利权只在法律规定的期限内有效,期限届满,专利权人即丧失独占性,任何人都可以自由利用该项发明创造。

3.2.2 专利权取得的基本原则

目前,世界上实行专利制度的国家通常采取两种处理原则。

第一种原则是先发明原则。按照这一原则,当对同一内容的发明有两个或两个以上的人提出专利申请时,专利权授予最先完成该发明的人,即最先发明人。该原则的优点是促使发明人不必担忧他人抢先申请而丧失权利,可以安心、细致周密地完成发明创造,使提出专利申请的技术更成熟、更完善。该原则保护的是真正的发明人,但其弊端也是显而易见的:其一,不能促使发明及早公开,使社会不能更早地从该发明创造中获益,有碍技术交流和技术上的借鉴;其二,专利机关难以确定谁是最先发明人,给专利机关的专利审批工作带来困难;其三,影响已有专利的稳定。因为即使某人获得了专利权,但他随时都有可能因有比他在先发明的人申请专利而丧失已获得的权利,这在一定程度上影响到已获专利的发明创造的开发和投产。目前,实行先发明原则的,只有少数几个国家。这与这些国家法律制度(律师取证等)的发展不无关系,而且这些国家的先发明原则只适用在本国完成的发明创造,对于外国向本国申请专利的发明仍按先申请原则办理。

2011 年 9 月 16 日,美国总统奥巴马正式签署参众两院通过的《美国发明法案》,使之成为法律。其中就把专利申请从过去的发明优先制改变为申请优先制,并在诉讼方面努力杜绝靠钻法律漏洞来谋取私利的恶劣行为,设立了审后异议制度,允许公众对专利的有效性提出质疑和法律挑战等。这次专利法变革虽然会因发明人争先恐后申请专利而增加发明人的申请成本,但对外国公司来说却是一个好消息。当然,这也为美国能够继续影响国际专利制度提供了条件。

第二种原则是先申请原则。按照先申请原则,当两个以上的发明人或设计人分别就同一内容的发明创造提出专利申请时,专利权授予最先提出申请的人,即最先申请的人。先申请原则避免了先发明原则的弊端,它可以促使发明人尽快申请专利,及早公开发明的内容,以利于技术交流和科技进步。同时,减轻了专利机关的审批工作,专利机关只要按照档案资料所记载的申请日,即可判定谁是最先申请的人。为了避免先申请原则可能造成的人们将技术上尚不成熟、技术价值不高或者没有什么价值的项目草率提出专利申请,导致申请数量非正常增加、不必要地加重专利机关的工作负担等现象,一般地,各国在审查程序立法中都规定了延迟审查制度,使申请人在提出申请后的几年内考虑是否要求实质审查。因此,先申请原则要比先发明原则优越。这也是世界上绝大多数国家采取先申请原则的原因所在。我国专利法第 9 条规定:"两个以上的申请人分别就同样的发明创造申请专利的,专利权授予最先申请的人。"

按照先申请原则,将专利权授予最先申请的人。因此,确定谁是最先申请的人极为重要。而确定谁为最先申请的人,唯一的标准是申请人提出专利申请的时间。时间有不同的单位。目前世界各国对此问题分别采用两个时间单位:申请时和申请日。以申请时为判断申请时间先后,无疑非常精确,可以避免一些纠纷。但采用这种办法不但比较复杂,而且需要一定的物质条件,况且,同一发明在同一时刻提出申请的可能性很小,所以大多数国家以申请日作为判断申请时间先后的标准。我国亦采取这一办法。我国专利法实施细则第 41 条规定:"两个以上的申请人同日(指申请日;有优先权的,指优先权日)分别就同样的发明创造申请专利的,应当在收到国务院专利行政部门的通知后自行协商确定申请人。"这意味着在不同的日期申请专利的,以申请日为判断申请先后的标准;就同一发明创造在同一日申请时,两个以上的申请人可以自行协商确定申请人,其协商结果可以是某一方为发明人,另一方无偿使用;但更多的是以共同发明人的身份申请。若协商不成时,则专利机关驳回其申请,没有公开的技术各自以技术秘密的方式保护,已经公开的技术成为公有技术。

3.2.3 取得专利权的新颖性标准

判断新颖性是比较复杂的,在各国的实践中,将新颖性用以下三个标准来判断。

1. 判断新颖性的公开性标准

所谓公开,是指某项技术已为人们知晓,成为人们共知的技术。这里的公开,并不要求每个人都知道,而是要求每个人都能合法地知道,即要求该技术脱离秘密状态。因此,某项发明公开与否,是决定其是否具有新颖性的条件。根据各国专利法的规定,一般排斥发明新颖性的公开有三种方式。

(1)书面公开,是指将发明创造的内容以书面的形式公开,即将发明创造具体内容用文字、符号、数字、图形印刷、打印、手写、拍照、录制在纸张、胶片、影片录像带、电脑卡等载体上。这类东西统称为出版物。典型的是专利文献、科学技术杂志和书籍。

应当注意:①判断这类出版物是否公开的标准,是看出版物是否处于为不特定的人可以看到的状态。如果一份有关发明内容的出版物可以被任何希望看到它的人,通过购买、借阅等正常的合法的方法而得到,即认为该出版物已经公开,而不管它是否实际上真的被人们所购买、借阅。②如果该出版物是秘密出版,仅提供给特定的机关、组织使用,或只提供给特定的人阅读,那就不能认定该发明已经公开。③公开还应使该技术领域一般技术水平的人能够懂得该项发明创造并能够实施该项发明创造。④对书面公开的理解和解释,不以作者想说什么为准,而是以作者实际上是怎么写的,本专业普通技术人员客观的理解为准。

(2)使用公开,就是通过公开使用而使发明创造的内容被一般公众所了解,这包括新产品的制造、销售和使用,以及实物表演和展览会展出。所谓公开使用必须具备两个条件:①任何人均能看见,这就要求使用应该在公众可以到达的地方进行,以便公众能观察到技术是怎样在实践中应用的。例如,一台新机器在山沟里的军工厂使用,不可算作公开使用,因为山沟里的军工厂不是公众都可以到达的地方,这种使用不会向公众公开该项技术的内容。②具有一般技术水平的人能够从这种使用中取得实施该项技术的经验。这就要求使用中必须把这一技术解决方案的全部细节表达清楚,否则,不能算作公开使用,也就不能使发明丧失新颖性。

出售产品是一项最为直接的使用发明的方式,可据此判定是公开使用而认定发明创造丧失新颖性。如果一项解决问题的技术方案是体现在某种产品上的,那么,出售这种产品就可能使该技术方案被购买到此种产品的公众所了解、实施。正因为如此,许多国家的专利法明确规定,出售是排斥发明新颖性的使用公开。

当然也有的国家对使用公开的规定特别宽,例如,对新发明机器进行操作表演,即使未做专门介绍,也算使用公开。甚至当产品放在仓库中,如果被第三者看到了,并据此可以了解其制造方法时,也有可能被认为是丧失了新颖性。

(3)口头公开,就是以语言的形式公开发明创造的内容。这可以是在人数众多的集会上的讲演、报告,也可以是在广播电台的演说、电视屏幕上的讲话、课堂上的讲授。但不论哪一种形式,都应该具备为公众所听见的特征,即只要一般公众想听便都可以听到。因此,仅仅是在讨论会上或几个人研究问题时说的,不能视为口头公开。另外,口头公开也应该像书面公开那样,关于发明内容的说明必须清楚、详细和完整,使在这方面具有一般技术水平的人都能懂得和实施,否则,不能视为口头公开。实践中许多要求用复杂图式或公式说明的技术解决方案常常被排除在口头公开之外。

公开某一技术解决方案可以利用以上任何一种形式,有时可结合三种形式同时使用。例如,在某一展览会公开展出一台新机器,并在新机器旁放置该机器的使用说明书供人们阅读。另外,还有发明人向观众亲自演示机器的操作方法。这种公开就同时利用了上述三种公开形式。上述公开,既可以是发明人本人做出的,也可以是了解发明的其他任何非发明人,包括合法和非法地得知发明内容的人。一项发明创造脱离了保密状态,而处于一般公众可能得知的状况,除了法律规定的情况外,就可认定是公开的技术,因而也就丧失了新颖性,至于实际上有多少人真正知道则是无关紧要的。

另外,在公开审理的案件庭审过程中,当事人在法庭上出示或者交换的诉讼证据也会构成专利法意义上的公开①。因此,凡是涉及技术秘密的案件在法院开庭审理前,当事人应该主动申请不公开审理。

随着互联网的应用,网上公开已成为一种常见形式,目前法律虽没有明确其公开的法律后果,但也可以参照公开的一般含义予以理解。

2. 判断新颖性的时间标准

由于相同内容的发明创造可能由不同的人分别独立地完成,而发明创造的新颖性又取决于它是否已经公开,因此就产生了从何时开始确定发明创造新颖性的问题,即某一项发明创造从何时就具有法律意义的新颖性,从而对后来的相同内容的发明创造取得了时间上的优势。这就是专利法理论上所说的判断新颖性的时间标准问题。对此,世界各国专利法规定不尽相同,如图 3-2 所示,大致有三种做法:

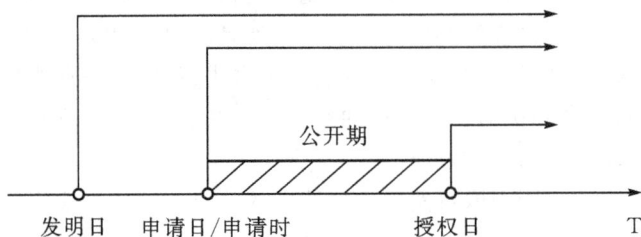

图 3-2 专利新颖性上的时间问题

(1)以完成发明创造的时间为标准,即发明日标准,也就是以发明人完成发明创造的日期确定发明创造新颖性的时间界限。凡是完成日之前未被人们所知道,就认为该发明创造具有新颖性,尽管到申请时已经成为旧技术。如果两个以上的发明人或其合法继受人就相同的发明提出专利申请,则根据发明在先的原则将专利权授予最先发明的专利申请人。这就等于承认发明人可以保密,在相当的时间内不公开他的技术,这无疑对社会进步不利,并且实践表明真正的发明时间很难确定,发生争议时也很难取证。正是由于该种做法的上述缺点,目前采用这种做法的国家已经很少了。

(2)以提出专利申请的日期作为判断新颖性的标准,即申请日标准(要求优先权的以优先

---

① 陈志兴. 诉讼证据在法庭上出示是否构成专利法意义上的公开[N]. 中国知识产权报,2013-11-13(6).

权日为标准)。这是绝大多数国家采取的做法。凡是在申请日以前未公开的发明创造，都是新的发明创造。即使是在申请日公开的，也不构成现有技术。他人在专利申请日之后提出的专利申请，不能影响该发明创造的新颖性。一般实行申请日标准的国家都实行最先申请原则，即相同的发明创造在不同日期有两件以上专利申请案时，只有最先申请人可以取得专利权。

(3)以提出专利申请的时刻作为判断新颖性的标准，即申请时标准。日本专利法采取这种做法。凡是在申请专利时，以前未公开过的，就是新的发明创造。因此，如果申请人就某项发明创造于某日某时提出专利申请，而另外的人已经于该日的前一时刻通过某种方式公开了发明创造的内容，那么，该项申请专利的发明创造就因此而失去新颖性，不可能取得专利权了。可见，以申请时为标准较之于以申请日为标准，对发明创造的新颖性要求得更为严格。采取这种做法需要邮局注明收寄专利申请的具体时间，直接向专利机关递交专利申请时，则需要专利机关注明受理专利申请的具体时间。

3. 判断新颖性的地域标准

判断一项技术是否具有新颖性，除了要看它在一定的时间以前是否已经公开过外，还要看这种公开是否是在一定的地域内发生的。这就是判断发明新颖性的地域标准问题。在不同的国家之内，法律对于公开的地域有不同的规定。目前，从各国专利法规定看，判断新颖性的地域标准有三种：

(1)世界新颖性标准。采用这一标准，要求一项技术必须是在全世界范围内的任何地方没有公开过，才算是具有新颖性。只要世界范围内的任何一个地方公开过此技术，不管这种公开利用的是何种方式，均认为此技术丧失新颖性。因而，这一标准又称为绝对新颖性标准。采用这种标准的，多是工业发达国家。

(2)本国新颖性标准。采用这种标准时，判断一项技术是否具有新颖性，以该项技术在一国之内是否公开过为准。一项技术如果在一国之内从未以任何方式公开过，即认为具有新颖性，而不论它是否已在国外公开过。外国的出版物只从其到达本国领土日期起才能够损害申请专利的发明创造的新颖性。如果外国出版物没有进入本国的领土，则在审查新颖性时对外国出版物不予考虑。采用这一标准的，多为经济、技术发展较慢的国家。

(3)有限制的世界新颖性标准，或者称混合新颖性标准。这是第一种标准和第二种标准的结合。采取这种标准的国家，区分公开的方式而对公开的地点有不同的规定。对于书面公开，采取世界新颖性标准，对于其他方式的公开，则采取本国新颖性标准。我国在 2008 年第 3 次修改专利法之前、美国在 2011 年修改专利法之前[①]使用的都是这种标准。

4. 我国判断新颖性的基本标准

专利法第 22 条第 2 款规定："新颖性，是指该发明或者实用新型不属于现有技术；也没有任何单位或者个人就同样的发明或者实用新型在申请日以前向国务院专利行政部门提出过申请，并记载在申请日以后公布的专利申请文件或者公告的专利文件中。"该条第 5 款明确指出："本法所称现有技术，是指申请日以前在国内外为公众所知的技术。"根据我国专利法对新颖性的规定以及上述各标准，可以看出，我国对专利新颖性的规定是世界技术先进国家通用的世界新颖性标准，也称绝对新颖性标准。

---

① 吴艳. 美国专利法修改了，你会灵活应对吗？[N]. 中国知识产权报，2011 - 11 - 19(5).

5. 丧失新颖性的例外

在某些情况下，即使符合上述关于丧失新颖性的标准，也不认为发明创造丧失了申请专利权的新颖性法律条件。这就是很多国家的专利法所明确规定的丧失新颖性的例外。

为更好地应对疫情防控等紧急状态和非常情况，我国专利法在 2020 年第四次修正时，在不丧失新颖性例外的适用情形中增加了"在国家出现紧急状态或者非常情况时，为公共利益目的首次公开"一项，具体见第 24 条规定：

> 申请专利的发明创造在申请日以前六个月内，有下列情形之一的，不丧失新颖性：
> （一）在国家出现紧急状态或者非常情况时，为公共利益目的首次公开的；
> （二）在中国政府主办或者承认的国际展览会上首次展出的；
> （三）在规定的学术会议或者技术会议上首次发表的；
> （四）他人未经申请人同意而泄露其内容的。

3.2.4 取得专利权的创造性标准

专利法第 22 条第 3 款规定："创造性，是指与现有技术相比，该发明具有突出的实质性特点和显著的进步，该实用新型具有实质性特点和进步。"与新颖性具有明显客观时间标准相比，创造性则是一个较为主观、相对的概念。认定某一发明创造是否具有创造性，要有一定的参照标准。

按照我国专利法的规定，确定申请专利的发明创造的创造性，要与申请日（有优先权时，是优先权日）以前公开的技术相比，包括在国内外出版物上公开发表的，在国内公开使用过的，或者以其他方式为公众所知的一切技术。

如何规定创造性，一般来讲有两种办法：其一是从正面规定，要求该发明创造具有先进性和独创性等；其二是从反面规定，要求该发明创造具有非显而易见性。我国专利法就是从正面规定的。

所谓实质性特点，是指发明创造具有一个或几个技术特征，与现有技术相比具有本质上的区别。对一项发明创造来说，凡是其所属技术领域的普通技术人员不能直接从现有技术中得出构成该发明创造的全部必要技术特征的，都应认为具有实质性特点。所谓进步，就是指发明创造与最接近的技术相比有所进步。

判断创造性，一般有以下标准。

1. 判断创造性的人员标准

对一项发明创造来说，凡是其所属技术领域的普通技术人员不能直接从现有技术中得出构成该发明创造的全部必须技术特征的，都应认为是具有突出性特点。因此，判断创造性的人员标准是：该技术所属领域的普通技术人员。这类人员指的是在完成发明创造时已经具有该发明所在技术领域内的人所共有的知识和工作经验的人，其知识的水平应是一般的、中等的。不具备发明创造有关领域的必要知识和经验的人的意见，对于确定创造性没有意义。另外也排除该领域内的高度熟练的专家。

2. 判断创造性的技术标准

判断创造性的技术标准，指该发明创造具有实质性特点和显著的进步这两个因素，缺一不可。由于实质性特点和显著的进步只是概括了有关发明创造的创造性条件的一般标准,很抽象,具有不确定性。因此,确定一项发明创造与现有技术相比是否具有创造性时,受审查员、专家和法院审判员的主观观念和经验、学识影响的可能性会很大。为了避免因此产生的一些不客观、不公正的弊端,许多国家在多年的司法实践中形成了一些判断发明创造的实用规则,也有人称这些规则为"判断非易见性的实用规则"。

(1)"首创性的"解决方案或称为"开拓性"的发明创造。全新的技术解决方案或对已知课题采用绝对新的办法的解决方案。某种发明创造是首创性的,指其在技术史上未曾有过的,并且为科学技术的发展开辟了新纪元。例如,最早制成的抗生素——盘尼西林,就是开创治疗某种疾病新途径的首创性发明。另外如蒸汽机、白炽灯、塑料、无线电、电视、雷达、激光器、原子反应堆等发明中所含的关键性技术,在当时的特定时期,无疑是具有创造性的。

(2)发明解决了长期以来渴望解决的问题。某些问题长期没有相应的技术解决方案,客观上说明其技术难度很大,当然,时间长短会因技术领域的不同而不同。一种技术方案,解决了长期困扰人们的问题,应该认为其发明创造具有创造性。例如获得美国拉斯克 2011 年度临床医学研究奖(小诺贝尔奖)、2015 年诺贝尔生理学或医学奖的中国中医科学院研究员屠呦呦,在中医药古方的启示下,于 1971 年首用乙醚提取青蒿素而生产的新一代抗疟药物,就具有明显的创造性。

(3)产生新效果的发明创造。一些发明,与现有技术相比,具有出乎意料的效果。例如以下几种:

①组合发明。新技术与现有技术结合的技术解决方案,如果新的技术要素从本质上改变了已知要素的功能及其相互作用,并且整个结合提供了出乎意料的效果,则认为其具有创造性。现有技术要素结合而成的技术解决方案,如果其中某一要素有着前所未有的功能,并且产生了某种新的效果,或者它们的结合提供了比全部组成要素效果的总和还优越的新效果,该技术解决方案亦认为具有创造性。例如,由发动机、离合器和传动结构等已知的技术因素组合而成的汽车,在当时就是一项创造性的发明。

②选择发明。选择发明的创造性,不在于它是否提供新的物质方法或制品,也不在于供选择的各种方案是否是公知的,而在于是否因选择而表现出新的和未料到的性能,这些性能不同于这种物质已知的那些性能,它可以取得质量方面的新效果,或使已知的效果成倍增加。例如,法国某法院曾经判决确认一件选择发明的专利为有效专利,该发明是从若干供保存食品使用的苯乙烷中选择出一种异丙酯,该异丙酯用于保存土豆比其他一系列代表性物质具有无比良好的效果。又如,含有铅、锰、铜成分的合金是人们熟悉的,该种合金是抗磁的,后来有人选择了这三种元素按一定比例组合而获取了新的合金(赫氏合金),这是一种具有磁化性能的合金,即获得了新性能的合金。选择发明是化学领域中最普遍的一种发明。

③应用发明,按某种产品新的用途应用于不同的对象,如果发现这种使用表现有某些新的特性、意料外的性能,能完成非寻常的功能,即新的应用产生新的成果时,则承认技术解决方案具有创造性。例如,敌敌畏(DDT)原来只用作制造染料的原料,后来有人发现它具有杀虫作用,从而用它制造杀虫剂,这一技术解决方案就具有创造性。

应该说,创立发明的方法不应对创造性的评价产生影响。因为在日常生活中,创立发明的方法很可能是偶然的或非常简单的。例如,有的解决方案可能是创立者直觉和智慧的独特性的结果;有的是偶然凑巧出现的,如在美国,就曾有一位工匠因错将3‰的炭黑填料当作30‰而加入,结果造出了具有高强度耐磨性和弹性的汽车轮胎;还有的是由于长期坚持劳动,进行大量试验、计算等而创立的。但是,不论用什么方法得出的解决方案,如果构思新颖并且是非显而易见的,它就具有创造性。另外,技术方案的简易性也不能影响对其创造性的评价,这一规则为各国法院所采用。

3.2.5 取得专利权的实用性标准

我国专利法第22条第4款规定:"实用性,是指该发明或者实用新型能够制造或者使用,并且能够产生积极效果。"实践中,实用性指该发明创造或者实用新型能够在工业上制造或使用,所以又称为工业实用性。实用性这一条件要求申请专利的发明创造必须具备可实施性和再现性。

1. 可实施性

可实施性指如果是一项产品发明,那么该产品必须能够用工业方法制造出来,如果是一项方法发明,那么该方法必须能够用工业方法加以利用。工业实用性要求:①申请专利的发明必须已经完成。②所属技术领域的普通技术人员按照说明书即能制造或者使用。③专利的申请不能仅仅提出任务,而无具体的解决方案。④专利的申请不能违背自然规律,因为违背自然规律的发明,像"永动机""不老霜",是根本不能实现的东西。⑤实用性还要求发明必须是技术上可以实现的。即使发明符合自然规律,但如果在技术上是一时难以实现的,也不能认为具有实用性。例如,日本特许厅就以此为理由驳回了一件关于在日本列岛周围筑起一道高钢筋混凝土的防台风装置的专利申请。

2. 再现性

再现性是指能使所属技术领域的普通技术人员可以无数次地反复制造或使用,这种重复必须是可靠的,而不是随机的。如果只是在某种独一无二的条件下才能实施,在其他条件下无法实施就不能认为具有实用性。例如,在某地建筑的一座桥梁,就不能是专利权的对象。因为在别的地点和其他自然条件下建造桥梁,必须进行新的计算和新的设计,不可能不加改变地照搬到另一处使用。

另外,在一些国家,实用性这一条件还要求发明创造具有有益性。所谓有益性,是指发明创造的应用必须能够产生积极的社会、经济或技术效果。

我国专利法明确规定,实用性是指能够制造或使用,并且能够产生积极效果。因此,那些明显无益、脱离社会需要、严重污染环境、严重浪费能源以及恶劣的发明创造,就不具备法律规定的实用性,故不能取得专利权。

3.3 专利申请制度

3.3.1 专利申请的原则

按照我国专利法的专利申请原则,对于同一个发明只能授予一个专利权。当出现两个以上的发明人或设计人就同一发明分别提出专利申请的情况时,实行的是先申请原则。

所谓先申请原则,是指当两个以上的人就同一发明分别提出申请时,不问其做出该项发明时间的先后,而以提出专利申请时间的先后为准,即把专利权授予最先提出申请的人,我国和世界上大多数国家都采用这一原则。

申请原则还表现在,发明人对于自己的发明成果,只有申请才可能获得国家的专利授权,不申请则肯定不会获得专利权。

3.3.2　专利申请文件

专利申请实行的是书面申请原则。因此,申请人在申请专利时,必须向专利机关提交规定的书面申请文件。

按照我国专利法的有关规定,申请发明或者实用新型专利的,应当提交的文件主要有:请求书、说明书及其摘要和权利要求书等,必要时,说明书还应当有附图。申请外观设计专利的,应当提交的文件主要有请求书、该外观设计的图片或者照片以及对该外观设计的简要说明等。有些特殊情况下,还应按规定提交优先权的申请文件副本、国际展览会证明书以及代理人委托书等。

1. 请求书

请求书是专利申请人向专利机关正式提交的请求授予专利权的一种法律文件。请求书必须使用专利局制定的统一表格,一式两份。请求书中应该写明:①发明创造的名称;②申请人、代理人或者代表人的身份,以及诸如姓名、国籍、住址、电报、电话、电传等,当若干人共同提出某一专利申请时,应指定代表人;③发明人或设计人的姓名;④要求优先权的,写明原申请日和原申请国;⑤属于分案、转让的申请,应说明并标出原申请号。

2. 说明书

说明书是以文字形式说明请求专利保护的发明或实用新型内容的专利申请文件,它是专利申请最基本的文件。我国专利法规定:"说明书应当对发明或者实用新型作出清楚、完整的说明,以所属技术领域的技术人员能够实现为准;必要的时候,应当有附图。"

由此看出,说明书必须能够阐述发明创造关键技术的实质,公开发明创造的基本内容。实践中,说明书的内容,往往是确定权利要求保护范围的主要依据。因此说明书的内容可以有以下几个方面:①发明或者实用新型的名称,该名称应当与请求书中的名称一致。②技术领域。应写明要求保护的技术方案所属的技术领域。③背景技术。应写明对发明或者实用新型的理解、检索、审查有用的背景技术;有可能的,并引证反映这些背景技术的文件。④发明内容。应写明发明或者实用新型所要解决的技术问题以及解决其技术问题所采用的技术方案,并对照现有技术写明发明或者实用新型的有益效果。⑤附图说明。说明书有附图的,应对每一幅图作简略说明。⑥具体实施方式。应详细写明申请人认为实现发明或者实用新型的优选方式;必要时,举例说明;有附图的,对照附图。

发明或者实用新型说明书应当用词规范、语句清楚,并不得使用"如权利要求……所述的……"一类的引用语,也不得使用商业性宣传用语。

3. 权利要求书

它是以说明书为依据,说明要求专利保护的范围,具有直接法律效力的专利申请文件。权利要求书的一般特点：①其所提出的专利权保护范围不能超出说明书所公开的范围，否则就有可能因包含了现有技术而被驳回，从而不能获得专利。②权利要求书应该列出说明书中所有的新的技术特征，未列出的将无法受到保护，从而使自己的权利范围被缩小。③权利要求书上所列的技术特征，在被授予专利权以后，是专利侵权与否、专利是否有效的唯一依据，因此，具有十分重要的意义。④权利要求书中所提权利要求有若干个，但其性质不同，可分为独立权利要求和从属权利要求。一项专利申请文件中，一般只有一个独立权利要求，最多不能超过两个独立权利要求。⑤独立权利要求从整体上反映发明或者实用新型的主要技术内容，记载构成发明创造或实用新型必要的技术特征。它包括用以说明发明或实用新型所属技术领域，以及现有技术中与发明或者实用新型主题密切相关的技术特征的前序部分，还包括用以说明发明或实用新型的技术特征的特征部分。⑥从属权利要求写在所属的独立权利要求之后，它是由引用前面权利编号的引用部分和说明发明或实用新型技术特征，并对引用部分的技术特征做进一步限定的特征部分组成。其书写格式为："如权利要求1所述的……，其进一步特征是……"

这部分的书写具有较高的技巧性，一般情况下，应请专利代理人参与书写。

4. 摘要

摘要是发明或实用新型技术要点的简要说明。其目的在于使有关人员迅速获得发明或者实用新型主要内容的信息，便于读者进行文献检索或对发明或实用新型进行初步分类。摘要的字数应在200～300字，并不能含有对发明或实用新型的使用评价。一般来说，摘要与专利的授予和保护没有关系，不具有任何法律意义。

3.4 专利权的保护

3.4.1 专利权的基本内容

专利权是国家专利局依照专利法授予专利申请人或其权利继受人，在一定期限内实施其发明创造的专有权，它包括精神权利和物质权利。根据我国专利法的有关规定，专利权的内容有以下几部分。

1. 专利权人实施其专利的权利

"实施"的含义很广，主要指在取得专利权的国家或地区为生产经营目的制造、使用或者销售其专利产品，或者使用其专利方法。专利权人享有实施其专利的权利，包括两方面的内容：一是专利权人有权实施自己的专利，通过实施专利，在市场上占据有利地位，增进效益，补偿投资。二是专利权人有权禁止他人实施其专利，当专利权受到侵害时，有请求法律保护的权利，以保持自己的竞争优势。

（1）制造该产品。制造该产品是指用某种行为制造权利要求书所说明的那种产品。至于用什么方法制造，制造多少数量，在国内什么地方制造，这些都无关紧要。对于产品专利，不管该产品是用什么方法制造的，只要该产品是权利说明书所说明的那种产品，就应受到保护。

（2）使用该产品。使用该产品是指按照规定使该产品得到应用。一种产品，根据它的技术功能，可有一种或多种用途，不管是用它的哪一种用途，不管是反复连续使用还是只用了一次，不管在特定的情况下,谁是专利产品的使用者,也不管在特定的情况下,使用者为何使用该产品,都是应受保护的使用。

(3)销售该产品。销售该产品是把权利要求中所说产品的所有权从一方(卖方)转移给另一方(买方),而买方则应把相应的价金支付给卖方。

(4)使用该方法。使用该方法是指实际上采用该方法来实现专利申请的请求权项中所提到的目的。只要一种特定的使用包括在发明专利的请求权项的范围内,这种使用行为就是受保护的行为。

2. 专利权人许可他人实施其专利的权利

许可就是指专利权人(供应方或许可证卖方),通过签订许可协议允许他人(接受方或许可证买方)在一定条件(期间、地域、方式)下对取得专利的发明有制造、使用、许诺销售、销售或进口等全部或一部分权利。接受方得到的只是对专利发明的使用权而不是所有权。许可的实质就是专利权人同意被许可人可以做专利权人本来有权禁止做的行为。专利许可意味着被许可人有权在专利权期限或者许可的时间内,在专利权效力所及的全部或部分领域,对专利保护范围内的发明创造加以利用。专利许可可分为独占许可、排他许可和普通许可。

3. 专利权人转让其专利的权利

专利权的转让是指权利主体发生了变更。这种变更可以因权利人自愿转让而发生,如买卖、交换与赠予,也可以因法定原因而发生,如专利权人死亡或企业失去存在。权利人是自然人时,他一旦死亡,其专利权就依继承法的规定而移转于有权继承的人。权利人如果是法人,一旦发生改组、合并或解散,其专利权也依法移转于有权继受该权利的法人组织。专利权转让的实质是所有权的转让。专利法第10条规定专利权可以转让,并对专利权转让的原则和程序做了规定。

专利权的转让原则上是自由的,但在特定情况下,也会做出一些限制。例如,专利法第10条第2、3款对专利权转让就做了限制性的规定:"中国单位或者个人向外国人、外国企业或者外国其他组织转让专利申请权或者专利权的,应当依照有关法律、行政法规的规定办理手续。转让专利申请权或者专利权的,当事人应当订立书面合同,并向国务院专利行政部门登记,由国务院专利行政部门予以公告。专利申请权或者专利权的转让自登记之日起生效。"这样规定是因为我国单位和个人的发明创造,都是人民财富的象征,特别是一些有关国家安全或国计民生的重要发明创造,更直接关系到国家的利益。

转让专利权必须订立书面合同,经专利局登记和公告后生效。专利权转让与技术许可不同,技术许可转移的只是技术的使用权而不是技术的所有权,专利权转让则涉及技术所有权的转移,即权利主体的变更。

4. 标明专利标记的权利

在专利产品或产品的包装上标明专利标记和专利号,这也是专利权人的一种权利。专利标记是指标明"专利"或者"中国专利"的字样。

5. 放弃专利的权利

专利权人可以放弃其专利权。放弃方式有两种,一是不交年费,二是书面声明。专利权人放弃专利权以后,其发明创造成为社会的共同财富,任何人都可以自由使用。

3.4.2 专利权的保护期限

发明专利权的期限为 20 年,实用新型专利权的期限为 10 年,外观设计专利权的期限为 15 年,均自申请日起计算。

(1)专利权具有时间性,这是作为知识产权的专利权同有形财产的所有权相区别的特征之一。对有形财产的所有权来讲,如果财产本身不消灭,财产所有人对财产的所有权是始终存在的。专利权则不是这样,法律规定的专利期限届满或提前终止,尽管发明创造的技术本身还存在,但专利权却不存在了。也就是说,对该项技术的独占使用权不存在了,该发明创造成了社会财富,任何人都可以无偿使用。

法律对专利权期限的规定,既要考虑保护专利权人的利益,规定的保护期限不能太短,否则不利于调动发明创造的积极性;同时又要考虑国家和社会公众的利益,对专利权的保护周期不能过长,否则不利于先进技术的推广和应用。专利权的时间性在上文 3.1.3 小节图 3-1 中亦有体现。

我国 1984 年刚制定专利法时,将发明专利权的期限规定为 15 年;将实用新型和外观设计专利的期限规定为 5 年,并可以申请续展 3 年。1992 年第一次修改专利法时,将发明专利权的期限延长为 20 年,将实用新型和外观设计专利权的期限延长为 10 年,这与世界贸易组织(简称 WTO)中的《与贸易有关的知识产权协定》(简称 TRIPS 协定)的规定是一致的,与世界各国关于专利权期限的法律规定相比也是较长的,充分体现了我国对知识产权保护的重视。

为此,2000 年、2008 年修改专利法时都保留了这一条。2020 年专利法第四次修正时,再一次对外观设计专利权的期限进行延长,第 42 条明确:发明专利权的期限为 20 年,实用新型专利权的期限为 10 年,外观设计专利权的期限为 15 年,均自申请日起计算。

当然,对专利权人来讲,在法定的专利保护期限内,专利权人可以根据本专业技术发展的周期及专利技术的实施情况,通过不缴纳年费或者声明放弃专利权的办法,自行决定其实际受保护期限的长短。

(2)专利权的期限自申请之日起计算,即自专利申请人向中国专利行政部门实际提交专利申请之日起计算。这里所指的申请日,不包括优先权日。这里规定的,只是计算专利权期限起算日期,至于专利权的生效,依照专利法第 39 条、第 40 条的规定,应为国务院专利行政部门发给专利证书,并自公告之日起生效。

(3)鉴于专利审查的延迟现象特别是新药专利审批的时间拖延而产生的专利有效期的缩减,为此,2020 年 10 月 17 日第四次修订、2021 年 6 月 1 日起施行的专利法专门在第 42 条专利权法定期限之下,增加了两款:

> 自发明专利申请日起满四年,且自实质审查请求之日起满三年后授予发明专利权的,国务院专利行政部门应专利权人的请求,就发明专利在授权过程中的不合理延迟给予专利权期限补偿,但由申请人引起的不合理延迟除外。

> 为补偿新药上市审评审批占用的时间,对在中国获得上市许可的新药相关发明专利,国务院专利行政部门应专利权人的请求给予专利权期限补偿。补偿期限不超过五年,新药批准上市后总有效专利权期限不超过十四年。

3.4.3 专利权的终止、无效及其后果处理

专利权人获得专利权后,因为一定的法律事件的出现,可以导致专利权的无效和终止。由于专利权的无效在法律上视为"自始即不存在",这时,因当事人之前的专利权而产生的经济后果如何处理,就变得极为重要。

1. 专利权终止的情形

专利权终止的情形主要有以下两种:

①专利保护期限届满,专利权终止。②有下列情形之一的,专利权在期限届满前终止:没有按照规定缴纳年费的;专利权人以书面声明放弃其专利权的。

2. 专利权无效

专利权无效的情形主要有以下两种:

①自国务院专利行政部门公告授予专利权之日起,任何单位或者个人认为该专利权的授予不符合专利法有关规定的,可以请求专利复审委员会宣告该专利权无效。②对专利复审委员会宣告专利权无效或者维持专利权的决定不服的,可以自收到通知之日起三个月内向人民法院起诉。人民法院应当通知无效宣告请求程序的对方当事人作为第三人参加诉讼。

3. 专利权无效的后果

专利权无效的后果主要有以下三种:

①宣告无效的专利权视为自始即不存在。②宣告专利权无效的决定,对在宣告专利权无效前人民法院做出并已执行的专利侵权的判决、调解书,已经履行或者强制执行的专利侵权纠纷处理决定,以及已经履行的专利实施许可合同和专利权转让合同,不具有追溯力。但是因专利权人的恶意给他人造成的损失,应当给予赔偿。③如果依照前一规则,不返还专利侵权赔偿金、专利使用费、专利权转让费,明显违反公平原则的,应当全部或者部分返还。

3.4.4 专利权的保护范围

确定专利权的保护范围,应当坚持以权利要求的内容为准的原则;以说明书及附图解释权利要求,应当采用折中解释原则。既要避免采用"周边限定"原则,即专利的保护范围与权利要求文字记载的保护范围完全一致,说明书及附图只能用于澄清权利要求中某些含糊不清之处;又要避免采用"中心限定"原则,即权利要求只确定一个总的发明核心,保护范围可以扩展到技术专家看过说明书与附图后,认为属于专利权人要求保护的范围。折中解释应当处于上述两个极端解释原则的中间,把对专利权人的合理正当的保护与对公众的法律稳定性及其合理利益结合起来。

专利法第 64 条是这样规定的:

> 发明或者实用新型专利权的保护范围以其权利要求的内容为准,说明书及附图可以用于解释权利要求的内容。外观设计专利权的保护范围以表示在图片或者照片中的该产品的外观设计为准,简要说明可以用于解释图片或者照片所表示的该产品的外观设计。

(1)专利权的保护范围是指发明、实用新型和外观设计专利权的法律效力所及的范围。专利权是一种无形财产权,由法律明确规定专利权的保护范围,划清专利侵权与非侵权的界限,

既有利于依法充分保护专利权人的合法权益,又可以避免不适当地扩大专利保护的范围,损害专利权人以外的社会公众的利益。

(2)根据第64条规定,发明或者实用新型专利权的保护范围,"以其权利要求的内容为准,说明书及附图可以用于解释权利要求"。这一规定包括两层含义:①一项发明创造专利权的保护范围,须以其权利要求为准,即以由专利申请人提出的并经国务院专利行政主管部门批准的权利要求书中所记载的权利要求为准,不小于也不得超出权利要求书中所记载的权利要求的范围。②说明书及附图对权利要求具有解释的功能,可以作为解释权利要求的依据。但是,相对权利要求而言,说明书及附图只具有从属的地位,不能单以其作为发明或者实用新型专利权保护的基本依据。基本依据只能是权利要求书。

(3)根据第64条规定,外观设计专利权的保护范围,"以表示在图片或者照片中的该产品的外观设计为准"。这一规定表明,外观设计专利权的保护范围,以体现该产品外观设计的图片或者照片为基本依据。需要说明,外观设计专利权所保护的"表示在图片或者照片中的该产品的外观设计"的范围,应当是同类产品的范围;不是同类产品,即使外观设计相同,也不能认为是侵犯了专利权。

3.4.5 专利权申请过程的保护意识

对专利权的保护,首先要从专利申请的过程中予以保护。这主要是针对国家专利授权部门公示的专利申请方案,及时查阅,一方面利用自己在先的专利技术制约其他企业相同或者类似的专利申请,这个往往被称为是对其他企业的专利制约力。表3-1表现了2011年日本汽车企业专利对其他公司制约力前十强排名。另一方面,防止其他企业或者个人将本该可以免费使用的公有技术申请专利,从而避免增加自己使用公有技术的成本。

表3-1 2011年日本汽车企业专利对其他公司制约力前十强排名 (单位:件)

排名	企业名称	其他公司专利申请被驳回数量	被引用驳回其他公司申请的专利数	专利申请量	被应用率/%
1	丰田汽车	17 921	13 174	95 128	13.8
2	电装汽车零部件	15 332	10 892	59 221	18.4
3	日产汽车	12 653	9826	50 574	19.4
4	本田技研	10 092	7563	50 987	14.8
5	马自达汽车	6921	5002	21 247	23.5
6	矢崎总业	3984	3212	19 266	16.7
7	三菱汽车	3449	2425	10 240	23.7
8	Aishin精机	3224	2257	13 670	16.5
9	铃木汽车	3091	2563	15 305	16.7
10	丰田自动织机	2661	2149	12 889	16.7

(资料来源:夏佩娟. 国家知识产权局专利文献部·知识产权简讯2011年合订本[N/OL].
[2011-04-15]. http://www.patentresult.co.jp.)

根据我国专利法的规定,国务院专利行政部门收到发明专利申请后,经初步审查认为符合本法要求的,自申请日起满 18 个月,即行公布。另外,自国务院专利行政部门公告授予专利权之日起,任何单位或者个人认为该专利权的授予不符合专利法有关规定的,可以请求专利复审委员会宣告该专利权无效。由于我国自 2001 年起取消了异议程序,只有无效宣告请求程序,因此,专利权人(也包括其他任何人)可以在公示授权后的任何时间,依法请求对不符合专利法的专利授权提请宣告无效。图 3-3 是我国发明专利审查程序示意图。

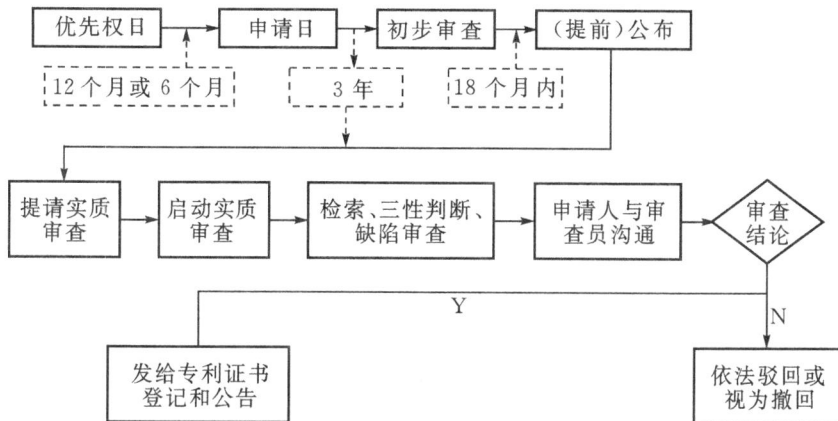

图 3-3   中国发明专利审查程序图例

其次,对专利权的保护,就要从侵犯专利实体权利的角度依法请求保护。下文将对此做详细介绍。

3.5   专利权侵权行为判定原则及法律责任

专利侵权是指在专利有效期内,未经专利权人许可,为生产经营目的制造、使用、许诺销售、销售及进口其专利产品,或者使用其专利方法以及使用、许诺销售、销售、进口依照该专利方法直接获得的产品,或为生产经营目的制造、许诺销售、销售、进口其外观设计专利的产品。

3.5.1   专利侵权判定理论

1.等同原则

等同原则是 1950 年美国最高法院在判例中建立的。这一原则是说,在确定被控侵权的产品是否侵犯专利权时,应当首先依据权利要求的文字进行判断。如果被控侵权的产品落入权利要求文字所表达的保护范围之内,则侵权成立。相应地,如果被控侵权方法与专利权利要求相对比,有一个以上技术特征不相同也不等同,则不落入专利权的保护范围。

但是,还必须认识到如果允许他人在稍加变动后就可以利用专利发明,那么专利保护就会变得空洞无用了,因为完全一模一样的照抄是十分少见的。如果专利权人在任何情况下都要受到其权利要求文字内容的支配,那么专利权人的利益就得不到切实的保护,专利制度鼓励公开发明的目的就会落空。等同原则正是顺应这种需要而提出的,其核心在于防止他人盗用专利发明的成果。等同原则不仅适用于首创性发明,也同样适用于改进型发明。

该判决提出了一种判断是否构成等同侵权的准则,即判断专利发明和被控侵权行为客体的各个技术要素是否"以基本上相同的方式,实现基本上相同的功能,产生基本上相同的效果",且是本领域普通技术人员无须经过创造性劳动就能联系到的技术特征。上述准则被称为"方式—功能—效果"准则。

专利侵权判断可以分为两个步骤:第一步就是把被控侵权产品或者方法和专利权利要求进行比较,如果被控侵权产品或者方法具备了权利要求里的每一项技术特征的话,专利侵权就成立了。这一步在国内称为全部技术特征原则或全面覆盖侵权原则,在美国称为字面侵权。但是,被控侵权产品或者方法不具备权利要求里的所有技术特征,并不等于专利侵权就不成立。法院还要再走第二步,看看被控侵权产品或者方法和权利要求所覆盖的专利发明是不是等同。

等同原则是用于扩展权利要求文字内容表达的保护范围的工具。在适用等同原则时,可以参考说明书和附图的内容,但是又不必仅仅限于依据说明书和附图的内容,例如还可以参考普通技术人员对发明的理解、公知的技术常识、有关专家的证明等。因此,等同原则与"用说明书和附图解释权利要求"是不相同的概念,其作用更为显著。

等同原则说到底十分简单,不外乎是指当被控侵权行为的客体与权利要求中记载的技术方案"基本相似""变化不大"或者"实质相同"时,仍然构成了侵权行为。然而,困难之处在于应当如何来定义这些措辞的准确含义,使其判断成为一件有章可循、可以预测的事情。

世上完全相同的东西总是很少,而相似的东西就很多。如同在专利审查过程中采用创造性来驳回专利申请的概率远大于采用新颖性来驳回专利申请的概率一样,在专利侵权判断中认定等同侵权的情况也明显多于认定相同侵权的情况,这表明等同侵权在整个专利侵权诉讼中占有十分重要的地位。

2. 禁止反悔原则

专利的权利要求决定专利的保护范围。由于文字不像数字那么精确,经常出现模糊不清的地方,专利法就创立了一整套解释权利要求的方法。法院一方面要保护专利权人的合法权益,另一方面,又要保证公众能够通过权利要求了解专利的保护范围。为了同时满足这两方面的需要,法院设立了两个互相制约的原则:一个是为了保护专利权人的合法权益,把专利保护范围扩大到专利发明的等同物的等同原则;另一个就是为了保护公众利益不受侵害,防止专利权人出尔反尔,任意扩大专利保护范围的禁止反悔原则。

禁止反悔原则在我国也是由法院创立的一项原则,我国专利法中还没有明文规定。一般地,在专利申请和专利侵权审判过程中,专利权人对权利要求的解释应该一致。专利权人不能为了获得专利,在专利申请过程中对权利要求做出狭义的解释,而在以后的专利侵权诉讼过程中,为了使权利要求能够覆盖上被控侵权物,又对权利要求做出广义的、较宽泛的解释。对于在专利申请过程中已经承诺、认可或者放弃的那部分内容,专利权人在以后的专利侵权诉讼过程中不能反悔。这种情况下,法官可以根据具体情况做出判决。

3. 多余指定原则

撰写专利权利要求,是一项技术性和法律性都很强的工作,不熟悉权利要求拟定方式的申请人，难免把对实现专利发明和效果无关紧要的技术特征，也就是非必要技术特征写进权利要求里去。由于增加了非必要的技术限定，专利保护的范围就会缩小。专利局授予专利权以后，其他人经过研究专利说明书和权利要求，发现了权利要求里存在的弊病，很容易就可以通过省略掉这一项非必要的技术特征钻法律的空子。在这种情况下，如果法院由于被控侵权产品或者方法缺少了权利要求的一项技术特征而判定专利侵权不成立的话，这样的结果显然对专利权人是不公平的。多余指定原则正是应这种公平的需要而产生的。

我国法院在把权利要求分解成技术特征以后，还要根据当事人的解释和说明，审查所有这些技术特征是不是都属于必要技术特征。如果法院在参考说明书里所记载的发明目的、技术效果、技术方案以及申请人在专利审查过程中向专利局所做的陈述以后，认为某一项技术特征属于非必要技术特征，那么法院在判定专利侵权是否成立时，就会把这项技术特征省略掉。这种省略掉权利要求里的非必要技术特征的做法，也称为多余指定原则。

3.5.2 专利侵权的判定

进行专利侵权判定时，只有先根据说明书和专利申请文件解释完权利要求，确定了权利要求的范围以后，法院才把权利要求和被控侵权物做比较，判定侵权是否成立。在解释权利要求的时候，法院只考虑权利要求、专利说明书和其他专利申请文件，被控侵权物是不在考虑范围以内的。

我国专利法既要保护专利权人的利益，又要保护第三人的利益，因此对发明或实用新型专利权的保护范围，以其权利要求的内容为准。说明书和附图仅用来解释权利要求。

判断专利侵权是否成立，法院应当拿专利权利要求和被控侵权产品或者方法进行比较。但它们一个是文字，一个是实物，不能在整体上直接进行比较，所以在进行侵权比较时，法院首先要把文字和实物都分解成技术特征，然后在技术特征这一级来进行比较。如果被控侵权产品或者方法缺少一项技术特征，字面侵权就不成立。如果被控侵权产品或者方法除了权利要求里的全部技术特征之外，还增加了一项或者一项以上的技术特征，专利侵权成立。这种判定专利侵权是否成立的方法就是特征分析法。也就是说当某人的技术实施行为，包含了某专利权人在独立要求中所列举的全部技术特征时，则构成了侵权，若只是利用了独立权利要求或从属权利要求中所列的部分技术特征时，则不构成侵权行为。如某专利权的独立要求中所列的技术特征为 $a+b+c+d$，另一技术实施者的技术，其特征分别为：①$a+b+c+d$，②$a+b+c+d+e$，③$a+b+c$，④$a+b+d+e+f$，则①、②为侵犯专利权行为，③、④不为侵权行为。

在进行具体案件分析时，法院应当先将专利权利要求中构成技术方案的全部必要技术特征找出来，或将技术方案分解成各个组成部分，然后把被控侵权的技术方案（或组成部分）的全部特征找出来，列出数量及其名称。在我国，多数法院在审理案件时会要求双方当事人分别做出特征分析表，然后由法庭进行对比分析。对技术内容较复杂的，法院还会请有关技术专家帮助进行分析，搞清楚两者在名称、数量上是否一致。

另外，在实践当中，绝大多数的专利都属于从属专利。根据技术特征全面覆盖原则，实施从属专利的行为构成对基本专利的侵权。这一点在各国的专利司法实践当中都是一样的，如三极管专利权的实施构成对二极管专利的侵权（后来两个专利的权利人达成了相互许可的协议）。专利侵权判断的流程如图 3-4 所示。

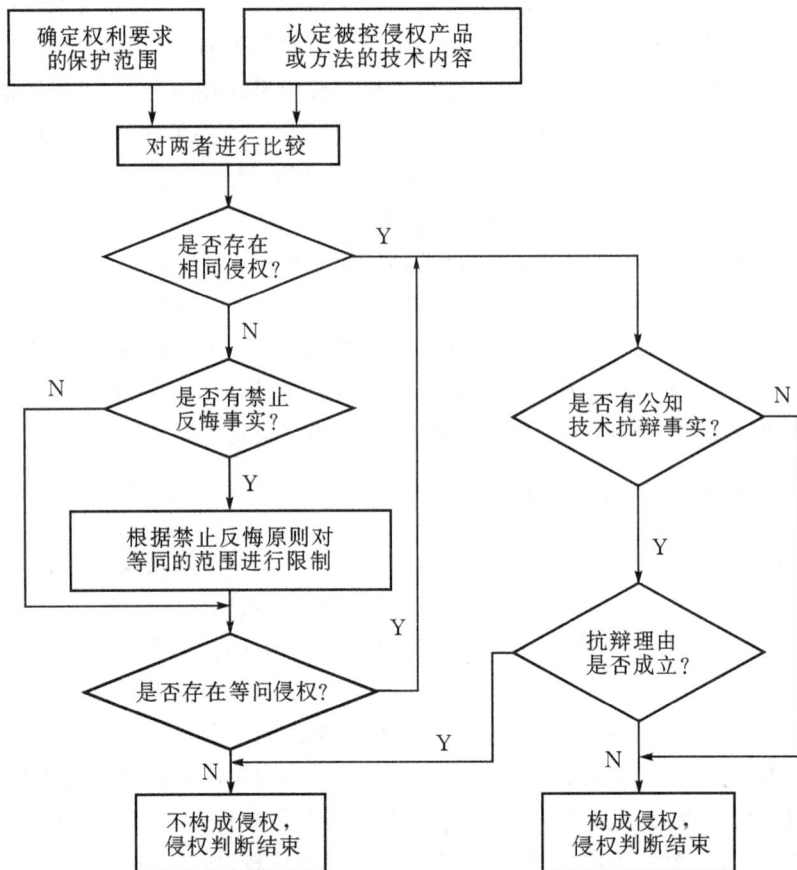

图 3-4 专利侵权判断的流程图

(资料来源：尹新天. 专利权的保护[M]. 北京：专利文献出版社，1998.)

3.5.3 侵犯专利权的法律责任

由于专利权包含有人身权和财产权两部分，因此，对于侵犯他人专利权的行为，就可以根据不同情况分别追究民事责任、行政责任，甚至刑事责任。我国专利法及有关法律按不同的专利侵权行为规定的专利侵权责任有以下几方面。

1. 民事责任

当发生专利侵权时，当事人应该积极进行协商，以便恰当解决双方之间的民事纠纷。专利法鼓励当事人协商解决侵权纠纷，即对未经专利权人许可，实施其专利，即侵犯其专利权，引起纠纷的，首先允许由当事人协商解决。其次，对不愿意协商或者协商不成的，专利权人或利害关系人可以向人民法院起诉或者请求专利管理机关处理，专利管理部门认定侵权行为成立的，可以责令侵权人立即停止侵权。

对专利侵权行为，专利管理机关和人民法院有权责令侵权人赔偿损失。侵犯专利权的赔偿数额（包括权利人为制止侵权行为所支付的合理开支）依次按照权利人实际损失、侵权人所获利益、许可费倍数、法院判罚的顺序计算。即：首先按照权利人因被侵权所受到的实际损失确定；其次，实际损失难以确定的，可以按照侵权人因侵权所获得的利益确定；第三，权利人的损失或者侵权人获得的利益难以确定的，参照该专利许可使用费的倍数合理确定；第四，权利人的损失、侵权人获得的利益和专利许可使用费均难以确定的，人民法院可以根据专利权的类型、侵权行为的性质和情节等因素，确定给予3万元以上500万元以下的赔偿。

2. 行政责任

对假冒专利的，除依法承担民事责任外，由负责专利执法的部门责令改正并予公告，没收违法所得，可以处违法所得五倍以下的罚款。另外，违反专利法第十九条规定向外国申请专利，泄露国家秘密的，由所在单位或者上级主管机关给予行政处分。

3. 刑事责任

假冒他人专利，不仅是一种专利侵权行为，更为严重的是破坏了国家的专利制度。因此，对这种行为除依法要求其承担民事赔偿责任外，构成犯罪的，还要对企业或者直接责任人员依照刑法予以处罚。

3.5.4　侵犯专利权的诉讼时效

为了防止专利权人恶意使用专利权，也为了促使专利权人及时保护自己的专利权，专利法第74条明确：

> 侵犯专利权的诉讼时效为三年，自专利权人或者利害关系人知道或者应当知道侵权行为以及侵权人之日起计算。
>
> 发明专利申请公布后至专利权授予前使用该发明未支付适当使用费的，专利权人要求支付使用费的诉讼时效为三年，自专利权人知道或者应当知道他人使用其发明之日起计算，但是，专利权人于专利权授予之日前即已知道或者应当知道的，自专利权授予之日起计算。

3.6　专利权的限制

专利权人有实施其专利的独占权，他人实施其专利必须取得专利权人的许可，这是法律赋予专利权人独占权的体现。但是，基于各种原因，法律对这个权利也做了若干限制。授予发明人专利权，实际上是对其他人使用一项技术的限制，有利于发明创造的产生，但绝对的专利独占权，也会给社会合理发展、科技进步带来阻碍。为了尽可能小地减少这种阻碍所产生的后果，各国的专利制度都规定了对专利权的相应限制。我国专利法也不例外，就是说对于专利权人合法拥有的专利权，他人在法律许可的范围内使用该项专利技术，不需要得到专利权人的许可或同意，但应当支付相应的专利使用费。这就是对专利权的限制。

3.6.1　强制许可

我国专利法对强制许可的规定，主要有以下几方面。

（1）具备实施条件的单位或者个人以合理的条件请求发明或者实用新型专利权人许可实

施其专利,而未能在合理的时间内获得这种许可时,国务院专利行政部门根据该单位或者个人的申请,对于有下列情形之一的,可以给予实施该发明专利或者实用新型专利的强制许可:①专利权人自专利权被授予之日起满三年,且自提出专利申请之日起满四年,无正当理由未实施或者未充分实施其专利的;②专利权人行使专利权的行为被依法认定为垄断行为,为消除或者减少该行为对竞争产生的不利影响的。

(2)在国家出现紧急状态或者非常情况时,或者为了公共利益的目的,国务院专利行政部门可以给予实施发明专利或者实用新型专利的强制许可。

(3)为了公共健康目的,对取得专利权的药品,国务院专利行政部门可以给予制造并将其出口到符合我国参加的有关国际条约规定的国家或者地区的强制许可。

(4)一项取得专利权的发明或者实用新型比前已经取得专利权的发明或者实用新型具有显著经济意义的重大技术进步,其实施又有赖于前一发明或者实用新型的实施的,国务院专利行政部门根据后一专利权人的申请,可以给予实施前一发明或者实用新型的强制许可。在依照前述内容给予实施强制许可的情形下,国务院专利行政部门根据前一专利权人的申请,也可以给予实施后一发明或者实用新型的强制许可。

应该强调的是,依法给予的强制许可的实施(除对抗垄断行使专利权行为或者为了公共健康目的的药品专利外)应当主要为了供应国内市场。另外,申请强制许可的单位或者个人应当提供证据,证明其以合理的条件请求专利权人许可其实施专利,但未能在合理的时间内获得许可;取得实施强制许可的单位或者个人不享有独占的实施权,并且无权允许他人实施;并应当付给专利权人合理的使用费,或者依照我国参加的有关国际条约的规定处理使用费问题。付给使用费时,其数额由双方协商;双方不能达成协议的,由国务院专利行政部门裁决。

应该注意的是,为了进一步促进专利实施和运用,2021年6月1日施行的我国专利法将原来第六章"专利实施的强制许可"改为"专利实施的特别许可",除了之前的专利强制许可外,还专门提出了专利权的"开放许可"制度。

开发许可是指专利权人自愿以书面方式向国务院专利行政部门声明,愿意许可任何单位或者个人实施其专利,并明确许可使用费支付方式、标准,由国务院专利行政部门予以公告的一种专利许可方式。在这种情况下,任何单位或者个人有意愿实施开放许可的专利的,以书面方式通知专利权人,并依照公告的许可使用费支付方式、标准,支付许可使用费后,即获得专利实施许可。

一般地,就实用新型、外观设计专利提出开放许可声明的,应当提供专利权评价报告。专利权人撤回开放许可声明的,也应当以书面方式提出,并由国务院专利行政部门予以公告。开放许可声明被公告撤回的,不影响在先给予的开放许可的效力。

实行开放许可的专利权人可以与被许可人就许可使用费进行协商后给予普通许可,但不得就该专利给予独占或者排他许可。当事人就实施开放许可发生纠纷的,由当事人协商解决;不愿协商或者协商不成的,可以请求国务院专利行政部门进行调解,也可以向人民法院起诉。

为了鼓励这种有效的专利技术实施和运用的方式,我国政府还对开放许可实施期间专利权人缴纳的专利年费,给予相应减免。

3.6.2　非为生产经营目的的利用

非为生产经营目的的利用,主要指在非商业性的科学研究、教学中或个人有限的对专利技术的利用,不视为侵犯专利权,无须得到专利权人的许可。专利法第 75 条第 4 项规定,专为科学研究和实验而使用有关专利的行为,不视为侵犯专利权。之所以规定这一合理使用的范围,目的是促进科学技术的发展,增进公共利益。

科学研究和实验目的的利用,是为了考察取得专利的发明创造有无技术效果或者经济效果,或者是为了在该发明创造的基础上进一步做出新的改进,这种利用有助于推动技术进步。科技史上有不少影响巨大的发明,正是在原有技术上进一步研究的成果。教育目的的利用,是为了培养新一代技术人员,是为了公共的利益。至于个人或者家庭的利用,无损于专利权人的利益,也就无须经过专利权人的许可。值得注意的是,为商业目的而研究、为培训企业中的技术人员掌握和实施专利中的技术而进行教学,则不在合理使用之列。

3.6.3　专利权用尽以后的使用或销售

专利权人或经专利权人同意而投放市场的产品在销售之后,该权利人无权控制对产品的使用方式(如把作为起重车出售的专利产品当载重车使用)、许诺销售(如以做广告、在商店橱窗中陈列或者在展销会上展出等方式做出销售商品的意思表示)、销售和进口,这就是专利权用尽原则。这里的使用是指使用产品本身,如果按该产品复制或仿制新产品进行销售,则权利人有权干涉。专利权用尽原则是对专利权的一项重要限制,其目的是保证商品在一国内自由流通。当然,关于权利用尽原则目前学术界尚有争议,一种观点认为:专利权人把专利产品出售给批发商的时候,应该对其再次投入市场的行为予以书面的、明确的授权。但是,我国专利法第 75 条第 1 项规定,专利产品或者依照专利方法直接获得的产品,由专利权人或者经其许可的单位、个人售出后,使用、许诺销售、销售、进口该产品的,不视为侵权。从这一规定看,当批发商从专利权人或者经其许可的单位、个人手里购买了专利产品后,对该专利产品进行使用、许诺销售、销售和进口的行为,不视为专利侵权行为。因为批发商再把这些产品出售给消费者,如果要一一经过专利权人许可,或说专利权人有权禁止这种买卖,那就会大大地阻碍商品流通。

对于专利权人来说,专利产品一经销售,即表明其专利权用完,任何人使用或者销售该产品的行为,不再需要得到专利权人的许可。需要注意的是,这一原则只适用于合法地投入市场的专利产品,即专利产品是由专利权人投入市场和由被许可人投入市场的。另外,以下三种情况也应包括在内:①由先使用权人投入市场的专利产品;②由强制许可受益人投入市场的专利产品;③政府机关按照计划授权实施后投入市场的产品。这是依我国的实际情况做的解释。在上述范围以外的单位和个人投入市场的专利产品,专利权人在这些产品商业化的任何阶段,都可以出面依法进行干预。

3.6.4　先用权的利用

在"先申请者获得专利权"的制度下,可能会有一些先研究出了新的发明、但因延误了申请而未取得专利的人,还可能有人先研究出了新的发明后虽然一直在使用,但并未打算申请专利。对于这类情况,一般法律都规定:在专利保护期限内,专利权人行使自己的专利权时,不应妨碍这些人的在先使用权,简称为先用权。这也是对专利权的一种限制。目的在于保护先使用人就一项发明创造所做的工业投资,不致受他人专利取得的影响。

专利法第 75 条第 2 项规定:在专利申请日前已经制造相同产品、使用相同方法或者已经作好制造、使用的必要准备,并且仅在原有范围内继续制造、使用的,不视为侵权。我国先用权不仅指在专利申请日前已经制造相同产品、使用相同方法这一范围,而且包括在申请日前已经作好制造、使用的必要准备的情况。所谓"必要准备"一般指的是已经为制造、使用进行了投资,包括购置或安装了制造该产品的机器,准备了原材料等。

适用先用权一般需具备以下几个条件:

(1)制造或者使用的行为发生在别人取得专利权的专利申请日以前。自申请日起至批准之日这一期间发生的这类行为不享有先用权。

(2)先使用人必须证明其发明创造是自己独立完成的,或者是从专利权人或者他的前权利人以外其他正当途径得来的,他得到这项发明创造与专利权人无关。

(3)先使用的行为是不公开的,尚未构成现有技术。

(4)先使用人在专利权人的申请日以前至少已作好制造或者使用的准备。

(5)先使用人的制造、使用行为仅限于原有范围和规模之内,即制造目的、使用范围、产品数量都不超过原有的范围。

享有先用权的单位或个人不必与专利权人签订许可合同,不必支付任何费用。先用权的享有仅限于继续使用,先用权人无权转让其技术,或向别人发放利用该技术的许可证,否则就构成专利侵权。先使用权人只有将先使用权连同整个企业及原生产规模一起转让,才是合法的。

3.6.5　外国运输工具运行中的使用

专利法第 75 条第 3 项规定:临时通过中国领陆、领水、领空的外国运输工具,依照其所属国同中国签订的协议或者共同参加的国际条约,或者依照互惠原则,为运输工具自身需要而在其装置和设备中使用有关专利的,不视为侵权,无须得到我国专利权人的许可。这实际是对专利权的又一限制。这一项规定须注意这几个条件:

(1)它只适用于临时进入我国领陆、领海或者领空的运输工具。临时进入包括定期或者不定期的进入在内。

(2)只适用于与我国订有条约或共同参加的国际条约或有互惠关系国家的运输工具,其他外国运输工具使用我国专利保护的产品,仍须得到我国专利权人的许可。

(3)只适用于外国运输工具在其装置和设备中使用了我国专利法所保护的产品,不适用于在运输工具上制造或者销售这种产品。

(4)只适用于为自身需要而在运输工具的装置和设备中使用有关专利,如果将我国专利保护的产品用于其他用途,仍应得到我国专利权人的许可。

3.6.6　行政审批所需的使用

由于国家对药品及其医疗器械的管理实行较为严格的审批制度,因此,为提供行政审批所需要的信息,制造、使用、进口专利药品或者专利医疗器械的,以及专门为其制造、进口专利药品或者专利医疗器械时,不视为侵犯专利权。

3.6.7 第三人善意的、有条件的使用或者销售

专利法第 77 条规定:为生产经营目的使用、许诺销售或者销售不知道是未经专利权人许可而制造并售出的专利侵权产品,能证明该产品合法来源的,不承担赔偿责任。这也是对专利权的一种限制。

人们使用、许诺销售或销售专利产品时,会因为此前的交易过程中不能合理判断这一产品是否是专利权人或者经专利权人允许制造出来的,因此,对于不明真相的使用者、许诺销售和销售者(可视为善意第三人),其行为已经构成了侵权,但在其能证明产品合法来源的条件下,法律不追究赔偿责任。当专利权人或者被许可人通知该产品是未经许可而制造并售出的,善意第三人应当停止使用或者销售并有义务告知其产品的合法来源,否则就应当负侵犯专利权的赔偿责任。

对于明知或者已知该专利产品是未经专利权人允许制造出来而使用、许诺销售和销售该专利产品的,则属于恶意侵权,是要与生产者承担连带责任的。

另外,善意第三人免于赔偿的权利也仅限于使用、许诺销售和销售行为,对于未经专利权人许可而仿制专利产品或在生产中使用专利方法的行为,无论行为人是否明知其行为是违法的,都属于侵权行为,要负法律责任。

✦ 问题讨论

1. 已经申请专利但还没有获权的技术,在转让后出现最终没有获权的情况,那么技术受让人按照专利申请权转让合同约定,已经向技术许可方支付的专利技术使用费如何处理? 为什么?

2. 在专利权转让合同期内,如果发生专利权被宣告无效的情况,那么按照法律规定,该专利权为自始无效。这时,专利技术受让人按照专利权转让合同已经支付和还没有支付的专利技术使用费,应该如何处理? 为什么?

3. 企业领导应该如何对待职务发明?

4. 企业如何通过专利保护取得竞争优势?

5. 诉讼或仲裁过程中出示或交换的证据是否导致专利新颖性的丧失?

✦ 阅读法律

1.《中华人民共和国专利法》

2.《中华人民共和国专利法实施细则》

✦ 案例讨论

1. 1986 年甲(某研究所)购进国外抽水马桶,立项对其进行改进开发,1987 年研制成功,1988 年通过了技术鉴定,并投放市场销售。1989 年该产品获某科学院技术进步二等奖。甲对

抽水马桶图纸按技术秘密由专人负责保管。

乙1985年开始研制抽水马桶，曾制成样机，但未能正常运转，也未投产销售，后因故停止了研究工作。1993年7月底，乙得知甲想请人生产抽水马桶专用电机，故通过其在甲单位工作的妹妹签订了电机购销合同。乙委托某电机厂生产，但质量过不了关。于是乙通过在甲工作的某人复印了抽水马桶图纸，委托某电机厂和某无线电厂的部分科技人员对马桶的电机、开关、电路等进行改进。后乙申请了"电动化粪便器组件"实用新型专利。

甲称：1994年得知乙申请了"电动化粪便器组件"实用新型专利，遂进行核查发现，申请专利的图纸是乙采用不正当手段通过甲单位个别人员将甲的图纸偷盗复制所得，其申请专利的技术完全是甲的科研成果。

乙辩称：本人1985年初就已研究离心式电动马桶，并制成样机后交某研究所测试，后因故中断研究，1993年7月以后，本人画了草图，交某电机厂、某无线电厂的工程技术人员加以改进后申请了专利。虽然在申请专利的三张图纸中，图1是取自于甲，但这不是专利要求保护的内容，其余两张图与甲无关，而且，产品与甲图纸中筒体形状、开关等不同，所以该专利是自己研究出来的，专利权应归本人所有。

乙反复强调，甲生产的产品早已上市销售，没有必要争一个已丧失新颖性的专利权，并强调乙从甲取得的图纸是电机全套图纸，且是以合法途径取得的，并非马桶全套图纸。

请问：

(1)如以本案中乙诉称的，自己仅参考了甲的技术，因此而申请的专利，权利归谁？

(2)取自他人图纸的技术申请专利，获得的专利权应该归谁？

(3)如何理解该案中所涉及的专利权的人身权和财产权？

2.被告2系全民所有制企业，原告是该企业职工。1985年4月1日，原告将"火烷型加热炉及其使用方法"向中国专利局申请了非职务发明专利。1988年3月3日，该申请被授予发明专利权，专利号为85102032。1989年2月10日，原告向某市中级人民法院起诉，状告被告1(被告2与一家美国公司的合资企业)侵犯其专利权，某市中级人民法院将被告2追加为共同被告。在这种情况下，被告2于1990年3月8日正式向法院提出权利主张，并于1992年10月20日，再一次向法院提交了增加民事诉讼请求书，明确要求将原告的非职务发明专利权判归被告2持有，提出原告申请并获得专利权的技术成果应属职务技术成果的诉讼请求。于是，法院中止了专利诉讼，开始审理当事人之间的专利权归属纠纷案。

被告2诉称：原告所享有的"火烷型加热炉及其使用方法"发明专利权，实为我厂与市机械工业总公司技术研究所共同研究的革新项目，原告只是参与人之一。该项目是我厂在20世纪80年代初的节能重点项目，以我厂汽包车间水压机班为主，多方人员参与，利用工作时间，利用我厂机械设备、资金完成，我厂为此也多次召开厂内外的经验交流和技术鉴定等会议。在原告申请该项技术专利，要求我厂为其出具"非职务技术成果"证明函时，我厂有关领导忽略了有关法律规定，只考虑到原告对此技术的研究开发有过较突出的贡献且申请专利手续烦琐，在未向上级部门请示的情况下，即为其向专利局出具了上述证明。原告在获得此项技术的专利权后，竟于1989年2月向法院提起诉讼，控告被告1(我厂与美国某公司合资经营)侵犯"火烷型加热炉及其使用方法"的专利权，出于无奈，我厂遂诉至法院要求变更上述专利权归我厂所有。

原告辩称:"火炕型加热炉及其使用方法"系由原"扁体储热型钢板加热炉"与"热冲压封头程序组合作业法"演变而来,但这都是我在70年代利用业余时间及个人资金研究所获,且被告2在我申请专利时,已向专利局证明此技术系非职务发明成果,故我不能同意原告的诉讼请求。

请问:

(1)如何理解职务发明与非职务发明?

(2)如果是被告2的职务发明专利,那么被告1如何才能享有使用权?

(3)此案对企业知识产权保护与管理有何启示?

3.原告是被告1(医院)单位的工程师。原告设计的"多功能喉镜"于1989年3月21日获得实用新型非职务发明专利。1991年4月19日,原告函告中国专利局,请求将该专利权转让给被告1,并填写了"权利转让登记请求书""著录项目变更申请书"。同年10月10日,原告又致函中国专利局,表明不同意将其享有的专利权转让给被告1。该专利权属变更程序即告终止。

1991年4月22日,被告1与被告2签订了专利实施许可协议,被告1许可被告2实施原告的"多功能喉镜"专利,被告1收取被告2共计15套多功能喉镜(约合人民币13700元)作为入门费,故原告以被告1、被告2侵犯专利权为由,诉至某市中级人民法院。

原告认为其为"多功能喉镜"的专利权人,被告1未经其许可将该专利转让给被告2实施该专利的行为均为侵权行为,请求法院判令两被告停止侵权、赔偿损失。

被告1辩称,原告的"多功能喉镜"为职务发明,故请求法院判定该专利权归被告1所有,驳回原告的诉讼请求。

被告2辩称,该厂实施专利是经被告1许可的,其行为不构成侵权。

请问:

(1)如何判断该成果是否构成职务发明成果?

(2)在专利权属变更程序终止的情况下,被告1的转让行为是否为侵权行为?

(3)被告2是否要承担法律责任? 为什么?

4.原告是实用新型专利"防火卷帘门复合连板造型"的专利权人,该专利于1991年3月6日获得专利权,其专利权利要求书载明:①一种复合式卷帘门,其特征在于复合连板由断面形状及尺寸完全相同的两块连板套在一起组成。②上述的复合式连板的厚度为10毫米~30毫米,宽度为50厘米~250毫米,长度为2米~15米,两块相邻复合连板间夹角变化范围为70度~180度。③上述复合式防火卷帘门的特征在于复合连板的材料为低碳钢板,钢板厚度为0.5毫米~2毫米。

1993年初,原告发现被告未经许可,非法制造其专利产品,并将该产品销往某市农贸市场等地。其产品具有如下特征:将两块两端弯曲形状及尺寸完全相同的复合连板穿套在一起,其中的一块复合板中间位置添加了一个90度的槽。

原告认为被告的行为侵犯了自己的专利权,故请求法院判令被告停止生产、销售侵权产品。

被告则认为,其生产的防火卷帘门从技术特征、产品结构和制造工艺方面都与原告的实用新型专利有很大不同,被告产品虽是在原告专利基本特征的基础上,但增加了一个技术特征,因此不存在侵权问题。

请问:

(1)增加一个技术特征是否构成专利侵权?

(2)如何理解在专利技术之上的技术创新?

阅读材料

【阅读 3-1】

涉"金粳 818"植物新品种侵权案

(本案例来源于最高人民法院〔2021〕最高法知民终 816 号民事判决书。)

江苏省金地种业科技有限公司(以下简称金地公司)为水稻新品种"金粳 818"的独占实施被许可人,江苏亲耕田农业产业发展有限公司(以下简称亲耕田公司)未经许可,以线下门店推广以及在微信群内发布"农业产业链信息匹配"线上宣传等方式,寻找潜在的交易者,收取会员费并向会员提供"金粳 818"水稻种子交易信息,与买家商定交易价格、数量、交货时间,安排送货收款。

金地公司认为亲耕田公司的行为构成侵权,诉至江苏省南京市中级人民法院。一审法院认为,亲耕田公司并未直接销售涉案侵权种子,仅构成帮助侵权,判决亲耕田公司停止侵权,赔偿损失及合理支出 300 万元。亲耕田公司不服,提起上诉。最高人民法院二审认为,亲耕田公司在网络平台发布种子销售信息,与购买者协商确定种子包装方式、价款、数量、履行期限等交易要素,销售合同自合意达成时成立,亲耕田公司是交易组织者、决策者,应当认定其构成销售侵权而非帮助侵权;亲耕田公司发布和组织交易的种子远超农民自繁自用的合理规模,"农民自繁自用"不侵权抗辩不能成立。亲耕田公司未取得种子生产经营许可证并销售白皮袋侵权种子,属于侵权行为情节严重,且拒不提供有关账簿,一审判决按照赔偿基数的二倍适用惩罚性赔偿正确,最高人民法院二审判决驳回上诉、维持原判。

本案是打击种子套牌侵权的典型案件。裁判对于借助互联网信息平台组织销售白皮袋种子,以"农民""种粮大户"等经营主体名义掩护实施的侵权行为进行了准确认定,依法适用惩罚性赔偿,让侵权人付出沉重代价,体现了人民法院严格保护植物新品种权、促进农业科技创新的司法导向。

(资料来源:最高人民法院.最高人民法院发布 2021 年中国法院 10 大知识产权案件和 50 件典型知识产权案例[EB/OL].(2022-04-21)[2022-06-09].https://www.court.gov.cn/zixun-xiangqing-355881.html.)

【阅读 3-2】

"禁止反悔"原则

2005 年 7 月 29 日,北京市第一中级人民法院审结了原告(解文武)诉被告(海尔通信公司)专利侵权案。原告 2001 年 12 月 19 日申请并于 2003 年 12 月 3 日获得了"手机自动隐形拨号报失的实现方法"的发明专利。获权前原告曾按照国家知识产权局的要求对权利要求进行过修改。2004年5月原告发现被告上市产品"海尔信鸽3100"手机具有的"智能防盗"功能侵犯了自己的上述专利权,遂提请诉讼。

庭审中原告主张适用"等同原则"追究被告的侵权责任;被告则认为"原告在专利审判阶段对其权利要求1进行了部分限定和放弃",因此在专利侵权诉讼中应该禁止其反悔,即"禁止反悔"原则。

法院审理后认为:在专利侵权诉讼中,当原告主张的等同原则与被告主张的禁止反悔原则在适用上冲突时,应当优先使用"禁止反悔"原则。

(资料来源:梁勇."禁止反悔"原则在"海尔"手机专利侵权诉讼中的适用[M]//于泽辉.知识产权战略与实务(第一辑).北京:法律出版社,2007:192-197.)

【阅读3-3】

职务发明与非职务发明

根据专利法第6条规定,职务发明与非职务发明判断和权利归属,强调以下几点:

(1)定义:职务发明创造是指,执行本单位的任务或者主要是利用本单位的物质技术条件所完成的发明创造。除此之外为非职务发明。

(2)法定权利归属:职务发明创造申请专利的权利属于该单位,申请被批准后,该单位为专利权人。

非职务发明创造,申请专利的权利属于发明人或者设计人;申请被批准后,该发明人或者设计人为专利权人。

(3)约定权利归属:利用本单位的物质技术条件所完成的发明创造,单位与发明人或者设计人订有合同,对申请专利的权利和专利权的归属作出约定的,从其约定。

(4)约定权利归属的例外:执行本单位的任务所完成的发明创造为职务发明创造,不适用单位与发明人或者设计人之间的约定。

第4章

商标权及其保护

商标作为企业品牌战略的核心和载体,已是企业经营管理体制的重要内容。对商标及商标法基本概念的正确认识和理解,是企业品牌战略的法律基础。本章的主要目的,旨在对商标及商标法基本知识和法律保护的基本方式予以介绍,以利于读者学习或在商标工作的实践中参考。

《中华人民共和国
商标法》

4.1　商标概述

4.1.1　商标的简要历史

1804 年法国颁布的《拿破仑民法典》,第一次肯定了商标权应与其他财产权同样受到保护。在这前后的 1803 年与 1809 年,法国还先后颁布了两个《备案商标保护法令》。后一个法令再次申明了商标权与其他有形财产权的相同地位。这是最早的保护商标权的成文法。

1857 年,法国又颁布了一部更系统的商标保护法——《商标权法》,首次确立了全面注册的商标保护制度。继法国之后,英国于 1862 年颁布了成文商标法(但仍不是注册商标法,英国的第一部注册商标法颁布于 1875 年),美国于 1870 年、德国于 1874 年先后颁布了注册商标法。

我国从宋代就已出现商标,例如当时山东济南的刘家针铺就以白兔作为商品的标志,在针的包装纸上用铜版印有白兔的图形和"兔儿为记"的字样,这是我国迄今为止发现的最早的较为完整的商标。尽管我国商标出现较早,但由于长期处于封建社会之中,商品经济不发达,故商标未被广泛地采用,也没有法律予以保护。鸦片战争以后,帝国主义列强为了保护其本国人的商标权,强迫清政府订立商标法规。最早的有关商标的法规是清光绪二十九年(1903 年),清政府制定的《商标注册试办章程》,这是一部半殖民地性质的法规。这个章程当时因种种原因未能在全国施行。之后的北洋政府统治时期、国民党统治时期均颁布过一系列商标法规。

新中国的商标法开始萌芽于解放区。新中国成立后第一部商标法规是 1950 年 7 月由政务院制定并颁布的《商标注册暂行条例》及实施细则。随着形势发展的不同需要,政府又分别于 1954 年公布《未注册商标暂行管理办法》,1963 年颁布《商标管理条例》及实施细则。"文化大革命"期间,商标法制受到了很大破坏。

党的十一届三中全会以后,随着经济体制改革和对外开放,国内越来越多的企业开始重视商标的作用,普遍要求对商标专用权给予充分的保护。同时外国(地区)企业也非常重视本国(地区)企业产品的商标专用权在中国得到法律保护的问题。

1982年,第五届全国人民代表大会常务委员会第二十四次会议通过并颁布了《中华人民共和国商标法》,并于1983年3月1日施行。1983年国务院又颁发了《中华人民共和国商标法实施细则》,并于1988进行了第一次修订。从此我国商标法制进入了新的历史时期。

1992年,随着我国市场经济体制的实行,商标逐渐被企业重视,而且市场上假冒商标、侵犯他人商标专用权的行为日益增多。为了保证市场经济的顺利运行,维护市场秩序,第七届全国人民代表大会常务委员会第三十次会议于1993年2月22日通过《关于修改〈中华人民共和国商标法〉的决定》,于1993年7月1日起实施。随后的1993年7月15日国务院批准对《中华人民共和国商标法实施细则》进行了第二次修订。

为了适应中国建立社会主义市场经济体制、建设社会主义法治国家以及加入世界贸易组织的要求,第九届全国人民代表大会常务委员会第二十四次会议于2001年10月27日通过了《关于修改〈中华人民共和国商标法〉的决定》,对我国商标法进行了第2次修正。虽然这次修改是局部的、适应性的,但仍有较大的变化,商标法原有43条,修改后增加到64条,删除1条,新增22条,另有17个条款的内容被修改。随后的2002年8月3日,根据商标法,国务院又发布了《中华人民共和国商标法实施条例》(以下简称《商标法实施条例》),并于2002年9月15日起施行。

党的十八大以来,为了促进社会主义市场经济的发展,进一步加强商标管理,保护商标专用权,促使生产、经营者保证商品和服务质量,维护商标信誉,以保障消费者和生产、经营者的利益,2013年8月30日第十二届全国人民代表大会常务委员会第四次会议通过了《关于修改〈中华人民共和国商标法〉的决定》,对商标法进行了第3次修正,于2014年5月1日起施行。修改后的商标法在限制商标抢注、在先使用的未注册商标保护、驰名商标的申请、使用限制、侵权赔偿数额及其确定原则等方面都做出了重要的规定。

随着商标注册程序优化、注册周期缩短、注册成本降低,当事人获得商标注册更为便捷,与此同时,也出现了以傍名牌为目的的恶意申请和为转让牟利而大量囤积商标等问题,严重扰乱了市场经济秩序和商标管理秩序,引起了社会广泛关注,人们强烈呼吁予以规制。

对于前一类的恶意申请行为,现行法律规定较为明确,近年来打击力度很大,使这类行为得到了有效遏制。但是在囤积注册行为的规制方面,法律中仅有原则性规定,缺乏直接的、明确的、可操作性的条款,导致实际操作中打击力度不够。

为贯彻落实党中央、国务院决策部署,适应经济社会发展形势,加强知识产权保护,进一步优化营商环境,解决实践中出现的突出问题,更有效地遏制商标恶意注册,加大商标专用权保护力度,2019年4月23日第十三届全国人民代表大会常务委员会第十次会议对商标法进行了第四次修正,并自2019年11月1日起施行。

本次修改对于恶意注册行为的规制主要涉及以下三个方面:一是增强商标使用义务,增加"不以使用为目的的恶意商标注册申请,应当予以驳回"的规定,首先在审查阶段予以适用,实现打击恶意注册的关口前移,并将其作为提出异议和请求宣告无效的事由,直接适用于异议程序和无效宣告程序中;二是规范商标代理行为,规定商标代理机构知道或者应当知道委托人存在恶意注册行为的不得接受委托,一经发现,依法追究责任;三是对申请人、商标代理机构的恶意申请商标注册、恶意诉讼行为规定了处罚措施。通过以上三个方面的规定,将规制恶意注册行为贯穿于整个商标申请注册和保护程序,在责任主体方面既包括申请人和权利人也包括中介服务机构。

另外,为了进一步加大侵权成本,惩罚恶意侵权人,严格保护商标专用权,给予权利人更加充分的补偿,本次修改将恶意侵犯商标专用权的侵权赔偿数额计算倍数由一倍以上三倍以下提高到一倍以上五倍以下,并将商标侵权法定赔偿数额上限从三百万元提高到五百万元。

4.1.2 我国商标保护现状

今天商标已成为企业财富的重要组成部分。美国万宝路集团总裁马克思·韦尔曾说:"企业的牌子如同储蓄的户头,当你不断用产品累计其价值时,便可尽享利息。"我国也有企业家曾说过:名牌就是在同等条件下,比别的品牌卖得多、卖得快、卖得价高。

商标权对企业发展的意义重大。企业对商标权申请、保护、交易重要性的认识,也随着我国市场经济的发展,产生了巨大的变化。1994 年底时,我国外贸、工贸公司在国外的有效注册仅为 9867 件;而国外在中国的有效注册高达 6 万多件,其中美国 2 万件,日本 1.2 万件;中国在上述两国的注册商标仅为 500 件和 300 件。与此同时,中国的著名商标纷纷被外国企业在国外抢注,如:牡丹电视商标"Peong"在瑞典、挪威、比利时、荷兰、卢森堡被抢注;香烟类商标中的"红塔烟""云烟""阿诗玛"在菲律宾被抢注;酒类的"竹叶青"在韩国被抢注,"杏花村""杜康""女儿红"在日本被抢注,"丰收——桂花陈酒"在法国被抢注;自行车商标"凤凰牌"在印度尼西亚被抢注;等等。甚至直到 2010 年,还有类似"赛轮 SAILUN""海大 HAIDA""黄海 YELLOW SEA"等知名轮胎商标被日本企业抢注[①]。

近年来,国家和政府加强了对商标专用权的有效保护,维护了公平的竞争秩序,极大地激发了企业利用商标参与市场竞争的积极性,促使企业注重商品质量,维护商标信誉,为企业创立驰名商标提供了优良的社会环境。近 30 年来,我们在保持如"同仁堂""全聚德"等一批传统的老字号不断发扬光大的同时,又创造了如"海尔""联想"等一批在国内驰名、在世界有影响的商标,大大提升了企业的市场竞争力。商标的作用正在为越来越多的企业所重视,正确使用商标、维护商标信誉已成为众多企业的努力方向。

商标法颁布施行以来,我国企业的商标使用率得到了空前的提高。1982 年,我国企业年申请注册商标仅 1.7 万件,2004 年达到了 52.8 万件,2007 年更是达到了 76.6 万件,已连续 5 年居世界第一位。据国家知识产权局商标局统计数据显示,截至 2022 年 3 月 15 日,我国商标有效注册量达 3725 万件。

商标这个重要的知识产权,越来越为企业所重视,它不但成为众多企业参与市场竞争的重要武器,而且成为企业资产的重要组成部分,构成企业实力的核心内容。

目前,大多数国家和地区都采取商标"注册在先"原则,即谁先在该国或该地区注册,谁就拥有商标的专用权,并获得该国或该地区的法律保护。随着企业进一步向世界市场推进,我国也进入了自主商标在境外被抢注的高峰期。据国家商标管理部门统计,至 2000 年,我国曾有超过 80 个商标在印度尼西亚被抢注,有近 100 个商标在日本被抢注,有近 200 个商标在澳大利亚被抢注。每年我国商标特别是一些知名商标在境外遭抢注案件超过 100 起,涉及化妆品、饮料、家电、服装等多个领域。对这种情况,中国政府和企业高度重视并采取各种措施予以防范。

---

① 胡嫚. 我国轮胎企业遭遇海外商标抢注[N]. 中国知识产权报,2011 - 09 - 21(13).

4.2　商标的概念及特征

4.2.1　商标的概念

商标是商品经济发展到一定阶段的产物,是商品生产者或经营者为了使自己销售的商品在市场上同其他商品生产者或经营者的商品相区别而使用的一种标记。这种标记通常由文字、图形或文字与图形相组合而构成。

从以上定义可以看出:①商标的使用者是商品的生产者、制造者、加工者、拣选者或经销者,而不是消费者;②被标志物是商品,而不是物品;③标志的目的是出售商品,而不是赠予、储备、调配或管理。

4.2.2　商标与相关概念的辨析

1. 商标与商号

商号,在我国通常被称为企业名称或厂商名称。企业的商标与商号都属于商业标识,都具有识别作用,因而它们具有非常密切的联系。但是,两者所识别的对象是不同的,这又决定了它们之间的法律性质和地位上存在区别。

我们知道,商标是识别商品或服务来源的一种标志,而这个来源则要指向一个特定的企业。事实上,在通常情况下,商号所代表的企业也就是商标的使用者,即商品的生产者、经营者或服务的提供者。因此,商标与商号在生产经营活动中通常是不可分离的。在实践中,有许多企业将自己的商标与商号统一起来,这种例子在国内外不胜枚举。

商标与商号在法律上又有着明显的差异。虽然它们都具有识别作用,但两者所识别的对象是不同的。商标所要识别的是某个企业的商品或服务,因而它只有在与特定的商品或服务联系在一起时才有法律意义;而商号所识别的则是企业本身,即企业的"人格",因而既可用于与企业的产品或服务相关联的场合,也可以用于其他不涉及产品或服务的场合。

2. 商标与商品名称

商品名称,是指用以区别其他商品而使用在本商品上的称谓,其作用在于将一种商品与另一种商品区别开来,它分为通用名称和特有名称。商品通用名称是对同一类商品的一般称呼,例如自行车、电视机、手表等;商品特有名称是标明产地、性能、特点的某一特定商品的名称,例如泸州老窖酒、五粮液酒、川贝枇杷止咳露、两面针药物牙膏等。

在一般情况下,商品名称与商标的区别还是非常明显的。商品名称在通常情况下不能起到识别相同商品或类似商品来源的作用,因而许多国家的商标法规定不得将商品的通用名称作为商标进行注册。

3. 商标与商品装潢

商标与商品装潢既有联系又有区别,一个设计精美的商标,虽然也可以起到美化商品的装潢作用,但商标与商品装潢是完全不同的。①商标是商品的标记,是商品生产者、经营者为了使自己的产品与他人的产品相区别,而直接用于商品上的标志。而装潢,顾名思义,它是商品包装上的装饰,是以商品为对象的美术形式,其目的是美化商品、引起美感和需求欲望、吸引顾客购买。②商标是不能随意改变的，一经使用，就具有相对的稳定性。而商品装潢完全可以根据市场情况推陈出新，以吸引顾客。③商标可以通过注册取得专用权，而商品装潢则没有专用权，仿冒他人的装潢欺骗消费者的，大多按反不正当竞争法去处理。④商标不能与商品内容相同，例如，不允许用猪的图片作为猪肉罐头的商标；但装潢却往往要求与商品内容相同，不能是装潢上画的猪，而罐头内装着鱼，这样就成了"挂羊头卖狗肉"，构成了一种欺骗行为。

商标和装潢虽然是两个不同的概念，但二者在商品销售过程中往往不可分离。好的商标，也可以作为装潢使用，同样给人以美感，如凤凰、飞鸽、永久自行车标牌；有些商品，如香烟、牙膏、香皂、电池等，习惯上商标与装潢不分。有时，商品装潢和商标还可以互相转化，例如：有些商品装潢的知名度较高，为了扩大对名牌商品的保护范围，将装潢作为商标注册，如对名烟、名酒实行全包装注册；有些商品的商标在使用中逐渐演变成了商品装潢。

4.2.3　商标的特征

商标具有以下特征。

(1)商标是商品的标志。在现代社会中，为了不同的目的而使用各式各样的标志。商标是使用在商品上的标志。它与商品经济有着紧密的联系，有商品经济才能有商标。商品的所有者靠商标树立信誉、推销商品、占领市场。

(2)商标是商品生产者或经营者专用的标志，是用来区别市场商品的标志。在商品经济不发达的古代社会，手工为商品生产的主要方式，商品种类不多、市场范围不大，人们只需观察商品本身就可以知道商品的生产者。而现代社会就大不相同了。人们不可能同那么多、那么远的商品生产者、经营者直接发生关系，而往往要通过市场这一媒介、通过商标发生购销关系。现代的商品性能、结构较为复杂，又有包装材料的遮盖，特别是市场的繁荣和售货方式的发展，以及超级市场的出现，给人们现场购货带来了一定难度。人们只能凭借对企业的信赖和对商标的印象购货。所以，商标对于生产者、经营者来讲，代表着信誉，不允许他人侵犯和损害，不允许出现混淆和误认。因此，商标具有独占性和排他性。

(3)商标可以通过信誉标示商品的质量。它可以在市场上向消费者提供商品信息，反映特定商品的质量，方便消费者认牌购物，企业可以利用商标反复进行商品宣传，使消费者看到商标，就可以放心地购买商品。可以说，如果没有商标，广告业很难发展。所以，商标具有竞争性。在现代商品经济社会中，商品交换对商标的依赖性愈来愈大，商标促进经济繁荣、开拓市场、维护消费者利益的作用日益明显，因此，商标引起了社会各界人士的普遍关注。

4.3　商标的功能及类型

4.3.1　商标的功能

1. 区别功能

商标区别同类产品的不同生产企业与经营部门。这是商标最本质、最基本的功能和作用。市场上同一类商品往往有很多企业同时生产，生产者和经营者可以通过注册商标的排他性、专用性，来显示自己产品的特点和经营特色，维护自己合法的经济利益。消费者也是利用商标，区别同类产品的不同品牌和不同生产厂家，进行比较与选择。

2. 表明特定质量的功能

商标未必标示着商品的高质量,但无论是质量高还是质量低的商品,其商标确实标示着该商品较一贯的、稳定的质量水平,消费者则希望通过商标寻找商品的稳定质量。商标还被当成是商品价值和质量的一种信用担保,是因为商标可以区分不同商品生产者和经营者的商品,可以督促商品生产者和经营者进行自我商品质量监督,便于广大消费者进行商品质量监督,不断提高产品质量。

3. 宣传功能

商标是商品的标志,体现了商品的质量和信誉,因而商标自然成为商品广告十分有效的手段。商标创牌的一切努力都是为了提高商品的知名度和市场竞争力,引起消费者的注意,将厂商及其商品的形象深深烙在消费者的心中,变为消费者购物的行动,为自己带来经济效益和社会效益。如果商品没有商标就无法称呼,不便于引起消费者的注意并对商品留下深刻印象。所以,商标又被誉为"无声的推销员"。值得注意的是,商标的使用不仅能使商品生产者和经营者扩大本国市场,而且也能够扩大国外市场,促进对外贸易的发展。保护外国人在我国申请注册的商标权,有利于吸引外资,引进外国的新产品,满足我国广大人民的需求。

4. 竞争功能

信誉好的商标,竞争力强,能有效帮助企业提高经济效益;反之,信誉不好的商标,竞争力弱,对企业经济效益的提升帮助有限。商标信誉在市场竞争中十分重要,一个有信誉的商标,对于提高产品的竞争能力、打开销路起着十分重要的作用。

4.3.2 商标的基本类型

随着商品经济的发展,商品的品种越来越多,商标的使用也越来越广泛。我国商标法对商标的品种划分也在不断进行扩展。我们可以从不同角度、用不同的标准对商标进行分类。

1. 根据商标结构分类

根据结构分类,商标主要有文字商标、图形商标和组合商标三种。

(1)文字商标。文字商标是指只用文字构成的商标。可以由汉字、拼音字母、数字、外文字母、少数民族文字等组成,字体可以是草、行、楷、隶,也可以是变形美术字,形式多种多样。如"丰"字牌旋转耕作机的商标,就是用一个扁黑体美术字"丰"字组织起来的。再如,六必居、SONY、三洋等。除了本商品的通用名称和商标法所禁用的词语(如电视机不能采用"彩电"作商标,也不能采用"中国""联合国"等作商标)外,其他有意义的字词、姓名等,皆可用为商标名称。

(2)图形商标。图形商标是指用图形构成的商标。如飞禽走兽、花草鱼虫、天象地理、山川河流、楼台亭阁、人物、物品等。这种商标容易给消费者留下深刻的印象,但不便于呼叫,不符合顾客指牌要货的习惯。

(3)组合商标。组合商标是由文字、图形或记号结合而组成的商标。这种商标图文并茂、形象生动,便于识别,便于呼叫,兼有文字商标、图形商标的优点,所以广为应用。

2. 根据商标用途分类

根据用途分类,商标主要有营业商标、商品商标、等级商标、保证商标、服务商标。

（1）营业商标。营业商标又叫"厂标"，它是指用生产或经营企业名称、标记作为商标的。如我国的"同仁堂""荣宝斋""盛锡福"，日本的"丰田""日立"，美国的"福特"，等等。

（2）商品商标。商品商标又叫"个别商标"，它是以商品特定规格、品种来区分使用商标的，是为了将一定规格、品种的商品与其他规格、品种的商品区别开来，专门在商品上使用的商标。同一厂家生产不同规格和品种的商品，可以允许有不同的商标，例如：青岛同秦橡胶厂生产的各种轮胎分别使用"骆驼""金鹿""工农"牌商标；上海手表厂生产的手表，内销时用"上海"，外销用"春蕾"；浙江吉利汽车仅为新的 SUV 就申请了"正瑞""石蕊""思锐""华锐"等多个商标；广州立白集团旗下也已拥有"立白""好爸爸""六必治""蓝天六必治""呵呵宝贝""壹乐园""清怡""超威""高姿"等多个商标，产品覆盖了洗衣粉、洗衣液、洗衣皂、洗洁精、牙膏、牙刷、洗发水、婴儿洗护用品等领域。

（3）等级商标。等级商标是指同一企业为了标明质量及品种的区别而使用的标记，便于顾客鉴别和选购。如瑞士手表，"劳力士 ROLEX""欧米茄 OMEGA"为一类手表，"天梭 TIS-SOT"和"浪琴 LONGINES"即是次于前者的副牌手表。

（4）保证商标。保证商标也叫证明商标，这种商标是用来证明商品或服务的来源、原料、制造方法、质量、精密度或其他特点而使用的标志。国际羊毛局负责管理的纯羊毛标志就是国际驰名的保证商标，如图 4-1 所示。由中国皮革协会注册、管理的真皮标志也是著名的保证商标。真皮标志的注册商标图案是由一只全羊、一对牛角、一张皮形组成的艺术变形图案，如图 4-2 所示。

图 4-1　纯羊毛标志　　　　　　　图 4-2　真皮标志

（5）服务商标。服务商标是指金融、运输、广播、建筑、旅馆等服务行业为把自己的服务业务同别的服务相区别而使用的商标，也称作服务标记。如中国民航的"CAAC"、美国的"PAN-AM"（泛美航空）、法国的"MAXIM'S"（马克西姆）、美国的"Holiday Inn"（假日酒店）以及"Reader's Digest"（读者文摘）等服务标记，都作为一般商标在我国获准注册。

3. 根据商标使用者分类

根据使用者的不同，商标可以划分为制造商标、销售商标、集体商标。

（1）制造商标，又称生产商标。这种商标使用人为商品的生产、制造、加工者。如日立公司的"日立"商标。

（2）销售商标。销售商标是指销售者为了销售商品而使用的商标，称"商业商标"。它不是宣传厂家的标记，而是宣传商业经营者的标记。如日本三越百货公司的"三越"，就是销售商标。

（3）集体商标。集体商标是指由合作社、协会或其他集体组织的成员所使用的商标或服务标志，以及用以表示联合组织、协会或其他组织成员身份的标志（如图 4-3、图 4-4 所示）。

图 4-3　景德镇瓷器商标　　　　　　图 4-4　兰州牛肉拉面商标

4. 特殊性质的商标

特殊性质的商标，主要包括联合商标、防卫商标、备用商标等。

（1）联合商标。联合商标是指同一个商标所有人，在相同商品上注册的几个近似的商标或在同类的不同商品上注册的几个相同或近似的商标，这些相互近似的商标称为联合商标。联合商标中以一个商标为主，称为主商标。注册联合商标是为了保护主商标，不是为了使用。联合商标是一个整体，不能分割，只能一道转让或许可。我国商标法第 42 条第 2 款就规定："转让注册商标的，商标注册人对其在同一种商品上注册的近似的商标，或者在类似商品上注册的相同或者近似的商标，应当一并转让。"

一般地，那些要求商标必须在商业活动中使用之后方能注册的国家，或要求商标在注册后必须不间断使用方能维持注册有效的国家，一般都规定，只要使用了联合商标中的某一个商标，就可以看作是整个联合商标都符合"使用"或"不间接使用"的要求。如两面针分别注册了针两面、两针面、两两针、单面针、面面针等 11 个联合商标；娃哈哈注册了哈哈娃、哈娃娃、哈娃哈、娃哈娃等；海尔也注册了河尔、科尔等。

（2）防卫商标。防卫商标是商标所有人为了防止他人侵犯而在非类似商品上注册自己的商标，也称防御商标。从理论上讲，这种商标，一般为驰名商标，一经注册，不会因不使用而被撤销。由于《保护工业产权巴黎公约》（以下简称《巴黎公约》）做出了保护驰名商标的特殊规定，所以凡参加了该公约的国家，即使其国内法并不特别地保护防卫商标，也必须给其他成员国的驰名商标以适当保护。从实践上看，许多企业通过及时注册和续展保持自己商标的使用而使之形成防卫商标。如金利来分别在领带、皮带、皮鞋、袜子、宾馆等上面进行了注册，可口可乐也在几乎所有的商品上进行了注册。

（3）备用商标。这是指企业内部储备待用的商标。企业申请注册后并不使用，只作为企业商标情况变化时的应急商标，所以也叫"贮藏商标"。

此外，有关"立体商标""厂内商标""颜色商标""纺织商标"和"音响商标"等，都已从立法和实践中逐步确认并获得注册。另外，国外还有所谓"空中云雾商标"等，还有一种叫作家族商标的也很有特色，如日本著名的家族商标"Pana"，在家电方面用"Panasonic"，在住宅方面用"Panahome"，在传真方面用"Panafax"，等等。

4.3.3　我国商标法保护的商标类型

根据商标法第 3 条、第 8 条的规定，我国受法律保护的商标种类，包括商品商标、服务商标和集体商标、证明商标。任何能够将自然人、法人或者其他组织的商品与他人的商品区别开的标志，包括文字、图形、字母、数字、三维标志、颜色组合和声音等，以及上述要素的组合，均可以作为商标申请注册。

（1）商品商标，是指自然人、法人或者其他组织对其生产、制造、加工、拣选或者经销的商品所申请的商标。

（2）服务商标，是指金融、运输、广播、建筑、旅馆等服务行业为把自己的"服务"业务同别的"服务"相区别而使用的商标，也称作服务标记。

（3）集体商标，是指以团体、协会或者其他组织名义注册，供该组织成员在商事活动中使用，以表明使用者在该组织中的成员资格的标志。

（4）证明商标，是指由对某种商品或者服务具有监督能力的组织所控制，而由该组织以外的单位或者个人使用于其商品或者服务，用以证明该商品或者服务的原产地、原料、制造方法、质量或者其他特定品质的标志。

另外，作为证明商标或者集体商标申请注册的地理标志，是指标示某商品来源于某地区，该商品的特定质量、信誉或者其他特征，主要由该地区的自然因素或者人文因素所决定的标志。

4.4　商标权

4.4.1　商标权的概念

商标权是商标法确认和保护的商标所有人对其注册商标所享有的权利。商标权的实质是由于商标所有人对其商标的占有与支配，而与非所有人之间发生的法律关系。这些法律关系通过商标法体现出来，受国家强制力保障。商标法是以保护商标权为中心而建立起来的一整套法律制度。

商标权是一个集合概念，它包括商标所有权和与此相联系的商标专用权、商标续展权、商标转让权、商标许可权、法律诉讼权等。其中商标专用权即注册商标的专有使用权，是商标权最主要的法律特征，也是商标权的一项很重要的内容。

4.4.2　商标权的内容

商标权的内容广义上是指权利主体依法享有的权利和义务主体依法承担的义务，是由法律规定的；狭义上是指商标权的权利主体对自己的注册商标享有占有、使用、收益、处分的权利。

1. 占有权

占有权是指商标所有人对注册商标在事实上和法律上的持有和控制。法律上的控制指商标虽在他人之手，但因商标而产生的权利仍属于商标所有人。有时会出现非商标所有人的占有，这实际是占有权与商标权的分离。这种非所有人的占有并不产生商标权的转移。从法律上讲，占有权仍属于商标权人，如商标权人委托商标印制单位印制其注册商标、标识，在印制后置留于印制单位期间，虽然印制单位事实上持有该注册商标，但在法律上商标权人仍享有其占有权，印制单位不得擅自销售他人注册商标标识，否则就构成了侵权行为。

2. 使用权

使用权是指商标所有人按照商标的性能及作用对其使用的权利。使用权一般由所有人行使,但在有些情况下,使用权也可以由非所有人行使,如商标使用许可。根据使用许可合同被许可人所得到的,只是注册商标的使用权,而不是所有权。

3. 收益权

收益权是指商标所有人凭借对其注册商标的占有和使用,获取由此而带来的利益。例如商标权人可以通过保证商品质量创出商品信誉,依靠商标信誉扩大商品销路,从中获取相应的报酬。

4. 处分权

处分权是指商标所有人对自己享有专用权的商标,决定其在法律上的命运和权利。它直接触及了商标权是否发生变更和消灭的问题。如商标所有人按法定手续将之转让给他人;或因某种原因,主动申请注销原注册商标,从而自动放弃商标权。

以上四种权利是与所有人相结合的一个整体,但在商品经济中它们部分或全部可以与商标所有人相分离。

4.4.3 商标权的表现形式

商标权的内容,在商标管理中,具体表现为以下几种权利,即商标专用权、商标转让权和商标使用许可权。

1. 商标专用权

商标专用权是商标权中最重要的权利。一般常把商标权的几项权利概括地称为商标专用权。商标专用权就是商标注册人对其注册商标的独占使用权,也是商标所有人通过注册,在有效的地域内获得的商标权。一方面商标注册人自己有完全的使用权;另一方面商标注册人具有"禁止其他任何人不经其许可使用其注册商标"的禁止权。法律规定禁止权的效力范围往往比商标注册人的使用权的效力范围要宽些。商标专用权受法律保护,凡属侵犯商标专用权的行为,行为人要承担法律责任。

2. 商标转让权

商标转让权,即商标注册人将其注册商标转让给他人所有,由他人专用。转让注册商标是商标权转移的一种形式,也可以说是商标所有人将通过注册获取的商标所有权转让给他人。经过转让,转让人丧失了商标权,受让人获得了商标权,成为注册商标的所有人。商标转让权是依照法律规定并采取一定的形式来实现的。

3. 商标使用许可权

商标使用许可权,即商标所有人通过签订使用许可合同,许可他人使用其注册商标。行使使用许可权是商标使用权的一种转移形式。根据使用许可合同,被许可人所得的仅仅是注册商标的使用权,该注册商标的所有权仍属于许可人即商标注册人。

商标权的内容除上述所说的各种权利外,还有商标依法变更、商标续展以及在商标所有人的权利受到侵犯时,依法提起诉讼等权利。

4.4.4 商标权的限制

由于各国商标法所采用的原则和实行的制度并不完全相同,对商标权限制的种类也不尽一致。但大部分国家商标法所规定的商标权的限制包括三个方面，即合理使用、权利用尽和先用权。

1. 合理使用

合理使用是指在某些情况下，他人善意使用与注册商标相同或类似的标记，若不引起混淆或误认，就不构成对商标权的侵犯，商标权人不能以商标专用权排除他人的这种使用。合理使用是商标权限制的核心内容，尽管各国关于商标权限制的立法并不相同，但只要有商标权限制立法的国家均有关于合理使用的规定，且各国确定合理使用的原则、种类也大同小异。

2. 权利用尽

权利用尽是指注册商标所有人或许可使用人将该商标加以利用，使用于商品并将商品销售或已经在服务上使用，则注册商标所有人无权再禁止或阻碍他人使用原商品上附有的注册商标。它主要体现在销售活动中，权利人只可正常行使一次其权利。一般说来，各国都承认商标权的"国内权利用尽"，即在一国范围内带有商标的产品一旦投放市场以后，对于任何人使用或销售该产品的行为，商标权人都无权控制。

我国在商标法的实践中，对商标国内用尽的基本原则实质上采取了默认的态度。比如商标权人自己许可出售了一批商品，国内的批发或零售等转销就不再受商标权人的控制，但这只是基于商标权行使以及商品经营的公序良俗原则，在商标立法上并没有相应的保障，同时也没有关于权利用尽原则例外的规定，这就极可能造成商标权的滥用或是权利的损害，因而我国有必要在立法上明确商标权利用尽的规则。

与商标权利用尽原则密切相关的是商品平行进口的合法性问题，即商品平行进口是否构成对商标专用权的侵害。商品平行进口是指未经外国代理商许可，第三人自行进口正宗商标商品。各国对待平行进口的态度并不一致，但大多数国家原则上是禁止平行进口的，在某些特定情况下承认平行进口的合法性。

3. 先用权

商标权的先用权限制，是指在他人获得商标注册之前已经开始使用的商标所有人，在他人获得商标注册后享有继续使用该商标的权利，商标权人不得禁止该先用权人的使用。

虽然该权利有其存在的合理性，但之前我国关于商标先用权的法律规定尚不全面。2013年修改后的商标法第32条在继续原31条对"他人现有的在先权利"保护、禁止"以不正当手段抢先注册他人已经使用并有一定影响的商标"的基础上，在第15条增加了一款，强调："就同一种商品或者类似商品申请注册的商标与他人在先使用的未注册商标相同或者近似，申请人与该他人具有前款规定以外的合同、业务往来关系或者其他关系而明知该他人商标存在，该他人提出异议的，不予注册。"2019年商标法第四次修正时，第59条第3款更明确地确定了先用权："商标注册人申请商标注册前，他人已经在同一种商品或者类似商品上先于商标注册人使用与注册商标相同或者近似并有一定影响的商标的，注册商标专用权人无权禁止该使用人在原使用范围内继续使用该商标，但可以要求其附加适当区别标识。"

这样，不管是商标代理机构、受托办理商标注册的代表人，还是商品代理经销商以及任何其他具有商业合作关系的人，恶意抢注其客户或者商业伙伴商标的行为，都将得到有效的制止。

当然，商标法所确立的基本原则和在商标注册的实践操作中，仍是坚持"谁先注册谁拥有"

的商标注册原则。因此,一旦自己不注意商标注册而被他人善意抢注,那么自己的使用也就很被动了。

4.4.5 商标权的取得

商标权的取得是指特定的人(包括法人和自然人),对其所使用的商标依法申请注册(包括转让注册),经核准后即取得了商标权,从而产生商标法律关系。商标权法律关系的产生是有一定条件的,根据产生的条件和途径的不同,商标权的取得就会出现不同的方式。商标权的取得一般可分为两种方式:原始取得和继受取得。

1. 原始取得

原始取得也称直接取得,即以法律规定为依据,具备了法定的条件或经商标主管机关的核准而直接取得商标权。也就是说商标所有人对其使用的商标,其商标权的取得是最初的,是按法定程序由法律直接授予的。在国际上商标权原始取得的原则,随着各国商标法确定商标权原则的不同而不同,大致有以下几种:

(1)使用原则,即按使用商标的先后来确定商标权的归属问题,谁先使用该商标,商标权就属于谁。按照这一原则,某一商标率先使用于商品或广告,公之于众,先使用人就取得了商标权,受法律保护,并可以使用在先为理由对抗使用在后的人,有权请求撤销后使用人注册的商标。采用使用原则确定商标权归属问题,使注册商标长期处于不稳定状态,这不利于商标管理工作,而且一旦发生注册商标争议,又不易查清先使用商标的人是谁,所以世界上只有少数国家的商标法采取使用原则。

(2)注册原则,是指按申请注册的先后来确定商标权的归属问题,即谁最先申请注册,商标权就授予谁。按注册原则,只有经核准注册,注册人才能取得商标权。商标注册是一种法律事实,一旦商标所有人通过注册取得了商标权,就受国家法律保护。凡未经注册的商标不受法律保护。根据这一原则,首先使用商标的人如果不及时申请注册,而被他人抢先申请注册后,也就无法对该商标取得商标权。采用注册原则的国家,商标的注册是取得商标权的必须法律程序。采用注册原则,当两个或两个以上的人将他们在同一种商品或者类似商品上使用相同或相似的商标申请注册时,谁先申请注册,商标权就授予谁。同时,也促使商标所有人及时申请注册,有利于商标管理工作。因此,世界上大多数国家都采用注册原则。

我国商标法也采用注册原则。

采用注册原则的国家一般都会对申请注册的条件和手续、审查和核准的程序以及异议裁定等做出严格的规定,使商标权的取得和行使都能有法律依据和保障。

(3)混合原则。这是使用原则和注册原则的折中适用。按照这一原则,只要首先使用了某一商标虽没有注册,但可以在规定的期间内以使用在先为由,对抗他人相同或近似的注册商标。采用这种原则的国家有英国、美国、西班牙等。

2. 继受取得

继受取得又称传来取得,即商标权的取得不是最初产生的,而是以原商标所有人的商标权及意思表示为依据,通过一定的法律事实实现商标权的转移。继受取得有两种方式:一是根据转让合同由受让人向出让人有偿或无偿地取得商标权;二是根据继承法的有关规定,由继承人依法继承已死亡的被继承人的商标权。继受取得无论用哪种方式,都要以一定的法律事实出现为前提。订立转让合同、被继承人死亡这些都是法律事实,当这些法律事实出现时商标受让人和商标继承人才能取得商标权。

3. 我国商标权的取得原则

(1)自愿申请注册与强制注册相结合。

(2)注册原则。

(3)特殊情况下的兼顾使用原则。

(4)禁止恶意注册原则。

采用注册原则确定商标权的归属问题,并不排除使用原则在一定条件下所具有的意义。我国商标法第 31 条规定:"两个或者两个以上的商标注册申请人,在同一种商品或者类似商品上,以相同或者近似的商标申请注册的,初步审定并公告申请在先的商标;同一天申请的,初步审定并公告使用在先的商标,驳回其他人的申请,不予公告。"后一种情况体现了使用原则的作用。

我国商标注册采取申请在先原则。就是说,不同申请人以相同或近似标识在相同或类似商品上申请注册,初步审定并公告申请在先的标识。注册申请日期,均以商标局收到齐备的申请案的日期为准。同时,由于我国是《巴黎公约》的成员,商标局承认依《巴黎公约》享有的"优先权"期。只有在相同的注册申请同一天提交或享有同一个申请日(或"优先权日")的情况下,才考虑"使用在先"。如果申请日与使用日均相同(这种情况极少),或者各个申请人之前都没有使用过的情况下,则由当事人自己去协商;超过 30 天达不成协议的,则在商标局主持下,由不同的申请人抽签决定,或者由商标局裁定。

上述 4 个原则还表明:我国商标法主要保护已经注册的商标;没有注册的商标也可以享有先用权,先使用的商标可以对抗恶意抢注;而不以使用为目的的恶意商标注册申请,应当予以驳回;同时,法律、行政法规规定必须使用注册商标的商品(之前主要为烟草制品和人用药品,2001 年后改为烟草制品),必须申请商标注册,未经核准注册的,不得在市场销售。

4.5　注册商标的保护

4.5.1　注册商标专用权的保护范围

我国商标法第 56 条规定:"注册商标的专用权,以核准注册的商标和核定使用的商品为限。"这是对注册商标专用权保护范围的规定。

注册商标的专用权,是指商标注册人在核定使用的商品上专有使用核准注册的商标的权利,它是一种法定的权利。我国商标法第 3 条规定:"商标注册人享有商标专用权,受法律保护。"其中包括以下两层含义:一是使用权只在特定的范围即核定使用的商品与核准注册的商标内有效,二是在该特定范围内商标注册人对其注册商标的使用是一种专有使用。换句话说,对注册商标的保护,仅限制在核准注册的商标和核定使用的商品范围之内,不得任意改变或者扩大保护范围。

所谓"核准注册的商标",是指登载在商标注册簿上的商标,即商标局注册在案,组成商标的包括文字、图形、字母、数字、三维标志、颜色组合和声音等,以及上述要素的组合;所谓"核定使用的商品",是指注册时核准使用的指定商品类别中的具体商品。核准注册的商标和核定使用的商品,是确定注册商标专用权保护范围的两个具体维度标准,它们是相互依存、不可分割的统一整体,两个因素必须结合起来使用,不存在没有确定商品的商标专用权。只有在两者同时具备的情况下,商标注册人才享有商标专用权并受法律保护,任何人都不得侵犯。

设定注册商标的保护范围,既有利于充分保护商标注册人正确有效地行使自己的商标专用权,又可以避免不适当地扩大注册商标专用权的保护范围;既使商标注册人将其商标专用权限制在注册范围内,为区别和判断是否构成侵权提供了明确界限,也为当事人预防侵权、工商行政管理部门以及司法机关制止和制裁商标侵权行为提供了法律准则。因此,为了防止使用行为超出法律设定的范围,还规定了商标的另行申请与重新申请制度。我国商标法第23条规定,注册商标需要在核定使用范围之外的商品上取得商标专用权的,应当另行提出注册申请;第24条规定,注册商标需要改变其标志的,应当重新提出注册申请。如果商标注册人自行扩大其注册商标的使用范围或者任意改变其标志,则不但这种扩大使用行为无效,而且还可能导致其注册商标被撤销。总之,注册商标专用权的保护范围既是商标注册人行使权利的根据,也是对商标专用权进行保护的界限。

4.5.2 注册商标专用权的保护方式

1. 依据对申请注册商标进行审查、异议和争议程序方面的立法规定予以保护

图4-5是根据我国新修改的商标法绘制的商标注册申请的流程图。其中表明,商标权人在他人申请注册商标的受理过程中和获取商标权以后,都可以对侵害自己的商标权的行为依法请求制止。

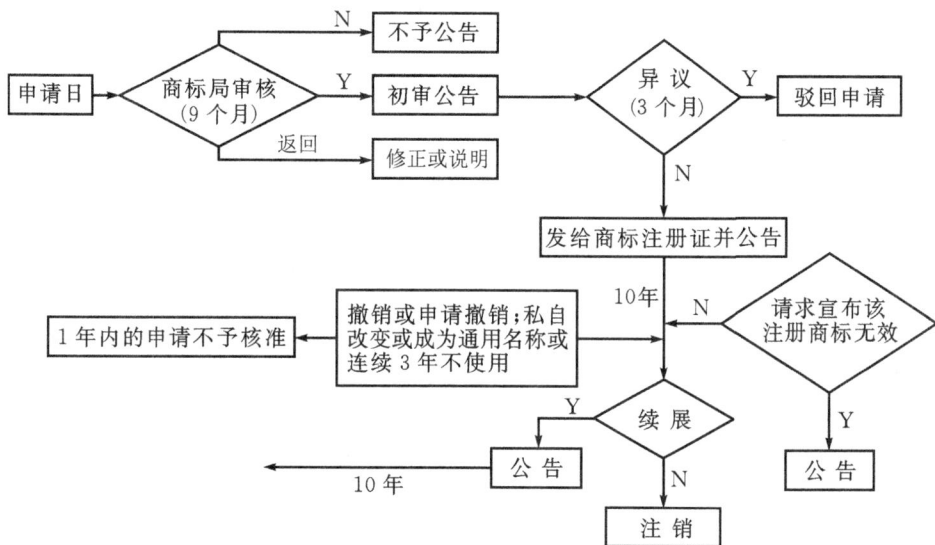

图4-5 我国商标注册申请的流程图

一种情况是在国家商标局审查、公告阶段,对正在申请注册的商标,通过异议和争议程序,保护自己已经注册或已经使用并具有先用权的商标。即凡申请注册的商标,如果与他人使用在同一种商品或者类似商品上已经初步审定公告或已经被核准注册的商标相同或相似,则依法驳回其申请,不予公告;公告之后在规定期限内,若有人提出异议或争议,经审查异议或争议成立的,则不予核准注册或撤销已注册的商标。

另一种情况是对已经注册的商标,可以通过请求宣告无效、撤销和注销等规定,保护自己的注册商标。

(1)请求宣布该注册商标无效。根据我国商标法第44条有关规定,违反第4条(恶意注册申请)、第10条(国旗、国歌等)、第11条(商品通用名称等)、第12条(商品性质或获得技术效果的三维标志)、第19条(商标代理机构等),或者是以欺骗手段或者其他不正当手段取得注册的,由商标局宣告该注册商标无效,其他单位或者个人也可以请求商标评审委员会宣告该注册商标无效。

对于已经注册的商标,根据我国商标法第45条的有关规定,在驰名商标、恶意抢注、在先使用人等情况下,自其注册之日起五年内,在先权利人或者利害关系人可以请求商标评审委员会宣告该注册商标无效。对恶意注册的,驰名商标所有人不受五年的时间限制。

(2)申请撤销。根据我国商标法第49条的相关规定,注册商标成为其核定使用的商品的通用名称或者没有正当理由连续三年不使用的,任何单位或者个人可以向商标局申请撤销该注册商标。

(3)依法注销。根据我国商标法第40条的有关规定,注册商标有效期满,需要继续使用的,应该办理续展手续;期满未办理续展手续的,注销其注册商标。

【案例4-1】"迪卡布"和"DEKALB"两商标被驳回案

主要案情:美国迪卡布农业研究公司于商品分类表第78类的猪和杂交猪申请注册的迪卡布和DEKALB两商标,被商标局驳回后不服,申请商标评审委员会复审。

商标局驳回理由:迪卡布和DEKALB两商标图栏中是猪的图形,采用了本商品通用图形,不予注册。

申请人要求复审理由:尽管在"DEKALB"一词上画有一头猪的图形,但这个由文字和图形组合而成的商标仍具有一定的显著性。猪图形本身可能会对本商品起到暗示作用,然而无论是单个猪图形还是该图形与文字的组合均不会使该商标缺乏显著性。

处理结果:商标评审委员会经过复审认为,申请人要求复审的理由,不能成立,再予驳回。

评析:迪卡布和DEKALB两商标画的一头猪,又使用在猪和杂交猪商品上,是一定会起到显示本商品的作用的,而不是"可能会"对商品起到"暗示"作用。这样就构成了使用本商品通用名称成为商标的行为,对其他公民或企业使用猪的图形产生排斥和影响。依我国商标法第8条第5款规定,该商标是不能被注册的。

(资料来源:Intipo."迪卡布"和"DEKALB"被驳回案[EB/OL].(2019-06-09)[2022-12-15].https://www.intipo.net/index.php/article/case-166.html.)

【案例4-2】"白兔"商标争议案

主要案情:上海人民工具工厂以其在第13类商品刨刀上注册的第100706号"金兔"商标对浙江省永康县①红岩刀具厂在同一商品刨刀上注册的第160664号"白兔"商标提出争议。

———————————

① 现为永康市。

争议人上海人民工具工厂提出争议理由为：①"白兔"与"金兔"仅一字之差，而构成两商标的主要特征内容均是"兔"，且图形排布又极近似。同时，两者又使用在相同商品上。②"金兔"商标早于1953年就已注册，工商行政管理机关又于1979年重新发证。而"白兔"商标直到1982年方予核准注册，显然，"金兔"商标注册在先。③实际上，在国际市场上，"白兔"商标已给"金兔"商标带来了不良的影响。

被争议人商标　　　　　　　　　　争议商标

被争议人浙江永康县红岩刀具厂答辩为：①浙江永康县是全国闻名的手工业之乡，自古以来就誉满全国。②两商标不论商品名称还是图案设计都迥然不同。③在两商标图案中，金兔是呈匍匐式、睡眠状，两眼紧闭，小耳、短须、短毛，四肢短小，属菜兔型，字体属书写体。而白兔则呈奔跑状，两眼圆睁，大耳、长须、长毛，四肢粗壮，属长毛兔型，字体属美术体。

处理结果：商标评审委员会经复审裁定为，争议人意见成立，撤销浙江永康县红岩刀具厂注册的第160664号"白兔"商标。

评析："金兔"和"白兔"不论是否"一字之差"，但主体都是兔。商标图形更多都是用线条勾画成一只兔子，别无其他陪衬。另一方面，作为广大消费者不可能在购物时做一些诸如毛长毛短、须长须短之类的细微比较。所以说，从主体来看，两商标构成近似商标，又因使用在同一种商品上，"白兔"商标应予撤销注册。

（资料来源：Intipo."白兔"商标争议案[EB/OL]. (2019 - 06 - 09)[2022 - 12 - 15]. https://www. intipo. net/index. php/article/case-165. html. ）

2. 通过对商标侵权行为制止和制裁的立法规定予以保护

商标侵权行为是他人侵犯注册商标人的专用权的行为。根据侵权行为的性质和对社会的危害程度，分别适应不同的法律规范，追究其民事责任、行政责任或刑事责任。

商标侵权行为所侵犯的对象是注册商标所有人的商标专用权。我国商标法规定商标侵权行为的形式主要有以下几种表现：

（1）未经商标注册人的许可，在同一种商品或者类似商品上使用与其注册商标相同或者近似的商标，容易导致混淆的。

关于类似商品的判断，最高人民法院2002年10月12日公布、2020年12月23日修正的《最高人民法院关于审理商标民事纠纷案件适用法律若干问题的解释》（法释〔2002〕32号，以下简称《商标案件解释》）第11条指出：类似商品是指在功能、用途、生产部门、销售渠道、消费对象等方面相同，或者相关公众一般认为其存在特定联系、容易造成混淆的商品；类似服务是指在服务的目的、内容、方式、对象等方面相同，或者相关公众一般认为存在特定联系、容易造成混淆的服务；商品与服务类似，是指商品和服务之间存在特定联系，容易使相关公众混淆。

并在第 10 条就认定商标相同或者近似的原则从"(一)以相关公众的一般注意力为标准;(二)既要进行对商标的整体比对,又要进行对商标主要部分的比对,比对应当在比对对象隔离的状态下分别进行;(三)判断商标是否近似,应当考虑请求保护注册商标的显著性和知名度"等三个方面考虑。

一般地,从近似商标判断商标侵权时,应注意图形、语音近似造成了消费者的误购,则构成侵权;对于有不同背景的消费者群体,同样近似的商标,则不一定都构成侵权,如 W'MW 与 M'WM 对中国顾客来说不易辨认,但对英语国家的顾客来说却易于辨认;商标的近似度即使不高,但如果某商标的使用者或者申请者其目的是恶意的,即为了利用另一注册商标的影响来达到销售自己商品的目的,则仍可认定为侵权商标。

【案例 4-3】KYC 商标是日本光洋机械产业株式会社 1982 年 8 月 30 日获准在中国商品分类(下同)第 19 类翻斗车商品上注册。另一家日本企业 1987 年以 KYB 在第 19 类液压减震器上申请注册。商标局以类似商品上的商标 KYC 驳回近似商标 KYB。

KYB

驳回商标

KYC

注册在先商标

【案例 4-4】KKK 商标是中国深圳一家公司 1986 年 8 月 10 日在第 21 类金属拉链上初步审定的第 268558 号商标。日本吉田工业株式会社以其 1979 年 8 月 15 日在第 21 类同种商品上注册的 YKK 商标对 KKK 商标提出异议。商标局裁定异议成立。被异议人不服,申请复审。商标评审委员认为拉链商品上 KKK 与 YKK 容易混淆,应属近似商标。终局裁定:撤销 KKK 商标初步审定,不予注册。

K
K
K

被异议商标

Y K K

异议引证商标

【案例 4-5】NABCO 商标是日本空气制动株式会社 1987 年 8 月 10 日在铁路车辆的自动测定器、船舶发动机的遥控装置、螺旋桨可控螺距的遥控装置、电控制板商品上获准注册的第 295854 号商标。美国标准公司以其 1982 年 12 月 30 日在类似商品上注册的第 168764 号 WABCO 商标,对 NABCO 商标提出争议。商标评审委员会认为两商标五个字母排列顺序及字体都相同,仅有一个字母不同,且无语言含义,又无图形可辨分,在类似商品上使用容易产生混淆,判为近似商标。终局决定,撤销了 NABCO 商标。

NABCO

被争议商标

WABCO

争议人商标

(2)销售侵犯注册商标专用权的商品的。这种侵权形式有两种:一是将自己非注册商标说成是注册商标,违反了国家关于注册商标的有关规定,应予以工商行政查处;另一种是假冒他人注册商标,不仅侵害了他人的注册商标专利权,应承担相应的民事责任,而且违反了国家商标管理的行政法规,应给予行政处罚,情节严重的还应承担刑事责任。

(3)伪造、擅自制造他人注册商标标识或者销售伪造、擅自制造的注册商标标识的。这种侵权是指未经商标注册人委托或授权,而制造附有文字、图形或者二者组合所构成的注册商标标识;或者制造者超越商标注册人授予的权限,任意制造这种商标标识;或者销售他人注册的商标标识,包括销售可以作为商标使用的残、次、废、旧的注册商标标识。

(4)未经商标注册人同意,更换其注册商标并将该更换商标的商品又投入市场的。这种情况也称作"反向假冒"。我国著名法学家郑成思认为,反向假冒就是未经商标权人许可而撤、换他人合法附贴的商标后,再将商品投放市场的行为。

"反向假冒"的行为方式目前发现的有两种,一种是"低价买、高价卖"。例如,1994 年 5 月,新加坡鳄鱼公司经销商以 230 元的单价购进北京市服装厂制作的枫叶牌西服,将附着于其上的"枫叶"注册商标更换成"鳄鱼"公司的"卡帝乐"商标,然后在北京市百盛购物中心的"鳄鱼"服装专柜上以 560 元的单价出售给顾客,此举被北京市服装厂察觉而提起诉讼。(但由于当时我国商标法并无反向假冒的立法规定,因此只能按照反不正当竞争的有关法律处理。)

另一种是"高价买、低价卖"。例如,2000 年 11 月份,天津一酒厂为了提高本厂的产品声誉,打响自己的品牌,吸引广大消费者,以每斤(瓶)12 元的价格从市场上购买了某酒业公司生产的优质白酒 1.2 万斤(瓶),然后将此白酒全部灌装到贴有本厂商标标识的瓶子中,作为本厂的产品,并仅以每斤(瓶)4 元的价格销售给消费者。

(5)恶意抢注商标行为受到制止。一种是具有商标申请优势的中介机构的抢注商标行为受到禁止。商标法第 19 条第 4 款规定:"商标代理机构除对其代理服务申请商标注册外,不得申请注册其他商标。"第 15 条第 1 款也规定:"未经授权,代理人或者代表人以自己的名义将被代理人或者被代表人的商标进行注册,被代理人或者被代表人提出异议的,不予注册并禁止使用。"第二种是企业或者个人恶意抢注他人使用在先的未注册商标的行为不予保护。商标法第 15 条第 2 款就规定:"就同一种商品或者类似商品申请注册的商标与他人在先使用的未注册商标相同或者近似,申请人与该他人具有前款规定以外的合同、业务往来关系或者其他关系而明知该他人商标存在,该他人提出异议的,不予注册。"同时在第 32 条明确:"申请商标注册不得损害他人现有的在先权利,也不得以不正当手段抢先注册他人已经使用并有一定影响的商标。"恶意抢注商标行为的认定需要注意的,一个是商标申请人"明知"其商业合作伙伴的商标已经存在,二是该商业合作伙伴的商标已经"在先使用"。第三种是对恶意抢注商标行为予以限制。2019 年商标法第四次修正时,专门在第 4 条增加了"不以使用为目的的恶意商标注册申请,应当予以驳回"。

(6)故意为侵犯他人商标专用权行为提供便利条件,帮助他人实施侵犯商标专用权行为的。这一规定是为了进一步严厉打击商标的侵权行为。

(7)给他人的注册商标专用权造成其他损害的。这包括:经销侵犯他人注册商标专用权商品的;在同一种或者类似商品上,将与他人注册商标相同或相近似的文字、图形作为商品名称或者商品装潢使用,并足以造成误认的;故意为侵犯他人注册商标专用权行为提供仓储、运输、邮寄、隐匿等便利条件的行为;故意以造谣、污蔑等不正当手段给他人注册商标造成名誉损害的;等等。对于假冒注册商标行为,构成犯罪的,可根据刑法予以刑事处罚。

3. 商标侵权行为的处罚

其一,当发生侵犯注册商标专用权纠纷时,允许由当事人协商解决;不愿协商或者协商不成的,商标注册人或者利害关系人可以向人民法院起诉,也可以请求工商行政管理部门处理。

其二,关于侵权赔偿的计算方式和法定赔偿数额。商标法明确了被侵权人获得的赔偿额按照法定顺序进行计算,上一个顺序无法计算的适用下一个顺序,即商标法第63条第1款:

> 侵犯商标专用权的赔偿数额,按照权利人因被侵权所受到的实际损失确定;实际损失难以确定的,可以按照侵权人因侵权所获得的利益确定;权利人的损失或者侵权人获得的利益难以确定的,参照该商标许可使用费的倍数合理确定。

另外,权利人因被侵权所受到的实际损失、侵权人因侵权所获得的利益、注册商标许可使用费难以确定的,由人民法院根据侵权行为的情节判决给予五百万元以下的赔偿。

其三,明确了善意侵权的行为性质。这种行为是一种侵权行为,即销售不知道是侵犯注册商标专用权的商品,能证明该商品是自己合法取得并说明提供者的,由工商行政管理部门责令停止销售。另外,这种行为可以免责,即销售不知道是侵犯注册商标专用权的商品,但能证明该商品是自己合法取得并说明提供者的,不承担赔偿责任。

4.6　我国地理标志的保护

地理标志,是指标示某商品来源于某地区,该商品的特定质量、信誉或者其他特征,主要由该地区的自然因素或者人文因素所决定的标志。我国商标法第16条规定:"商标中有商品的地理标志,而该商品并非来源于该标志所标示的地区,误导公众的,不予注册并禁止使用;但是,已经善意取得注册的继续有效。"

4.6.1　地理标志的概念及其来源

地理标志也属知识产权,根据商标法,地理标志作为证明商标或者集体商标予以注册,注册人享有商标专用权,受法律保护。目前,世界上绝大多数国家是通过商标法律来保护地理标志的。

1985年我国加入《保护工业产权巴黎公约》,承担保护原产地名称(地理标志)的义务,国家工商行政管理局商标局于1987年发文保护"丹麦牛油曲奇"原产地名称(地理标志)、1989年发文保护"Champagne"("香槟")原产地名称(地理标志),1989年我国加入《商标国际注册马德里协定》,国家工商行政管理局商标局作为原属局,开始受理来自世界知识产权组织国际局转来的马德里国际注册的证明商标或集体商标。

1994年我国开始以注册证明商标或集体商标的方式来保护地理标志。2001年修改的商标法和2002年制定的《中华人民共和国商标法实施条例》对地理标志保护做出了明确规定,确立了我国商标法保护地理标志的法律制度,使我国的地理标志保护达到了与有关国际规则相适应的水平。

4.6.2　我国地理标志保护的基本现状

2004年,为贯彻《中共中央　国务院关于促进农民增加收入若干政策的意见》的精神,国家工商总局和农业部联合下发《关于加强农产品地理标志保护与商标注册工作的通知》,要求各级工商行政管理机关和农业主管部门要从服务"三农"的高度,充分认识到做好农产品商标和地理标志保护工作的重要意义,将知识产权保护工作从城市向农村延伸,积极做好农产品商标和地理标志保护工作。近年来,不少地方出现了通过注册证明商标保护地理标志促进地方特色经济发展的典型事例。

我国从1994年开始地理标志注册工作,保护的商品除香梨、芦柑、蜜橘、柚、橙、茶叶、大米、活鸡、黄酒、葡萄酒等农副产品外,还包括瓷器、煤、石雕等手工艺品和矿产品。值得注意的是,在我国注册的国外地理标志产品中,有苏格兰威士忌、波尔多葡萄酒等很多享誉世界的产品。从类别来看,葡萄酒、烈酒、火腿、奶酪等国外传统优势农产品占60%以上,充分反映出国外地理标志以酒类和奶酪产品为主的特点。此外,这些产品分别来自美国、英国、法国、意大利、德国、韩国、泰国、墨西哥、牙买加等国家,覆盖了北美洲、南美洲、欧洲、亚洲等地域,其中又以美洲和欧洲国家注册量最多,可见欧美国家对地理标志的重视程度高于其他地区,从一定程度上也佐证了知识产权制度与国民经济发展之间的密切关系。

目前,我国大部分省、自治区、直辖市注册有地理标志。截至2021年8月,统计数据显示我国地理标志数量已达9191个。如注册号为892019的香梨,就被新疆巴音郭楞蒙古自治州香梨协会获得,主要包括"新疆巴音郭楞南部和阿克苏东南部,具体范围在孔雀河流域和塔里木河流域,塔克拉玛干沙漠的北边缘,冷热空气剧烈冲击地带的库尔勒、尉犁、轮台、库车、新和、沙雅、阿克苏、阿瓦提和分布在这些地区里的国营园(团)场"地域范围内生产的香梨,图标如图4-6所示。再如,注册号为3631861的鲜梨,被北京市门头沟区科技开发实验基地获得,主要包括"北京门头沟区军庄镇、妙峰山镇、王平镇"地域范围内生产的鲜梨,图标如图4-7所示。

图4-6 库尔勒香梨地理标志

图4-7 北京市门头沟京白梨地理标志

今后,我国商标管理部门将进一步加强地理标志保护的宣传工作,鼓励更多符合条件的地理标志申请注册。同时还将采取有力措施,加快地理标志注册申请的审查,加大对地理标志的保护力度,切实维护地理标志注册人和使用人的合法权益。

4.7 驰名商标的特别保护

4.7.1 驰名商标的概念

驰名商标(well-known 或 well-known trademark),也称为知名商标或者周知商标,它是一个国际通用的商标法律概念,最早源于《巴黎公约》第6条之二规定,即公约的任何成员国,在本国法律允许的条件下,对于其他成员国主管机关认为该国一项商标已成为驰名商标,有义务予以保护。但该公约并未对驰名商标加以明确界定,概由各国法律自己加以确认。直到现在,国际上也没有一个确切、公认的定义。尽管如此,大家对驰名商标的定义所应包括的基本内容还是基本上达成了共识:一般认为,驰名商标是指经过长期使用,在市场上享有较高声誉,并为相关公众所熟知的商标。

我国对驰名商标的认定保护起步较晚,最早关于驰名商标的保护法规是 1996 年 8 月 14 日国家工商行政管理局颁布的《驰名商标认定和管理暂行规定》(以下简称 1996 年《暂行规定》),它对驰名商标问题做了较为系统的规定,认为驰名商标是指在市场上享有较高声誉并为相关公众所熟知的注册商标。其定义与国际上通行意义基本一致,但前提必须是已注册的商标。而且对著名的服务性商标能否作为驰名商标对待也无明确规定。而《巴黎公约》所指驰名商标包括注册商标和未注册商标,依世界贸易组织的《与贸易有关的知识产权协定》(TRIPS协定)规定,驰名商标不仅包括商品商标,还包括服务商标。

为了确保与国际接轨,我国修订完善了驰名商标的有关法律法规。2001 年 10 月 27 日修改实施的商标法和 2002 年 8 月 3 日国务院发布的《商标法实施条例》,将驰名商标纳入商标基本法之中。2003 年 4 月 17 日国家工商总局发布《驰名商标认定和保护规定》(以下简称 2003年《规定》),其中第 2 条指出:"驰名商标是指在中国为相关公众广为知晓并享有较高声誉的商标。"在这里对驰名商标的界定强调了"中国"地理范围,体现了驰名商标的地域性特点,也摒弃了原有的对驰名商标必须是经注册的商标的认识。同时,2003 年《规定》第 2 条第 2 款对"相关公众"的解释将驰名的服务性商标也列入了驰名商标的范畴。

4.7.2　驰名商标的认定方式及主体

驰名商标作为一个法律概念,是法律认可的事实状态和客观存在,即商标驰名的事实认定是有效保护驰名商标的前提。

驰名商标的认定就是指按照一定标准对商标驰名的事实进行识别和判断,从而确定该商标是否构成驰名商标的法律行为。TRIPS协定对认定驰名商标做了原则性的简单规定,其中第 16 条第 2 款规定:"在确定一商标是否驰名时,各成员应考虑相关部门公众对该商标的了解程度,包括在该成员中因促销该商标而获得的了解程度。"这就为各成员国认定驰名商标确立了一个总的原则。

1. 驰名商标的认定方式

驰名商标的认定方式有两种基本模式:被动认定和主动认定。

(1)被动认定方式是在商标所有权人主张权利时,也即存在实际的权利纠纷的情况下,应商标所有权人的请求,有关部门对其商标是否驰名,能否给予扩大范围的保护进行认定。

被动认定为驰名商标提供的保护虽然是消极被动的,但这种认定是以达到跨类保护和撤销抢注为目的,而且它具有很强的针对性,因而所得到的法律救济是实实在在的,这种法律救济解决了已实际发生的权利纠纷。被动认定是司法机关认定驰名商标的基本模式,目前为西方多数国家采用,被视为国际惯例。

(2)主动认定方式是在不存在实际权利纠纷的情况下,有关部门出于预防将来可能发生权利纠纷的目的,应商标所有人的请求,对商标是否驰名进行认定。

主动认定能提供事先的保护,使商标所有人避免不必要的纠纷,但主动认定不符合国际惯例。尤其是采用批量认定的方式,使得一些部门或社会团体出于某些目的热衷于驰名商标评选、名优评比等活动,结果往往流于滥评,也容易导致企业之间、地区之间的攀比。

以往我国驰名商标的认定采用主动认定,后逐渐实行"以主动认定为主、被动认定为辅,主动认定与被动认定相结合"的方式。2003 年《规定》的最大贡献就是,对驰名商标的保护一改以往的大批量认定、集中管理保护的做法,转而采取"被动保护、个案认定"的国际通行惯例。这既是对 2001 年修改后的商标法及其实施条例中规定的驰名商标进行被动保护、个案处理原则的确认和具体化,也说明了我国在驰名商标保护中,越来越多地考虑了依据现实中具体的情况,进行判断认定的理性做法,已经基本上与国际接轨。

2. 驰名商标的认定主体

驰名商标认定的主体问题,反映了驰名商标认定权的归属。

从国际上来看,认定驰名商标比较通行的做法有三种:一是由法官在案件审判中直接判定;二是由民间机构评估认定;三是由政府主管机构认定。我国 1996 年《暂行规定》中驰名商标的认定机构仅为国家工商行政管理局,但是,由行政机关垄断驰名商标认定权,既不符合国际惯例,也不利于驰名商标的有效保护。为此,根据 2003 年《规定》及 2002 年通过的《商标案件解释》,被动认定既可以由行政机关做出,也可以由人民法院做出。按照 TRIPS 协定规定,司法审查或司法终决是该协议的一条重要原则,任何程序做出的终局行政决定,均应接受司法或准司法当局的审查。

驰名商标本质上是一个法律概念,通过司法途径认定是目前世界各国驰名商标认定制度的一个共同特点,也是认定驰名商标的一种主要途径。从理论上讲,司法权高于行政权。只要法律无明文限制,人民法院就有权做出商标是否驰名的判定,这也是符合国际惯例和法理的。对此,我国《商标案件解释》第 22 条规定:人民法院在审理商标纠纷案件中,根据当事人的请求和案件的具体情况,可以对涉及的注册商标是否驰名依法作出认定。人民法院独立的司法地位决定其是当然的合法的认定机构,且具有最终的认定裁决权。但该解释中没有明确哪一级法院具有最终认定权。

4.7.3　驰名商标的保护制度

1. 有关国际条约对驰名商标的保护

自 1883 年《巴黎公约》首次引入驰名商标的概念后,对驰名商标进行特殊保护已成为世界立法的趋势。很多国际性条约都对驰名商标给予了法律保护,而且这种保护是以特殊法律规定的形式确定的,现在这种保护正不断趋向于严格化。

《巴黎公约》是最早规定保护驰名商标的国际公约,该公约第 6 条之二是对驰名商标保护的经典规定。该条规定:本联盟各国承诺,如本国法律允许,应依职权,或依利害关系人的请求,对商标注册国或使用国主管机关认为在该国已经驰名,属于有权享受本公约利益的人所有,并且用于相同或类似商品的商标构成复制、仿制或翻译,易于产生混淆的商标,拒绝或撤销注册,并禁止使用。在商标的主要部分构成对驰名商标的复制或仿制,易于产生混淆时,也应适用这些规定。《巴黎公约》对驰名商标的保护采用的是相对保护主义,即禁止他人将与驰名商标相同或相似的商标在与商标所有权人相同或近似的行业中注册和使用,至于在非类似的商品上使用相同或近似的商标则是被允许的。

为了切实防止驰名商标的声誉、识别性和显著性特征受到不当利用的损害,许多国家对驰名商标实行了绝对保护主义,禁止他人在任何行业,包括与驰名商标商品不同或不相类似的行业中进行注册和使用与驰名商标相同或相似的商标,驰名商标所有人还有权禁止非商标商业标志的使用。TRIPS 协定确立了高于《巴黎公约》的保护标准,对驰名商标实行跨类保护。该协定规定:巴黎公约 1967 年文本,原则上适用于与驰名商标所标示的商品或服务不类似的商品或服务,只要在不类似的商品或服务上使用该商标会暗示该商品或服务与驰名商标所有人存在某种联系,使驰名商标所有人的利益可能因此受损。

2. 我国现行立法对驰名商标的保护

在 2001 年之前的商标法中,我国对驰名商标基本上未做规定,但司法实践中遇到驰名商标的保护,不得不从我国承诺加入的有关国际公约中找依据,此时我国法律对驰名商标的保护与国际上对驰名商标的保护严重脱节。确切地讲,对驰名商标提供高水平的保护是驰名商标保护的实质内容,因此,我国加入《巴黎公约》之后,无论是立法还是执法都体现一个共同的主题,即为驰名商标提供高于普通商标的保护。2001 年 10 月 27 日,我国对商标法修改时,结合 TRIPS 协定的要求及我国对驰名商标保护的实践,以驰名商标是否在中国注册为标准规定了两种情形。2013 年第三次修改商标法时,这一部分内容没有变化,只是因为增加了一款后,这两个部分的内容在款序上发生了一点变化,之后一直保持至今。

一是商标法第 13 条第 2 款规定的情形,即:"就相同或者类似商品申请注册的商标是复制、摹仿或者翻译他人未在中国注册的驰名商标,容易导致混淆的,不予注册并禁止使用。"

二是商标法第 13 条第 3 款规定的情形,即:"就不相同或者不相类似商品申请注册的商标是复制、摹仿或者翻译他人已经在中国注册的驰名商标,误导公众,致使该驰名商标注册人的利益可能受到损害的,不予注册并禁止使用。"

由此可见,我国商标法对驰名商标的保护与对普通商标的保护相比较有两点特殊之处:一是保护的范围不仅包括在中国注册的驰名商标,还包括未在中国注册的驰名商标;二是注册驰名商标所有人的禁止权不限于类似商品上的近似使用,而是扩展到非类似商品的使用。

(1)对未在中国注册驰名商标的保护。我国在商标权的取得方式上一直奉行注册取得制度,注册是取得商标权的根据,未注册商标一般得不到法律保护。未注册商标与注册商标冲突时,注册商标优先。根据注册在先原则,首先使用商标的人如果不及时申请注册,一旦被他人抢先申请注册后便无法对该商标取得商标权。基于商标权独立原则,在其他国家注册的商标,在中国未注册的不受保护。但对于驰名商标,我国根据《巴黎公约》和 TRIPS 协定的基本要求,仍给予基本保护,"如果某一驰名商标没在中国注册,其权利范围限制在不易导致混淆的相同或类似商品上"。这体现了对驰名商标的特殊保护,也符合我国商标法的基本原则,即在一定范围内吸收了商标权使用取得原则的合理成分,赋予未注册驰名商标人以商标权,有利于在商标法领域实现实质上的公正,也顺应了商标国际保护的潮流。

具体讲,根据商标法和《商标法实施条例》及最高法院的司法解释,未在中国注册的驰名商标所有人(以下简称"未注册驰名商标所有人")享有以下权利:①如他人违反商标法第 13 条第 2 款的规定,在商标注册过程中,未注册驰名商标所有人可以请求商标局驳回他人的注册申请。②如他人违反商标法第 13 条第 2 款的规定,在商标评审过程中,未注册驰名商标所有人可以请求商标评审委员会撤销他人已注册的商标,其权利行使期限为自他人商标注册之日起五年内;对他人恶意注册的,驰名商标所有人不受五年时间限制。③他人违反商标法第 13 条第 2 款规定的,未注册驰名商标所有人有权请求人民法院判令行为人承担停止侵害的民事责任。④他人使用与未注册驰名商标相同或相似的商标用于相同或类似商品上,容易导致混淆的,未注册驰名商标所有人可以请求工商行政管理部门禁止使用。⑤认为他人将其未注册驰名商标作为企业名称登记,可能欺骗公众或者对公众造成误解的,未注册驰名商标所有人可以向企业名称登记主管机关申请撤销该企业名称登记。

由此可见,在未注册驰名商标与普通注册商标发生冲突时,法律优先保护未注册驰名商标。当然,对未注册驰名商标的保护也不能如对普通注册商标的保护水平,与对注册驰名商标的保护相比更不能同日而语,因为它毕竟不是注册商标,与我国的立法基本原则相悖。第一,我国商标法律、法规及司法解释并未把违反商标法第13条第2款规定的行为明确规定为侵权行为。根据《商标案件解释》第2条的规定,实施违反商标法第13条第2款规定的行为,行为人只应承担停止侵害的民事法律责任,并不存在适用其他民事责任问题;未注册驰名商标所有人无权要求侵权人承担排除妨碍、消除危险、赔偿损失、消除影响等民事责任;法律也未规定人民法院在审理该类案件中可以对行为人做出罚款、收缴侵权商品等民事制裁决定。第二,在行政处理上,对违反商标法第13条规定的行为,《商标法实施条例》规定工商部门可以收缴、销毁违法使用的商标标识,商标标识与商品难以分离的,一并收缴、销毁。该规定可以适用违反商标法第13条第2款规定的情形。但对违反该款规定的行为,法律并未规定工商管理部门可以对行为人实施包括罚款在内的其他行政处罚措施。第三,法律亦未规定未注册驰名商标所有人有权在诉前向法院申请采取责令停止有关行为和财产保全的措施及申请诉前保全证据。第四,对未注册的驰名商标不实行跨类保护。如果他人将复制、摹仿、翻译的未注册驰名商标在不相同或不相类似商品上作为商标使用,未注册驰名商标所有人无权禁止他人注册和使用。可见,我国对未注册驰名商标的特殊保护采取了谨慎的态度。

(2)对在中国注册驰名商标的保护。根据商标法第13条第3款的规定,注册驰名商标所有人的禁止权,不限于相同或类似商品上的相同或近似使用,还包括误导公众的不相同或不类似商品上的使用。这一规定实现了对注册驰名商标的跨类保护,从而使对注册驰名商标的保护水平,明显高于对普通注册商标和未注册驰名商标的保护水平。具体而言,前文所述未注册驰名商标所有人享有的"特权",注册驰名商标所有人当然享有;商标法对普通注册商标保护的一般性规定适用于注册驰名商标;当注册驰名商标与普通注册商标发生冲突时,优先保护注册驰名商标。

与未注册驰名商标相比,法律、法规对注册驰名商标保护的规定较为完善。在司法实务中,通过适用商标法关于驰名商标的特别规定以及对注册商标的一般规定,基本可以解决问题。

3. 修正后的商标法对驰名商标保护的重要变化

2013年修正后的商标法进一步明确了"被动认定"的驰名商标的认定原则,使驰名商标的法律制度更加符合国际惯例。商标法第14条第1款规定"驰名商标应当根据当事人的请求,作为处理涉及商标案件需要认定的事实进行认定",并分别由工商行政管理部门、商标评审委员会、人民法院根据不同情况予以认定。

另外,还特别强调了"生产、经营者不得将'驰名商标'字样用于商品、商品包装或者容器上,或者用于广告宣传、展览以及其他商业活动中"。这表明了虽然法律给驰名商标予以一定的特殊保护,但它也只是一个商标的本质不能变,否则,过宽的保护会产生社会资源的巨大浪费,加剧企业竞争环境的不公平状态,也失去了商标竞争应该服务于产品质量竞争的目的。

对于商标法中有关"容易导致混淆""误导公众,致使该驰名商标注册人的利益可能受到损害"等概念的界定,2009 年 4 月 22 日通过、2020 年 12 月 23 日修正的《最高人民法院关于审理涉及驰名商标保护的民事纠纷案件应用法律若干问题的解释》第 9 条明确:

> 足以使相关公众对使用驰名商标和被诉商标的商品来源产生误认,或者足以使相关公众认为使用驰名商标和被诉商标的经营者之间具有许可使用、关联企业关系等特定联系的,属于商标法第十三条第二款规定的"容易导致混淆"。

> 足以使相关公众认为被诉商标与驰名商标具有相当程度的联系,而减弱驰名商标的显著性、贬损驰名商标的市场声誉,或者不正当利用驰名商标的市场声誉的,属于商标法第十三条第三款规定的"误导公众,致使该驰名商标注册人的利益可能受到损害"。

不仅如此,该解释的第 13 条还进一步明确:

> 在涉及驰名商标保护的民事纠纷案件中,人民法院对于商标驰名的认定,仅作为案件事实和判决理由,不写入判决主文;以调解方式审结的,在调解书中对商标驰名的事实不予认定。

◆ 问题讨论

1. 申请商标的主体有无限制?

2. 没有注册的商标能否使用? 为什么?

3. 如何理解恶意抢注商标的行为?

4. 驰名商标获得的条件和途径有哪些?

5. 在中国注册和未注册的驰名商标,商标法的保护有何不同?

6. 商标权转让合同登记并公告的意义是什么?

7. 商标法(见 4.4.5)、专利法(见 3.2.2)对同一天的相同申请案在处理原则上有什么相同和不同之处? 为什么进行这样的制度设计?

◆ 阅读法律

1.《中华人民共和国商标法》

2.《中华人民共和国商标法实施条例》

◆ 案例讨论

1. G. D. SEARLE & CO.(以下简称 S 公司)是美国一家医药公司。1947 年该公司研制成一种防治运动病的新药,经临床试验后即投入美国市场销售。由于此药对治疗运动病效果明显,故销售量不断上升。截至 1953 年 12 月,累计销售额高达 1200 万美元以上。这种药自在市场上公开销售起,一直使用"Dramamine"商标。1950 年 7 月 18 日,S 公司所使用的 Dramamine 商标在美国专利局与商标局获准注册(注册号为 527862)。其他人并未对该商标注册提出任何异议。1954 年 11 月 10 日,S 公司获得了可在任何药店销售该药品的许可证。

1953 年,S 公司发现美国另一家医药公司 CHAS. PFIZER & Co.(以下简称 P 公司)在其销售的运动病治疗药上使用了一项与 Dramamine 十分相似的商标 Bonamine,这种商标很可能使顾客对两家公司的产品产生混淆,从而扰乱市场,给 S 公司的销售造成困难。为此,S 公司向地方法院提起诉讼,要求 P 公司立即停止侵犯其商标权的行为。

因地方法院驳回了 S 公司的起诉,S 公司不服,故上诉至美国联邦第七巡回上诉法院。经上诉法院的查证,P 公司销售的运动病药是由比利时一家公司研制的,原在欧洲销售时,使用 Postfene 商标。1953 年 7 月 1 日,P 公司从比利时公司购得在美国销售此药的销售权后,开始向美国市场销售此药,并改用 Bonamine 商标。

根据商标法的原则,凡未经商标权人许可而在同种或类似商品上使用与注册商标相同或近似的商标,即构成侵权。本案争议的焦点是 Dramamine 和 Bonamine 这两个商标是否近似商标,如属于近似商标,则 P 公司在其销售的药品上使用 Bonamine 就是一种侵犯他人商标权的行为。P 公司在法庭审理中提出的理由是,它使用的商标和 S 公司的注册商标前缀不同,认为不应视为近似商标。P 公司列举了以往判例中法院将前缀不同的商标判为非近似商标的一些例子。如:①用于燃油加热器的 Syncromatic 和 Oil-O-matic(Syncromatic 公司诉 Eureka Williams 公司);②用于电动机油的 Pennzoil 和 Greenzoil (Pennzoil 公司诉 Grown Central Petroleum 公司);③用于金属铸件的 Nercalloy 和 Oroloy(Kensington 钢铁公司诉 Nichals 工程与研究公司)。P 公司还争辩说,其销售的运动病治疗药的颜色与 S 公司不同,而且两家公司销售时使用药瓶包装在大小、形状上也各不相同,不会引起顾客的混淆和误购。

但是上诉法院最终裁定,这两个商标为近似商标,因而 P 公司构成了对 S 公司商标权的侵犯。其依据是:①P 公司使用 Bonamine 商标的目的是利用 S 公司的商标信誉进行不正当竞争。根据法庭调查,P 公司所使用的 Bonamine 商标是向公司雇员征集的 158 个商标中选出来的。在向雇员征集商标时,公司雇员已被告知征求商标的意图是与 S 公司竞争,要求新商标能起到削弱 S 公司市场优势的目的。事实上 P 公司在一百多个商标中偏偏选中 Bonamine 这一与 Dramamine 非常相似因而会产生争议的商标,其用意是十分明显的。②P 公司在同种药品上使用这种外形、读音十分接近的商标,很可能会造成顾客的混淆,从而导致消费者的误购。法庭认为,P 公司提出的药品颜色及药瓶大小形状的区别确是事实,但这些差别并不是主要的,不足以使顾客在购买时据以区别。相反由于这两种商标十分接近,使用这些商标的商品又具有同样的用途,通过相同的销售渠道销售给同一类别的顾客。特别是这两种商标的读音近似,而药品推销时,往往需要靠商标读音做广告宣传,有时还要经过电话或口头形式向客户推销,在使用读音近似的商标时极易造成混淆的后果。上诉法院认为,判定近似商标的关键并不是机械地去分析商标的读音、外形或意义,而应当看其使用所实际造成或可能造成混淆的事实。③P 公司只列举了前缀不同的商标不构成近似商标的法院判例,并没有提及这样判决的原因,因而不能用来说明问题。法院也列举了一些判例,在这些判例中后缀相同的商标却都被判为近似商标。如:Latouraine 和 Lorraine(Latouraine 咖啡公司诉 Lorraine 咖啡公司)等。

由上可见,近似商标的判定主要不是根据其前缀或后缀是否相同作为依据的。基于上述理由,美国联邦上诉法院裁定运动病药的进口商 P 公司使用 Bonamine 商标侵犯了 S 公司的商标权,S 公司胜诉,地方法院的判决应予撤销。

请问:

(1)商标相似性侵权判定应该考虑哪几个方面因素?

(2)从此案例中可以悟出哪些知识产权保护的核心点?

2.大磨坊公司于 1991 年 1 月由我国商标局核准注册,取得了"大磨坊"注册商标专用权,核定使用的商品为面包。1992 的 10 月大磨坊公司与 S 商场签订了为期 3 年的代销协议,约定由 S 商场设专柜出售面包,由大磨坊公司提供名、优、特、新的注册商标商品。1993 年 4 月起,大磨坊公司停止向 S 商场供货。同年 6 月大磨坊公司发现 S 商场在大磨坊专柜上,仍在销售与其类似的面包,商品价签上注明产地大磨坊。大磨坊公司以侵害其商标专用权为由诉至法院。请问:

(1)S 商场在大磨坊公司停止供货后,仍在其大磨坊专柜销售商品价签上注明产地为"大磨坊"的面包,是否构成对大磨坊公司商标专用权的侵犯?为什么?

(2)大磨坊公司是否构成违约?

(3)商标的使用方式与构成侵权有关吗?为什么?

3. 某酒厂生产的"天下景"牌葡萄酒,其包装正面和两侧的图形、商标的字体及色彩均与已在我国注册的驰名商标"万宝路"牌卷烟的包装极为相似,其封口上印的标识也与"万宝路"卷烟的封口十分相似。万宝路生产厂家发现后,向酒厂所在地的工商行政管理部门控告,要求酒厂停止使用天下景牌商标,并承担相应的民事责任。请回答:

(1)酒厂的行为是否是侵权行为?法律根据是什么?

(2)工商行政管理部门应如何处理此纠纷?

(3)我国商标法规对驰名商标有哪些特殊保护措施?

4. 某企业是湖北省某县的一家乡镇企业,自 1995 年以来,一直使用"武汉"或"梅花"商标生产冰块、雪糕、冰激凌等商品。该企业原来的生产规模很小,一直也没有申请注册过该商标。今年,企业扩大了生产规模,准备申请注册一个商标。企业开始打算在第 30 类冰块、雪糕、冰激凌等商品上申请注册"武汉"商标。但当其委托一家商标事务所代理申请注册时,该事务所称"武汉"商标不符合商标法的规定,不能作为商标申请注册。于是,该企业又研究决定,把"武汉"改为"冰凉"进行申请注册,但该事务所还说不行。请问:

(1)企业为什么不能把"武汉""冰凉"作为商标申请注册?

(2)分析该企业未注册使用"武汉"商标和"梅花"商标的行为是否合法?

5.1985 年 4 月 30 日,王致和腐乳厂在国家工商行政管理局商标局注册"王致和"牌商标,并获准取得该商标的专用权,核定使用商品为腐乳。"王致和"商标属北京市著名商标。

北京市某县腐乳厂曾于 1987 年向国家工商行政管理局商标局申请注册"致和"商标。经初步审定公告后,因王致和腐乳厂提出异议,商标局裁定通知双方:双方商品相同,商标名称近似,异议成立,"致和"商标不予核准注册。1989 年 6 月 20 日,某县腐乳厂又向商标局申请注册"致"字商标,并获准取得该商标专用权,核定使用商品为腐乳。嗣后,某县腐乳厂在出售大、小坛装腐乳所用标识上,将厂名缩写成"北京致和腐乳厂"。

1992 年三四月间,某县腐乳厂在向本厂职工发放瓶装腐乳和对外赠送礼品时,使用了国家不予注册的商标"致和"商标,并附有产品简介,产品简介的封面上使用"北京致和腐乳厂"缩写厂名,产品简介中介绍了王致和腐乳的历史,称自从 1984 年建厂后,在专家指导下生产,继承并发扬了王致和腐乳的传统工艺等,同时还标有不同品种、规格的腐乳价格。某县腐乳厂在出售国家核准注册的"致"字商标的瓶装腐乳的标识上注明"北京市某县致和腐乳厂"。请问:

(1)某县腐乳厂的上述行为中是否有侵权行为?有哪些?

(2)案中某县腐乳厂使用商标局不予注册的"致和"商标发放和赠送瓶装腐乳是否构成侵权?为什么?

【阅读 4-1】

六件近似百度商标未予核准

2007年1月某公司申请注册使用在食品上的"百度优佳"、2007年2月某自然人申请注册使用在服装上的"浪漫一百度"、2007年12月某鞋厂申请使用在跑鞋上的"壹百度"、2008年5月某自然人申请注册使用在服装上的"百度全华"、2008年8月某自然人申请注册使用在服装上的"百度鼠"及2009年1月某自然人申请注册使用在服装上的"意百度"等六个商标申请案,在异议期内百度公司均引证其在计算机网络服务上的"百度"商标提出异议,但未获得国家商标局的支持。为此,百度公司向商标评审委员会提出异议复审申请。

商标评审委员会认为,百度公司的"百度"商标已被认定为驰名商标,且认定时间或极为接近、或早于上述6件被异议商标申请,目前"百度"商标已处于驰名状态。虽然上述6件被异议商标申请使用的商品均与"百度"商标核定使用的搜索引擎服务存在一定的差异,但是考虑到"百度"商标客观上权高的知名度以及互联网搜索引擎服务涉及行业的广泛性,双方商标指定使用商品和服务的消费对象仍存在较大的关联和交叉,因此被异议商标的核准易导致消费者误解,同时也会减弱"百度"商标与百度公司之间的紧密联系,损害百度公司驰名商标的相关权益。基于此,商标评审委员会裁定上述6件被异议商标不予注册核准。

(资料来源:杨强. 因被认定对"百度"驰名商标构成模仿:6件近似百度商标未予核准[N]. 中国知识产权报,2014-02-28(5).有改动)

【阅读 4-2】

"EMBA"金融服务商标终审被驳回

"EMBA"英文全称为"executive master of business administration",直译为"高层管理人员工商管理硕士"。2009年6月某公司希望将"EMBA"作为信用社、金融服务等服务商标进行注册,并向国家工商行政管理总局商标局提出相应商标注册申请,申请商标为第7470829号"EMBA"商标。在商标注册申请被驳回后,某公司表示不服,向国家工商行政管理总局商标评审委员会(以下简称商评委)提出复审申请。商评委认为申请商标指定使用在第36类信用社、金融服务等服务上,缺乏商标应有的显著性,不能作为商标注册。随后,某公司提起了行政诉讼。

据了解,某公司曾在2005年申请注册了第4807112号"EMBA"商标,核定使用在色带、报纸期刊等商品上,并在2007年首届中国EMBA管理论坛上发行了《EMBA视界》金融类杂志。某公司认为,申请商标经过长期使用和宣传,形成了一定的知名度,已经具有了显著性和识别性,其作为专门为企业提供企划宣传的公司,将"EMBA"申请注册使用在信用、金融服务等服务类别上并无不妥。

在法院审理的过程中,某公司也认可"EMBA"为高级管理人员工商管理硕士的英文缩写,并证明了自己公司近年来对"EMBA"商标的持续使用情况。法院认为该案审理焦点为申请商标是否直接表示了指定使用的服务类产品的内容特点,是否具有商标的显著性和识别性。

我国商标法规定仅有本商品的通用名称的标志不得作为商标注册。本案中,申请商标

"EMBA"容易被一般公众认为是"高级管理人员工商管理硕士"的英文缩写,其指定使用在信用社、金融咨询等服务上,直接表述了服务的内容特点,相关公众容易将其理解为服务内容、特点的描述性词汇,缺乏商标应有的显著性。而且法院认为某公司所提交的证据无法证明申请商标经长期宣传和使用获得了显著性,"EMBA"作为指定服务行业内的通用词汇不应准予注册。

商品的通用名称是指为公众所熟知的商品的一般名称,用来区别不同种类的商品,属于商品名称的概念范畴,直接表明商品的物理属性。如果被注册为相关商品的专有商标,无疑会导致不适当的垄断结果,客观上也存在较大的淡化风险。因此本案中将"EMBA"作为商标申请注册在金融服务等类别上最终被驳回。

(资料来源:杨柳. "EMBA"金融服务商标终审被驳回[N]. 中国知识产权报,2012-12-28(16). 有改动)

【阅读4-3】

全国首例颜色组合商标注册商标专用权纠纷案

美国迪尔公司于1997年在中国成立子公司,开始在中国市场生产收割机、拖拉机等商品,迪尔公司及其子公司生产的收割机、拖拉机均统一采用"绿色车身,黄色车轮"的颜色组合。2005年2月向国家工商行政管理总局商标局申请注册上绿下黄的颜色组合商标,指定使用在农业机械等第7类商品上,其中绿色用于车身,黄色用于车胎。经国家商标局核准,迪尔公司对其商标取得注册商标专用权,分别核定使用商品为第7类农业机械、联合收割机、中耕机、收割机、割草机等,及第12类翻斗卡车、拖拉机,有效期均为2009年3月21日至2019年3月20日。

2011年迪尔公司发现九方泰禾青岛公司和九方泰禾北京公司生产、销售以及在网站上宣传其商品时,使用了与上述注册商标相同的标识,构成了对迪尔公司注册商标专用权的侵害,故请求法院判令两被告停止侵害注册商标专用权的行为,并赔偿经济损失及合理支出共计50万元。

迪尔公司起诉称,其在收割机商品上一直使用颜色组合商标,该商标已成为公司商品的重要识别标识,为消费者和业界专家所熟悉和认可,具有很强的显著性和很高的知名度。该公司在生产的收割机和拖拉机上所使用的"绿色车身、黄色车轮"装潢,经过长期使用,具有了区别商品来源的显著特征。

九方泰禾青岛公司和九方泰禾北京公司共同辩称,迪尔公司涉案注册商标是指定颜色的图形商标,而不是颜色组合商标,被告收割机上没有使用涉案图形商标,其商品上所使用的颜色与迪尔公司商标相比也有明显偏差,不会使消费者产生混淆,故请求法院驳回迪尔公司的全部诉讼请求。

2013年12月,北京市第二中级人民法院经审理认为,颜色组合商标是由两种或两种以上颜色排列组合而成的,可以区分不同商品或服务的标识。颜色组合商标的使用一般应与商品相结合,其使用中的具体形态可随商品本身的形状不同而改变。虽然迪尔公司涉案注册商标的商标注册证等相关文件中没有明确该商标为颜色组合商标,但迪尔公司在申请注册商标时,已在申请书中明确声明该商标为颜色组合商标,并在所提交的文字说明中明确了颜色使用的具体位置和方式是:绿色用于车身,黄色用于车轮。通过迪尔公司长期、持续的宣传和使用,该商标获得了显著性,并最终取得了国家商标局的核准注册,涉案商标属于我国商标法规定的颜色组合商标。九方泰禾青岛公司和九方泰禾北京公司在其生产、销售的收割机上使用了绿色车身、黄色车轮的颜色组合，与迪尔公司的颜色组合商标进行比较，绿色和黄色的使用位置相同，排列组合方式一致，颜色基本无差异，在整体形象及表现风格上均十分接近，二者在视觉上无实质性差别，构成商标相同。九方泰禾青岛公司和九方泰禾北京公司生产、销售涉案侵权商品以及在网站上对涉案侵权商品进行宣传的行为，构成对迪尔公司涉案注册商标专用权的侵害，应当承担停止侵权、赔偿损失的法律责任。据此，一审判决两被告停止涉案侵害迪尔公司颜色组合商标注册商标专用权行为，并赔偿经济损失及因诉讼支出的合理费用共计45万元。

据悉，此案是现行商标法将颜色组合商标纳入法律保护范围以来，法院认定被控侵权行为构成侵害颜色组合商标注册商标专用权的全国第一案。

（资料来源：①张茜妤. 我国首例颜色组合商标纠纷宣判[N]. 中国知识产权报，2013-12-27(5). ②李丹，涂浩. 全国首例侵害颜色组合商标注册商标专用权纠纷案审结[EB/OL]. (2013-12-23)[2023-02-13]. https://www.chinacourt.org/article/detail/2013/12/id/1166413.shtml.）

【阅读4-4】

北大异议"北大状元"商标申请

江苏市民袁某注册的"北大状元"商标在公示期间受到北京大学的异议。异议被国家工商行政管理总局商标局裁定驳回后，北京大学又向国家工商行政管理总局商标评审委员会（简称商评委）提出复审申请。北京大学认为，袁某申请注册的"北大状元"商标已与其注册在先的"北大"商标构成在相同类似商品上的近似商标，"北大"是"北京大学"的简称，将"状元"一词与"北大"结合，会使人将其与北京大学联系起来，易使相关公众认为两者属于系列商标而对商品来源产生误认。袁某的注册行为属于违反诚实信用原则的恶意注册，故向商评委申请复审。商评委对此案做出了裁定。

被申请人袁某认为，"北大状元"与"北大"不构成近似商标，两者在含义和外观上均存在区别，不会引起公众误解，故请求驳回异议申请。

最终商评委裁定，被异议商标"北大状元"虽与申请人注册在先的"北大"商标在含义上有所差异，但公众已熟知"北大"为北京大学的简称，"北大"已具有较高社会认知度，消费者易将异议商标与申请人相联系，从而对商品来源造成混淆误认。鉴于此，商评委裁定"北大状元"商标不予核准注册。

对于裁定结果袁某表示不服，已将商评委起诉至北京市第一中级人民法院，法院一审维持了商评委不予注册的裁定。

（资料来源：杨柳. 北大异议"北大状元"遭驳回[N]. 中国知识产权报，2012-09-14(5). 有改动）

【阅读4-5】

被日本抢注的"狗不理"协商要回

1997年，中华老字号"狗不理"商标在日本被一家日本公司抢注。日前，狗不理集团与日方"狗不理"商品商标注册人办理了转让手续，重新拿回。

此前，我国还有一些著名商标被抢注，如天津小吃"桂发祥"大麻花在加拿大被抢注，"飞鸽"自行车在印尼被抢注，等等。由于在有效期内及时发现，中方企业也采取了有效措施，最终阻止了对方的有效注册。

但"狗不理"被抢注时间较长,而且是狗不理集团改制前,有效异议及争议期被延误。为了拿回商标,狗不理集团不得不放弃诉讼及行政争议的途径,代之以协商和解的方式。

(资料来源:孙洪磊.在日本被抢注十年 "狗不理"商标终"回家"[N].华商报,2007-10-09(A13).

【阅读4-6】

"镇江香醋"在韩国遭抢注 历时半年打赢官司

2010年6月3日,镇江市醋业协会从一个外贸客户那里得到信息:一名韩国人向韩国特许厅提交了"镇江香醋"中文、韩文商标注册申请。韩国特许厅已经受理了注册申请并公告,公示日期是2010年4月23日,公示截止日期是2010年6月23日。距离公示截止日期只有20天的时间了。

6月4日,镇江市醋业协会紧急发函给国家工商总局,请求帮助和指导。国家工商总局商标局对此案高度重视,迅即与镇江市醋业协会知识产权部董民取得联系,告知务必在公示期届满前提起商标异议,较复杂的证据材料以后再补。

查找有关文献资料,说明"镇江香醋"的历史渊源;找出"镇江香醋"在中国以及世界各国受保护的证明;进行近三年来"镇江香醋"产品的国内、国外销量统计;对近三年"镇江香醋"在国内和国外广告宣传投入的统计;任何宣传"镇江香醋"的广告,包括宣传小册子、电视媒体广告等任何能显示"镇江香醋"标志的广告……6月22日,也就是公示截止的前一天,镇江醋业协会通过商标代理机构向韩国特许厅提交了"异议申请书"。

6月24日,国家工商总局国际合作司司长安青虎正式致函韩国特许厅厅长,希望对方根据2009年中韩签订的战略合作谅解备忘录,驳回注册申请,维护"镇江香醋"的合法权益。7月5日,省、市工商部门与镇江市醋业协会负责人一起,第二次来到国家工商总局。双方就"镇江香醋"集体商标的保护进行交流。国家工商总局提出,将约请韩国驻华使馆相关官员,做好出访韩国谈判的准备。7月7日,国家工商总局商标局又书面来函,就案件的异议做具体指导,并告知,商标局将以李建昌局长的名义致函韩国特许厅长官,请韩方对此案给予关注并依法处理。根据指导意见,协会又补充了部分证据材料。

7月13日,国家工商总局商标局李建昌局长致函韩国特许厅长官,向其表达我国工商总局商标局对此案高度重视,请韩方依法公正处理此案。之后,国家工商总局国际合作司司长安青虎在北京约见韩国驻华大使馆知识产权官员,就"镇江香醋"商标案进行正式会谈。

11月15日,喜讯传来,韩国特许厅已于10月26日裁定,驳回韩国公民的商标申请,支持镇江市醋业协会的异议请求。韩国公民对该裁定如在2010年12月10日前不申请复审,将这是最终的结果。12月10日,韩国公民没有提出申请复审,镇江醋业协会获得了最终胜利。

此次"镇江香醋"跨国保卫战是2009年我国与20多个国家签订国际合作机制以来,第一个通过国际合作机制解决商标纠纷的案例,意义重大。目前,国家工商总局已把此案作为典型案例上报国务院,提出今后要加大民族品牌的国际保护,通过国际注册促进自主品牌的国际化。

(资料来源:孙喜,姚秀峰,连夕仙."镇江香醋"在韩遭抢注半年后申诉获胜[J].中国品牌与防伪,2011(2):46-47.)

【阅读 4-7】

北京高院 2010 年度十大知识产权案例——"杏花村"商标异议行政案件

安徽杏花村集团有限公司在第 31 类树木、谷(谷类)、酿酒麦芽等商品上申请"杏花村"商标。山西杏花村汾酒厂股份有限公司提出商标异议。国家工商总局商标评审委员会裁定,对"杏花村"商标在树木、谷(谷类)等商品上准予注册,在酿酒麦芽商品上不予注册。山西杏花村公司不服,向法院提起行政诉讼。

法院经审理认为:山西杏花村汾酒厂股份有限公司在酒类商品上注册并使用"杏花村"商标,在相关公众中享有较高声誉,已经构成酒类商品上的驰名商标,但由此对"杏花村"商标的保护不应不适当地扩大。据此,法院判定:维持商标评审委员会的裁定。

专家认为:已注册的驰名商标虽然可以在不相同或者不相类似商品上予以保护,但并非能在全部商品和服务上获得保护。尤其是从广为人知的公共资源中选取的商标,只要他人不损害在先商标权人的利益、不构成对公众的误导,即使构成驰名商标,其保护范围也不能不适当地扩大。

(资料来源:祝文明.北京高院 2010 年度十大知识产权案例:"杏花村"商标异议行政案件[N].中国知识产权报,2011-03-02(10).)

【阅读 4-8】

"反向假冒"行为存在的分析

"反向假冒"行为之所以存在,对行为企业来说,一方面是有市场诱惑的。

首先,获取超额利润是内在的驱动力。反向假冒行为发生的直接经济原因是存在着巨大的利益即巨大的价格差,多数反向假冒先以低价购入,再以高价卖出,带来了巨大的利润;同时,自身品牌价值增长,扩大了市场占有率,可以给反向假冒行为者带来更多的远期增长的利益。

其次,市场环境的缺陷是外在的诱因。一般在反向假冒行为发生的市场上,有关被反向假冒的商标产品的品质和性能信息,对消费者来说是不完全的,即该产品市场的信息透明度很低,导致消费者获取这方面的信息所花的搜寻成本和识别成本相当高;而生产厂商和其竞争对手或有关该产品方面的专家(潜在的反向假冒者)对这方面的信息比较了解。这些都构成了反向假冒行为的外在诱因。

再次,消费者偏好高知名度的品牌是基础。由于消费者对商标商品品质及其性能的信息掌握很少,在很多情况下,消费者发现所购买的商品有问题时,高知名度商品更易获得更换或赔偿。所以不仅同等价格水平下消费者会选择较高知名度的品牌商品,而且许多偏好于高知名度品牌的消费者能接受较大的价格差。当然,在消费者的认知上,高知名度商标一定程度上就意味着产品的高质量、高性能,它导致消费者在购买时,偏好于选择高知名度品牌的商品。

最后,中等程度的品牌知名度是主要的受害对象。不是所有的商标产品都是反向假冒的对象,被反向假冒的商标产品一般都是具有较好的或者说中等程度的品牌知名度。其特点是,品牌已经有了一定的知名度,在其行业内足以引起竞争对手的注意;仍处于品牌的进一步的建设中,其产品具有价廉质优的特点。一定的品牌知名度和价廉质优的产品特点吸引了上述两类的反向假冒者,利用该产品的高品质进行低买高卖为其带来利益和增加品牌价值;或者为了利用该类商品的高质量来培育自己的品牌,宁愿以高价买进低价卖出来达到目的。当然这里的中等程度的品牌知名度是相对的,主要指相对这两类反向假冒行为者的商标而言的。

另一方面,"反向假冒"行为会对正常的竞争环境造成损害。

其一,对消费者利益造成危害,消费者成为最直接的受害者。反向假冒行为使消费者对所购商品产生重大误解,得到与其所付价格并不相当的商品,损失的是比原商标产品多付出的价格差,使很大一部分消费者剩余被反向假冒厂商所剥夺。这种虚假的欺骗和误导消费者的行为,歪曲了消费者对有关产品信息的获得和了解,导致消费者对产品信息的搜寻成本和辨别成本进一步增加。反向假冒者既不生产产品,也不直接找厂商洽谈订购商品,不可能对产品质量给予直接或间接控制,使得消费者购买该产品存在很大的风险。例如使国际市场上的部分买家因不知真正的货源而付出了更高的对价,并要承担无法获得真正的生产厂家直接售后服务的风险。即使一些反向假冒者为培育自己的品牌以低于原商标产品的价格销售,使消费者在短期上获得一些价格上的优惠,但是由于以后的进一步消费中,信息获得成本增加和对品牌的误信,消费者潜在的市场利益和长期利益都将受到更大的损害。

其二,对原商标所有人的利益造成侵害,原商标所有人成为另一个受侵害的重要对象。理性的生产、经营主体向市场上推出其产品或服务时,其行为目的有两个层面:一个是近期内快速实现其利润;另一个则是长期的,使自己的商品或服务商标在市场中的知名度和品牌价值不断提升,进而促进其以后的销量增加,使自身长期利润得到增长。原商标所有人的利益受反向假冒的侵害还具有隐蔽性,短期内不但不会使之在利润上受损,相反,还可能增加产品的销售量及利润,特别是当市场上的同行竞争者众多,所受的直接损害就更难发觉。但是从长期角度看,其品牌知名度和价值将被淡化而丧失了在市场中增值的机会,进而其市场份额和潜在的市场利益将被逐渐吞噬掉。

其三,对市场的竞争环境造成危害,扰乱了公平竞争秩序。一般来说,品牌知名度高的商品,其售价正常情况下高于一般商标商品,若后者正致力于创造自己的名牌,以优质的产品及低廉的价格逐步吸引顾客(产品供不应求),在被反向假冒时,势必对其创建名牌的目标造成严重障碍。而反向假冒行为者利用其竞争对手产品高品质低价格的竞争优势,不仅造成了消费者对反向假冒行为人和其竞争对手关系的误解和产品的混淆,而且可能损害其竞争对手的商品声誉,扰乱正常的竞争秩序。"反向假冒"行为助长了市场的垄断。一些驰名或知名商标拥有者,可能通过秘密收购市场上质优价廉同类商品的反向假冒行为,或者阻碍他人创名牌的道路,来增加自己品牌的市场占有率,导致他人由于销售量减少及商誉降低而逐步失去市场,进而实现垄断。此后,消费者和其他同类商品的厂商将不得不接受不合理的价格和生产安排。"反向假冒"行为还增加了市场信息的不完全性和交易成本,歪曲了市场上商品品牌与质量、性能联系的信号功能,使市场上信息不透明度提高,增加了消费者搜寻和识别信息的成本,加大了市场交易成本。从社会整体上来看,消费者剩余和生产者的总体利益都将减少,形成社会福利的净损失。

(资料来源:高山行,范陈泽.反向假冒行为的经济学分析[J].预测,2004,23(1):26-29.有改动)

【阅读 4 - 9】

涉"惠氏"商标惩罚性赔偿案

（本案例来源于浙江省高级人民法院〔2021〕浙民终 294 号民事判决书。）惠氏有限责任公司（以下简称惠氏公司）是"惠氏""Wyeth"等注册商标的权利人，惠氏（上海）贸易有限公司（以下简称惠氏上海公司）经许可在中国使用上述商标并进行维权。原广州惠氏宝贝母婴用品有限公司（以下简称原广州惠氏公司）长期大规模生产、销售带有"惠氏""Wyeth""惠氏小狮子"标识的母婴洗护产品等商品，并通过抢注、受让等方式在洗护用品等类别上获得"惠氏""Wyeth"等商标，在宣传推广中明示或暗示与惠氏公司具有关联关系，并与其他被告以共同经营网上店铺等方式，实施线上线下侵权行为，获利巨大。惠氏公司、惠氏上海公司以原广州惠氏公司等为被告，诉至法院。一审法院认定侵权成立，判决全额支持了惠氏公司、惠氏上海公司的诉讼请求。各被告均不服，提起上诉。浙江省高级人民法院二审认为，惠氏公司、惠氏上海公司明确请求适用惩罚性赔偿，根据在案证据可证明的原广州惠氏公司侵权获利情况，按照赔偿基数的 3 倍计算，惠氏公司、惠氏上海公司提出的 3000 万元的诉讼请求应予全额支持。二审法院当庭宣判驳回上诉，维持原判。

本案是人民法院适用惩罚性赔偿的典型案例。通过依法判处惩罚性赔偿，显著提高侵权违法成本，让侵权者得不偿失，让遭受侵权者得到充分救济，让"侵犯知识产权就是盗取他人财产"观念深入人心。

（资料来源：最高人民法院.最高人民法院发布 2021 年中国法院 10 大知识产权案件和 50 件典型知识产权案例［EB/OL］.（2022 - 04 - 21）［2023 - 02 - 26］. https://www. court. gov. cn/zixun-xiangqing-355881. html.）

第5章

著作权的保护 ●

著作权又称版权,是知识产权的一个重要组成部分,世界各国都对著作权给予保护。我国著作权保护也有较长的历史。特别是 1990 年 9 月 7日第七届全国人民代表大会常务委员会第十五次会议通过,并于 1991 年 6 月 1 日施行的《中华人民共和国著作权法》,对我国著作权的保护发挥了重要的作用。根据国内外知识产权发展的需要,2001 年 10 月 27 日第九届全国人民代表大会常务委员会第二十四次会议对著作权法进行了第一次修正,2010 年 2 月 26 日第十一届全国人民代表大会常务委员会第十三

《中华人民共和国
著作权法》

次会议对著作权法进行了第二次修正,2020 年 11 月 11 日第十三届全国人民代表大会常务委员会第二十三次会议对著作权法进行了第三次修正,修改条款自 2021 年 6 月 1 日起施行。

5.1　著作权的基本概念

著作权是指作者对其创作的文学艺术和自然科学、社会科学、工程技术等作品依法享有的占有、使用、收益和处分等专有权利。

(1)著作权是一种民事权利,是作者经过自身创造性的智力劳动,对其创造的精神财富所享有的一种民事权利。它可以转让、继承、许可他人享有。这一权利应与"言论出版自由"的政治权利相区别。

(2)著作权是无形的知识产权,是作者对自己用文字、符号、颜色、声音、形象等表现出某种感情、思想或反映某一客观事物的作品所享有的权利。著作权所保护的是作者以某种物质形式表现出来或固定下来的智力成果,以保护作品思想的表现形式为主。与此不同的是,专利则以保护技术的内容、思想为主,而不论这种思想、内容用何种方式表达出来。另外,作品的载体(如纸张、电脑等仅用于记录作品)不是著作权的保护客体。

(3)自动享有。无须作者履行任何手续,自作品完成起,就自动享有著作权。

(4)著作权具有一定的独占性或垄断性。即著作权只能由权利主体本人享有,他人未经著作权人的同意或法律许可,不得占有、使用和处分其作品。

(5)著作权的保护具有明确的时间性和地域性。

著作权可分为人身权利和财产权利两部分。作者的署名权、修改权、保护作品完整权等人身权的保护不受时间限制,即永久保护。但作者的使用权和获得报酬权等财产权有明确的保

护期,多为作者有生之年加死后 50 年,截止于作者死后第 50 年的 12 月 31 日。法人或其他组织的作品,其使用权和获得报酬权的保护期为 50 年,截止于作品首次发表后第 50 年的 12 月 31 日,但作品自创作完成后 50 年内未发表的,不再享有著作权。

著作权的地域性主要表现在各国保护著作权是独立的,除非有国际公约,否则另一国不会自动保护他国公民的作品。

5.2 著作权的内容

著作权的内容是指著作权具体包括哪些权利。著作权法规定,著作权包括人身权(又称精神权利)和财产权(又称经济权利)两部分。

5.2.1 人身权

人身权内容包括发表权、署名权、修改权及保护作品完整权。

1. 人身权的基本概念

著作权法中的人身权不同于民法概念上的人身权。这种权利是与作者的身份密不可分的。从人身权的起源看,18 世纪末,在资产阶级天赋人权思想的影响下,德国著名哲学家康德等人提出了作品是人格权、人身权的一种延伸权利的观点,这一观点被大陆法系的国家立法所采用,主张保护作者的人身权。

纵观各国的立法,著作权的人身权大致包括:发表权、署名权、修改权、保护作品完整权、收回已发表的作品权等。

对于人身权的保护,大陆法系与英美法系国家的立法对其采取完全不同的立场。大陆法系的国家都主张承认和保护作者的人身权,例如德国著作权法一开始便有保护作者人身权的条款,并规定人身权不得转让。英美法系的国家开始都不承认作者的人身权,后来才将此内容列入著作权法。

2. 人身权的基本内容

(1)发表权,是指决定作品是否公之于众的权利。这里包含两层意思:一是决定发表,二是决定不发表。具体包括何时发表、以什么形式发表(如以书籍形式、连载形式、广播形式等)、在何地发表。发表的作品应当是尚未公开的作品原件或复制件,如果说作品已经出版或展览过,便不再有发表的问题。什么是公之于众呢?公之于众主要是指在公众场合向不特定的多数人宣讲或展览,被多数人所知。如果说作品只是在作者的朋友之间传阅,则不算是发表。

在绝大多数情况下,发表权是与使用权相结合的,作者发表作品也就是使用作品。而且,作者在转让未发表作品的财产权时,也常常伴随着发表权的转移。

作品的发表具有重要的意义,它表明了作品发表的时间、地点,对于适用著作权保护期限的规定具有重要作用。

对于发表权,世界各国对此规定不一,许多国家并不承认发表权,因为对于作者死后尚未发表的作品,权利继承人无论发表还是不发表,都可能违背作者的意愿。在《保护文学和艺术作品伯尔尼公约》中,也没有保护发表权的条款。

(2)署名权,即表明作者身份、在作品上署名的权利。通过署名可以对作者的身份予以确认。我国著作权法第 12 条规定："在作品上署名的自然人、法人或者非法人组织为作者,且该作品上存在相应权利,但有相反证明的除外。"署名权是著作权的核心,有了署名权,著作权的权利主体才能确认。

一般来讲,作者的署名权是不能转移的,无论作品以什么方式使用或者作品的其他权利以什么方式转移,署名权是不能变更的。关于署名权,有三个问题值得注意。

第一,著作权法第 19 条对关于委托作品的著作权归属问题做出规定:"受委托创作的作品,著作权的归属由委托人和受托人通过合同约定。合同未做明确约定或者没有订立合同的,著作权属于受托人。"这时作为受托方的作者有无署名权?法律没有做出特别规定,只能认为受托方无署名权,而由委托方署名。在这里,作品的署名者就不是作者,这也是著作权法第 12 条规定的"相反证明"的一种情况。

第二,署假名和不署名。署假名多数是署笔名,这一点在文学作品中是比较常见的。这样对作者身份权的确认带来了一定难度,在有些国家如日本、德国等实行了作者身份注册制度,否则,在发生纠纷时,不利于法庭取证。

第三,署他人名字。有些作者出于种种原因,将自己创作的作品署上他人(一般为名人或者有一定情感关系的他人)的名字发表。这一点则不属于行使作者的署名权,而是对他人姓名权的一种侵害或者是使用。

(3)修改权和保护作品完整权。修改权和保护作品的完整权实质上是一个事物的两个方面。一方面,作者有权修改作品,另一方面,有权禁止他人篡改、歪曲作品。

修改权是指修改或者授权他人修改作品的权利。著作权法第 36 条规定:"图书出版者经作者许可,可以对作品修改、删节。"该条第 2 款又规定,"报社、期刊社可以对作品作文字性修改、删节。对内容的修改,应当经作者许可。"这实际上规定的是作者授权他人修改作品的情况。图书由于体现的思想内容比较复杂,作者以外的其他人难以吃透其意图,因此不能随便修改,以免歪曲作品。对于报纸、期刊所刊文章的文字性修改可以不征得原作者的同意,因为报纸、期刊受版面大小的限制,对一些作品作适当的修改和调整是允许的,但不能涉及内容的改动。

修改权中一个比较难的问题是对已售出的美术作品的修改问题。作者要想修改已售出的画,必须征得画的所有人的同意,事实上,作者的修改权已随着作品的转移而受到了限制,因为买者购买作品时看中的就是原作品。

保护作品完整权是指保护作品不受歪曲、篡改的权利。与上述权利有所不同,上述权利作者可以直接行使,而保护作品完整权则须依靠司法机关予以保护。

5.2.2 财产权

1. 财产权的基本概念

根据著作权法的规定,著作权的财产权是指著作权人通过复制、发行、出租、展览、表演、放映、广播、信息网络传播、摄制、改编、翻译或者汇编等方式使用作品,并由此获得报酬的权利,以及许可他人以上述方式使用作品,并由此获得报酬的权利。

2. 财产权的基本内容

(1)复制权。复制是指以印刷、复印、拓印、录音、录像、翻录、翻拍、数字化等方式将作品制作一份或者多份的行为。复制权就是著作权所有人决定实施或不实施上述复制行为,或者禁止他人复制其受保护作品的权利,是著作权财产权中最重要、最基本和最普遍的权利。

复制的特点是复制的作品与原作品相比在内容和形式上没有任何变化。这里所讲的形式没变化指的是作品的表现形式没变化,例如同为小说或同为诗歌等,而不是指作品载体的形式没变化,比如同一部小说印成 32 开本是复制,印成 16 开本也是复制,在报刊上连载也属复制。对于复制手段可以是手工的,也可以是机器的。

根据《伯尔尼公约》的有关规定,复制包括从平面到立体的复制。不过,我国著作权法并没有明确规定从平面到立体或者从立体到平面的复制。1991 年施行的著作权法第 52 条第 2 款规定:“按照工程设计、产品设计图纸及其说明进行施工、生产工业品,不属于本法所称的复制。”但 2001 年著作权法修正时删除了这一条款。因此,这仍是一个有争议的问题。

(2)发行权,是指以出售或者赠与方式向公众提供作品的原件或者复制件的权利。发行是传播作品和实现著作权人经济权利的重要渠道,只有通过发行,才能使公众接受。复制和发行相结合就是出版。出版权由著作权人享有,可授权他人进行出版,因此发行权也自然成为著作权人的一项经济权利。发行权可以是有偿的,也可以是无偿的,但要体现发行的公众性,亦即不是向某一个或几个特定的人提供作品,而是向不特定多数人或者公众提供作品。

(3)出租权,是指有偿许可他人临时使用视听作品、计算机软件的原件或者复制件的权利。出租权是著作权法第一次修正后单列出来的一项权利,此前是《中华人民共和国著作权法实施条例》将其规定为发行的方式之一。出租权的客体仅限于视听作品、计算机软件。而且,当计算机软件随着其他设备一起出租,而软件不是出租的主要标的时,软件著作权人不能主张出租权。著作权人可以自己行使出租权,也可以授权他人行使出租权。不过,更多时候,著作权人会授权著作权集体管理机构行使其出租权。

(4)展览权,是指公开陈列美术作品、摄影作品的原件或者复制件的权利。能够展览的作品一般限于美术作品和摄影作品,因为这两类作品都是一种视觉作品,用其他的传播方式其作品内容不易被人们所了解,展览则是一条最佳的渠道。

关于展出地点,可以在展览馆,也可在其他公共场所,如大街、商店的橱窗。展览应该体现公共性特点。展览可以是营利性的,也可以是非营利性的。

对于人物摄影问题,摄影师(即作者)对所摄的人物肖像有无展览权呢?这个问题法律未做明文规定,根据法律精神理解,肖像权是民法中规定的人身权,也是人身的基本权利,不允许以任何方式侵犯肖像权。因此,应当遵从人身权的法律保护,所以展览权应归被摄人物所有。如果摄影者要对自己的肖像作品展出,最好通过合同的方式取得被摄影人的同意。

对于美术作品原件转移后的展览权,著作权法第 20 条规定:“作品原件所有权的转移,不改变作品著作权的归属,但美术、摄影作品原件的展览权由原件所有人享有。”它随作品原件的转移而转移,不再由原著作权人享有,而由作品原件的所有人行使,但该作品的著作权并不随之转移。

(5)表演权,即公开表演作品,以及用各种手段公开播送作品的表演的权利。表演可以分为人体表演和机械表演。前者指通过人体的形体、动作直接演示作品;后者指借助机械设备来重复再现对某些作品的表演行为,例如通过录音、录像等设备播放视听作品。

表演权的内容包括著作权人自己公开表演自己的作品,授权他人公开表演其作品,禁止他人未经同意公开表演其作品,以及控制公开播送其作品的表演的权利。

对于表演权,由于演出次数的不确定性,若每次须征得作者同意,势必造成较大的社会管理成本。我国著作权法对其进行了限制,规定若使用他人未发表的作品,需要征得著作权人的同意,这是由著作权的发表权决定的;如果使用他人已经发表的作品,就无须征得著作权人的同意,但著作权人声明不准使用的除外。而且,上述两种使用方式中,使用人使用作品必须是善意的,不能歪曲作品,不能用于某些不良目的,并应指明作品来源、向著作权人支付报酬。

(6)放映权,指通过放映机、幻灯机等技术设备,公开再现美术、摄影、视听作品等的权利。这是著作权法第一次修正后新增的一种权利,不过,从理论上讲,它与上述表演权中的机械表演权存在着法律保护上的竞合关系。

(7)广播权,指以有线或者无线方式公开传播或者转播作品,以及通过扩音器或者其他传送符号、声音、图像的类似工具向公众传播广播的作品的权利。广播权的行使在技术上得通过电台、电视台进行,而且,广播行为受到国家行政法规和部门规章的规范,因此,常常存在授权广播的事实。

(8)信息网络传播权,指以有线或者无线方式向公众提供,使公众可以在其选定的时间和地点获得作品的权利。因为信息网络的发展,这也是著作权法第一次修正时增加的一项权利。在此之前,对将他人作品上传网络的行为,法院多通过将其认定为非法复制(也即扩大解释复制权)来保护著作权人。不过,复制难以恰当全面地反映出网络中作品传播的动态特征,因此,著作权法修正时以立法的方式将其独立出来。

(9)摄制权,指以摄制视听作品的方法将作品固定在载体上的权利。摄制权可以自己行使,也可以授权他人行使。不过,授权他人行使摄制权的情况为多,因为著作权人欲将其作品摄制成视听作品时,迫于视听作品是一种典型的复合作品因而无法单独完成的事实,往往必须求助于制片人。正因为这样,摄制权又被称为"制片权"。

(10)改编权,是指改变作品,创作出具有独创性的新作品的权利。作品由一种形式转变为另一种形式比较好理解,对于形式变化不大的,如长篇小说变为短篇小说的改编,就不易分清。改编必须包含改编者的创造性劳动,这种创造性劳动在于在表现形式上应有所创新或改动,而不是重复原作品内容。改编后形成的作品构成"演绎作品"。改编权可以自己行使,也可以允许他人行使。作品之所以要改编就是为了适应不同传播手段的要求。

(11)翻译权,指将作品从一种语言文字转换成另一种语言文字的权利。除作者自己翻译外,他人也可翻译,但须征得原作者同意。关于翻译,有两种无须征得原作者同意的例外情况:一是外国人的作品在政府颁布强制许可证的情况下,可不经外国作者的同意。二是著作权法第24条第11项规定的"将中国公民、法人或者非法人组织已经发表的以国家通用语言文字创作的作品翻译成少数民族语言文字作品在国内出版发行",视为合理使用。这是为了向少数民族传播文化,提高民族之间的文化交流和扩散,因此,无须征得原作者的同意,也不需向其支付报酬,但仅限于国内发行。

(12)汇编权,指将作品或者作品的片段通过选择或者编排,汇集成新作品的权利。汇编权的行使,如果在材料的选择和编排上具有独创性,则形成汇编作品。

除了上述列举的12种权利外,为避免立法的滞后,著作权法还规定了一个一般性的条款,即"应当由著作权人享有的其他权利"。对这些财产权利,著作权人可以许可他人行使也可以全部或者部分转让,并依照约定或者著作权法的有关规定获得报酬。还有,并非每种作品上,著作权人都享有上述所有的财产权利。例如,由于出租对象仅限于电影作品和以类似摄制电影的方法创作的作品、计算机软件,因此,其他作品的著作权人不能行使出租权。

此外,一些国家还规定了其他权利。例如,法国、德国、意大利等十几个国家规定了追续权。它一般是指美术(包括艺术)作品售出后,如果购买人又转售给他人并获得了高于购买时支付的金额,则作品的原作者有权要求分取这个金额中的一定比例。无论作品转卖几次,只要售价比购买价高,原作者就有权分取其中的一部分。又如,德国著作权法还规定了接触权。它指的是作者为复制或改编其作品时,有必要并且在不妨碍拥有者的合法权益的条件下,可以向作品的拥有者要求接触作品的权利,如对他人手中保存的手稿、美术作品,原作者有接触权。我国著作权的内容中尚不包括追续权和接触权。

5.3 著作权保护的客体

5.3.1 著作权法客体的含义

著作权的客体是指著作权保护的对象,即什么样的作品受著作权法的保护。"作品"是人们在日常生活中经常使用的词汇,人们常把自己创造出来的各种各样的东西称为"作品",大到精心策划的企业营销策略,小到一件衣服式样的剪裁、设计和改进等。但是,这些并不一定是著作权法所保护的作品。根据《中华人民共和国著作权法实施条例》的规定,著作权法中所称的作品,是指文学、艺术和科学领域内具有独创性并能以某种有形形式复制的智力成果。

5.3.2 著作权法客体的内容

从我国著作权法来看,著作权的客体主要有:

(1)文字作品;

(2)口述作品;

(3)音乐、戏剧、曲艺、舞蹈、杂技艺术作品;

(4)美术、建筑作品;

(5)摄影作品;

(6)视听作品;

(7)工程设计图、产品设计图、地图、示意图等图形作品和模型作品;

(8)计算机软件;

(9)符合作品特征的其他智力成果。

其中关于"杂技艺术作品""建筑作品""模型作品"的规定,是 2001 年著作权法第一次修正时增加的,并在 2010 年将原著作权法规定的"电影、电视、录像作品"改为"电影作品和类似摄制电影的方法创作的作品",2020 年又再一次改为"视听作品"。

5.3.3 著作权法客体的特征

对于《中华人民共和国著作权法实施条例》中所称的作品,应该从以下几个方面把握,才能全面深刻地理解什么是作品,从而将著作权法意义上的"作品"与其他意义上使用的"作品"加以区别。

(1)"作品"应该限于文学、艺术和科学领域内的智力创作成果。技术成果不属于"作品",

而是由《中华人民共和国专利法》等法律予以保护。非智力创作成果,比如按照菜谱、食谱加工制作出来的菜肴和食品等,也不是"作品"。

(2)"作品"应当有一定的内容。作者在作品中要表达一定的思想和情感,如果不是表达了一定的思想和情感,而仅仅是无规则、无意识地信手涂鸦、胡写乱画、勾勾抹抹,就很难被称为"作品"。

(3)"作品"应当有一定的客观表现形式。文学、艺术和科学领域内的智力创作成果,必须以语言文字、绘画、摄影、音乐、舞蹈等客观形式表现出来,才能被称为"作品"。不同的表现形式产生不同的作品,比如文字作品、音乐作品、摄影作品、杂技艺术作品等,都是根据不同的表现形式对作品所做的分类。如果作品的内容只是存在于作者的头脑里,没有通过一定的方式表现出来,他人无法接近和获得作品的内容,便不能被称为"作品"。

(4)"作品"必须要具有独创性。也就是说,作品必须是作者通过自己独立的智力创造劳动所获得的成果,而不是抄袭、剽窃、篡改他人的成果得来的。

但对于作品独创性的要求并不是针对作品的内容,而主要是针对作品的表现形式,要求作品是作者独立构思创作完成的。例如,某人将他人的小说改编成电影文学剧本,即使剧本和小说的内容完全相同,但是由于剧本和小说的表现形式不同,剧本的作者仍然对剧本享有著作权。

再者,不同的作者就相同的题材进行创作,比如,三位作者都对清朝的乾隆皇帝感兴趣,都动笔创作关于乾隆皇帝的历史小说,而中国历史上记载的乾隆皇帝却只有一个,据以撰写的有关历史资料也相差无几,三位作者写出来的三部小说的内容肯定有雷同之处,但只要是作者独立创作完成的,那么,他们三位作者分别就其创作的小说各自享有著作权。

虽然作品必须以一定的客观形式表现出来,即需要一定的载体,比如绘画作品需要画布、纸张,摄影作品需要胶片,但是,"作品的载体"与"作品"是不同的,必须将二者区分开来。理解这个问题的最好的例子是,美术作品的创作者将美术作品的原件出售给他人后,仍然享有对该美术作品的著作权,而购买者仅享有对美术作品原件这一"物"的所有权。购买者不能因为购买行为而成为美术作品的著作权人,更不能因为购买了某幅画作而自称是该画作的作者,也不能在保护期内未经许可地将该画以营利为目的复制、发行。

(5)"作品"应当具有相对的完整性。作者只有通过相对完整的作品,才能表达一定的思想、观点,抒发某种情感。如果只是写上一个孤零零的词语、字母、数字,或者是画出一个简单的线条、三角、圆圈等符号,则很难被认为是一个完整的"作品"。比如一篇小说,应当有开头,有结尾,有时间、地点、人物、事件等要素,有故事的发生、发展过程和前因后果等,让读者阅读该作品以后,能够了解作者在其作品中想表达什么,或者作者希望通过作品肯定什么、否定什么、歌颂什么、谴责什么等。

(6)"作品"必须可以被复制。《中华人民共和国著作权法实施条例》就强调了这一点。著作权作为知识产权的基本类型之一,其权利的客体是精神产品,即作品。作品必须以特定的形式表现出来,这种形式应当能够复制,如果作品不能被复制,只是作者的思想而没有一定的表现形式,人们看不见、摸不着,更不能复制,也无法将作品向社会公众传播,作者就不能通过使用或者许可他人使用作品实现经济价值和社会价值,因而也就不属于受著作权法保护范围之内的"作品"。

5.3.4 不受著作权法保护的对象

著作权法第 5 条规定,下列对象,不受著作权法的保护:

(1)法律、法规,国家机关的决议、决定、命令和其他具有立法、行政、司法性质的文件,及其官方正式译文;

(2)单纯事实消息;

(3)历法、通用数表、通用表格和公式。

对于"依法禁止出版、传播的作品"是否不受著作权法保护的问题,在 2010 年著作权法修改之前是明确的,其第 4 条规定:"依法禁止出版、传播的作品,不受本法保护。"2010 年修改时,第 4 条删除了这一款,除继续明确"著作权人行使著作权,不得违反宪法和法律,不得损害公共利益"外,还另行明确了"国家对作品的出版、传播依法进行监督管理",其目的当在进一步强化著作权的民事权利性质。

5.4 著作权的主体

著作权主体,或者称著作权人,是指依法对文学、艺术和科学作品享有著作权的人。根据著作权法第 9 条的规定,著作权人包括作者和其他依照著作权法享有著作权的自然人、法人或者非法人组织。在一定条件下,国家也可能成为著作权主体。

5.4.1 著作权的原始主体

原始主体是作品的创作者,其享有作品的人身权和著作财产权。一般情况下,著作权的原始主体为作者,但在特殊情况下,作者以外的自然人或组织也可能成为著作权的原始主体,如职务作品、委托作品中的雇主、出资人等。

(1)作者首先是自然人。著作权法第 11 条第 2 款规定,创作作品的自然人是作者。一般而言,在作品上署名的便被认定为作者。作者通过创作活动,产生了著作权法规定的作品。著作权属于作者,体现了著作权归属的一般原则。

(2)法人或者非法人组织在特定条件下也视为作者。尽管法人或者非法人组织不能亲自创作作品,也不是作品的事实作者,但是当法人或者非法人组织的成员在本单位主持下依照本单位的意志而创作出了作品,并由本单位承担责任时,法人或者非法人组织可视为作者。著作权法第 11 条第 3 款规定:由法人或者非法人组织主持,代表法人或者非法人组织意志创作,并由法人或者非法人组织承担责任的作品,法人或者非法人组织视为作者。

5.4.2 著作权的继受主体——其他著作权人

继受主体是指通过受让、继承、受赠或法律规定的其他方式,取得全部或一部分著作权的人。能够成为著作权继受主体的主要有:

(1)作者的继承人。著作权属公民享有的,公民死后,依我国继承法规定,著作权中的财产权利依照继承法的规定由其继承人继承,包括作品的使用权、许可使用权和获得报酬权。

(2)受遗赠人。当国家、集体或法定继承人以外的其他公民,接受作者遗赠取得著作权中的使用权和获得报酬权时,即成为著作权法律关系的主体。

（3）根据遗赠扶养协议享有著作权的人。公民或集体所有制组织根据遗赠扶养协议而成为死者著作权中的财产权利的受赠人时，也取得著作权人的资格。

（4）因合同而取得著作权。这里主要有两种情况：第一，依委托合同取得著作权。著作权法第 19 条规定："受委托创作的作品，著作权的归属由委托人和受托人通过合同约定。合同未作明确约定或者没有订立合同的，著作权属于受托人。"如合同约定著作权由委托人享有，委托人即成为作者之外的"其他著作权人"。第二，著作权的转让。著作权人可以将其享有的著作权中的财产权利的全部或部分转让给他人，著作财产权的受让人也是著作权的主体。

（5）著作权的特殊主体——国家。国家可成为著作权法律关系的特殊权利主体。一般有下列情况时，国家成为著作权法律关系主体：第一，购买著作权；第二，接受赠送；第三，法人或非法人组织变更、终止后没有其权利义务的承受人的，其著作权中的财产权利由国家享有。著作权法第 21 条第 2 款规定：著作权属于法人或者非法人组织的，法人或者非法人组织变更、终止后，其在保护期内享有的相关权利（指财产权利，即著作权法的第 10 条第 1 款第 5 项至第 17 项规定的权利），由承受其权利义务的法人或者非法人组织享有；没有承受其权利义务的法人或者非法人组织的，由国家享有。但当著作权人是公民时，在其死后既无赠与又无合同约定且无法定继承人时，其著作权原则上由原件所有人享有，但如果没有或不能确定所有权人时，是否自动归于国家所有的问题，目前虽无明文规定，但可以按照无主财产的方式归于国家。

5.5 著作权的取得和归属

5.5.1 著作权的取得

根据著作权法的有关规定，著作权的取得主要有如下几种情况：

（1）自动取得。根据著作权法第 2 条规定："中国公民、法人或者非法人组织的作品，不论是否发表，依照本法享有著作权。"

（2）根据《伯尔尼公约》获得。外国人、无国籍人的作品，首次在中国境内出版的，依著作权法享有著作权。

（3）依相关国际条约执行。外国人、无国籍人的作品在境外发表，依双方签署或参加的国际条约执行。

5.5.2 特殊作品著作权的归属

1. 演绎作品著作权的归属

演绎作品是指改编、翻译、注释、整理已有作品而产生的作品。著作权法第 13 条规定："改编、翻译、注释、整理已有作品而产生的作品，其著作权由改编、翻译、注释、整理人享有，但行使著作权时不得侵犯原作品的著作权。"确定演绎作品著作权归属应注意以下问题：

（1）"不得侵犯原作品的著作权"，既包括在演绎作品中必须表明原作的名称和作者姓名，也包括在演绎时必须征得原著作权人的同意。

（2）原始作品被演绎的报酬权只能向演绎作品的使用者主张，而不能要求演绎作品的作者支付。

2. 合作作品著作权的归属

著作权法第 14 条规定："两人以上合作创作的作品,著作权由合作作者共同享有。没有参加创作的人,不能成为合作作者。……合作作品可以分割使用的,作者对各自创作的部分可以单独享有著作权,但行使著作权时不得侵犯合作作品整体的著作权。"即合作作品存在整体著作权与独立著作权的问题。整体著作权由合作作者共同享有,合作作品中可以分割使用的,可以分割部分的作者对该部分单独享有著作权,但行使著作权时不得侵犯合作作品的整体著作权。

合作作品之共同享有包括按份共有和共同共有。著作权人按照各自创作的那一部分作品所应得的权利份额,分享权利和承担义务,即按份共有。著作权按份共有的每个共有人,都有权将自己的财产份额转让,但在转让时,其他按份共有人在同等条件下有优先购买的权利。共同共有著作权,即共有的著作权人不划分各自对著作权所占有的份额,共同对合作作品享有权利和承担义务。共同共有的著作权人在分割财产权利时,一般是平均分配。

考虑到合作作品的特殊性和其他权利的合法使用,2020 年 11 月 11 日修正后的著作权法在第 14 条中间增加了一款,即:"合作作品的著作权由合作作者通过协商一致行使;不能协商一致,又无正当理由的,任何一方不得阻止他方行使除转让、许可他人专有使用、出质以外的其他权利,但是所得收益应当合理分配给所有合作作者。"

3. 汇编作品著作权的归属

汇编作品是对若干单独的作品或其他材料进行选择、汇编而形成的作品,如选集、期刊、报刊、百科全书等。根据著作权法第 15 条的规定,汇编作品著作权的归属及行使应遵守以下规则:

(1)汇编作品由汇编人享有著作权。汇编人可以是自然人,也可以是法人或非法人组织。由法人或非法人组织组织人员进行创作,提供资金或资料等创作条件,并承担责任的百科全书、辞书、教材、大型摄影画册等汇编作品,其整体著作权归法人或非法人组织所有。

(2)汇编人行使著作权时,不得侵犯原作品的著作权。即汇编人进行汇编创作时,如涉及的是著作权作品,必须经原作品著作权人的同意,并向其支付报酬。

(3)汇编作品中可以单独使用的作品的作者有权单独行使其著作权。因此,汇编作品作为一个整体,其著作权归汇编人享有,但其中可以独立存在、单独使用的作品,其著作权由该作品的作者享有。

4. 视听作品著作权的归属

著作权法第 17 条规定:"视听作品中的电影作品、电视剧作品的著作权由制作者享有,但编剧、导演、摄影、作词、作曲等作者享有署名权,并有权按照与制作者签订的合同获得报酬。前款规定以外的视听作品的著作权归属由当事人约定;没有约定或者约定不明确的,由制作者享有,但作者享有署名权和获得报酬的权利。视听作品中的剧本、音乐等可以单独使用的作品的作者有权单独行使其著作权。"

依一般原理,视听作品的著作权属于作者,但是视听作品的作者众多,有导演、编剧、作词者、作曲者、摄影等,并且除去音乐、剧本或美术作品外,大多数作者的创作不可分割地融进同一表现形式中,因而这些作者无法单独行使著作权。我国著作权法规定了法定分享转让制,即由导演、编剧、作词者、作曲者等作者将其著作权保留署名权,其他权利转归制作者享有。

当然,视听作品中的剧本、音乐等可以单独使用的作品的作者有权单独行使其著作权。

5. 职务作品著作权的归属

所谓职务作品,是公民为完成法人或者非法人组织工作任务所创作的作品。职务作品的作者与所在单位之间存在劳动法律关系,因此,职务作品与公民所担任的职务紧密地联系在一起,它是法人或者非法人组织安排其雇员或工作人员履行职责和任务而创造的成果。

著作权法第18条对职务作品的权利归属做了明确规定,即:除依著作权法第18条第2款的规定以外,著作权由作者享有,但法人或者非法人组织有权在其业务范围内优先使用。作品完成两年内,未经单位同意,作者不得许可第三人以与单位使用的相同方式使用该作品。如果在作品完成两年内,单位在其业务内不使用,作者可以要求单位同意其许可第三人使用,使用方式不受限制,单位如无正当理由不得拒绝。作品完成后两年内,经单位同意,作者可以许可他人以与本单位相同的方式使用该作品,其所获报酬,由作者与单位按约定的比例进行分配。作品完成两年的期限,自作者向单位交付作品之日起计算。著作权法第18条第2款规定:

> 有下列情形之一的职务作品,作者享有署名权,著作权的其他权利由法人或者非法人组织享有,法人或者非法人组织可以给予作者奖励:
>
> (一)主要是利用法人或者非法人组织的物质技术条件创作,并由法人或者非法人组织承担责任的工程设计图、产品设计图、地图、示意图、计算机软件等职务作品;
>
> (二)报社、期刊社、通讯社、广播电台、电视台的工作人员创作的职务作品[①];
>
> (三)法律、行政法规规定或者合同约定著作权由法人或者非法人组织享有的职务作品。

认定这类职务作品,应当注意:第一,从事创作的物质技术条件主要是由法人或者非法人组织提供的。根据《中华人民共和国著作权法实施条例》第11条第2款的规定,这里的"物质技术条件",是指该法人或者该组织为公民完成创作专门提供的资金、设备或者资料。第二,上述作品的责任(应包括各种风险和法律责任)由法人或其他组织承担。

6. 委托作品著作权的归属

委托作品,是指受托人(作者)依据委托人的委托,由受委托人按照委托人的意志和具体要求而创作的特定作品。著作权法第19条规定:"受委托创作的作品,著作权的归属由委托人和受托人通过合同约定。合同未作明确约定或者没有订立合同的,著作权属于受托人。"

7. 美术作品著作权的归属

对于美术作品著作权的权利归属,著作权法第20条规定:"作品原件所有权的转移,不改变作品著作权的归属,但美术、摄影作品原件的展览权由原件所有人享有。作者将未发表的美术、摄影作品的原件所有权转让给他人,受让人展览该原件不构成对作者发表权的侵犯。"由于著作权中的财产权包括展览权,美术作品的原件所有权转移后,其展览权应归谁所有?对此,应从实际出发,并遵守国际惯例,著作权法上述所规定的美术作品原件的展览权由原件所有人享有,即指公开展出的权利归原件所有人享有,也就是说,取得作品原件的人虽然不享有作品的全部著作权,但享有其中的展览权。

---

① 本项是2020年11月11日修正时新增加的。

8.匿名作品著作权的归属

匿名作品,或称作者身份不明的作品,是指作者隐去姓名,其中包括不具名或不写明其真实姓名的作品。我国著作权法对匿名作品同其他作品一样实行保护。《中华人民共和国著作权法实施条例》第13条规定:"作者身份不明的作品,由作品原件的所有人行使除署名权以外的著作权。作者身份确定后,由作者或者其继承人行使著作权。"

5.5.3 著作权登记

根据《伯尔尼公约》和我国著作权法的规定,著作权自作品创作完成之日起自动产生。但是,由于著作权属于无形产权,在实践中通常会出现权利状况难以判断、不够清晰的问题,不利于权利人保护和行使权利。如果没有一套与自动保护原则相匹配的登记制度,会增加权利交易使用成本,也会使权利人在遇到纠纷时付出较高的代价。为有效解决这个问题,目前世界上有100多个国家和地区建立了著作权登记制度。

著作权登记工作是著作权公共服务体系的重要组成部分,对维护著作权人合法权益、保障著作权交易安全、促进著作权有效运用、推动作品的创作与传播、促进著作权产业发展都发挥着重要作用。著作权法第12条第2款规定:"作者等著作权人可以向国家著作权主管部门认定的登记机构办理作品登记。"

(1)著作权登记是著作权人的自愿行为,法律没有强制性要求。1994年12月31日国家版权局发布了《作品自愿登记试行办法》(以下简称《试行办法》),并于1995年1月1日起施行。该《试行办法》第2条明确:"作品实行自愿登记。作品不论是否登记,作者或其他著作权人依法取得的著作权不受影响。"

(2)著作权登记是取得诉权的前提,但不是确权的依据。由于著作权是自动产生的,不需要经过如专利权、商标权那样的行政申请,因此,一旦发生权利纠纷,往往法院在受理过程中不易判定。为此,《试行办法》第1条就规定:"为维护作者或其他著作权人和作品使用者的合法权益,有助于解决因著作权归属造成的著作权纠纷,并为解决著作权纠纷提供初步证据,特制定本办法。"实践中,如果发生多个主体就同一客体都登记了著作权的情况,则由法院对当事人的权属予以认定。

(3)登记的著作权具有相应的效力。对登记的转让行为、专门授权行为,具有对抗第三方的效力。除非另有证据予以否定。

多年来,国家版权局不断加强著作权登记工作,2002年2月20日国家版权局又发布了《计算机软件著作权登记办法》,在全国范围内统一了作品登记程序、作品登记证书格式内容、建立了全国作品登记信息数据库。据统计,2013年我国著作权登记总量首次突破百万件,全国作品登记、计算机软件著作权登记、著作权质权登记都有较大幅度增长。

5.6 著作权的保护期限和权利限制

5.6.1 著作权的保护期限

根据《中华人民共和国著作权法实施条例》第6条之规定,著作权自作品创作完成之日起产生。作品的保护期如下:

（1）自然人的作品，其发表权和著作权法第 10 条第 1 款第 5 项至第 17 项规定的权利的保护期为作者终生及其死亡后五十年，截止于作者死亡后第五十年的 12 月 31 日。

（2）自然人的合作作品，截止于最后死亡的作者死亡后第五十年的 12 月 31 日。

（3）法人或者非法人组织的作品、著作权（署名权除外）由法人或者非法人组织享有的职务作品，其发表权的保护期为五十年，截止于作品创作完成后第五十年的 12 月 31 日；著作权法第 10 条第 1 款第 5 项至第 17 项规定的权利的保护期为五十年，截止于作品首次发表后第五十年的 12 月 31 日，但作品自创作完成后五十年内未发表的，本法不再保护。

（4）视听作品，其发表权的保护期为五十年，截止于作品创作完成后第五十年的 12 月 31 日；著作权法第 10 条第 1 款第 5 项至第 17 项规定的权利的保护期为五十年，截止于作品首次发表后第五十年的 12 月 31 日，但作品自创作完成后五十年内未发表的，本法不再保护。

（5）作者身份不明的作品，著作权法第 10 条第 1 款第 5 项至第 17 项规定的权利的保护期截止于作品首次发表后第五十年的 12 月 31 日。作者身份确定后，适用著作权法第 23 条[①]的规定。

5.6.2　著作权的权利限制

对著作权的权利限制主要可以分为：合理使用、为教育目的的法定许可使用、法定许可使用。

1.合理使用

著作权人享有作品的独占性，但这种独占性又受到一定的限制，著作权法第 24 条就明确规定：

在下列情况下使用作品，可以不经著作权人许可，不向其支付报酬，但应当指明作者姓名或者名称、作品名称，并且不得影响该作品的正常使用，也不得不合理地损害著作权人的合法权益：

（一）为个人学习、研究或者欣赏，使用他人已经发表的作品；

（二）为介绍、评论某一作品或者说明某一问题，在作品中适当引用他人已经发表的作品；

（三）为报道新闻，在报纸、期刊、广播电台、电视台等媒体中不可避免地再现或者引用已经发表的作品；

（四）报纸、期刊、广播电台、电视台等媒体刊登或者播放其他报纸、期刊、广播电台、电视台等媒体已经发表的关于政治、经济、宗教问题的时事性文章，但著作权人声明不许刊登、播放的除外；

（五）报纸、期刊、广播电台、电视台等媒体刊登或者播放在公众集会上发表的讲话，但作者声明不许刊登、播放的除外；

（六）为学校课堂教学或者科学研究，翻译、改编、汇编、播放或者少量复制已经发表的作品，供教学或者科研人员使用，但不得出版发行；

（七）国家机关为执行公务在合理范围内使用已经发表的作品；

（八）图书馆、档案馆、纪念馆、博物馆、美术馆、文化馆等为陈列或者保存版本的需要，

---

① 目前实施的《中华人民共和国著作权法实施条例》为 2013 年 1 月 31 日修订，其（第 18 条）原文为"适用著作权法第二十一条的规定"。2020 年 11 月，《中华人民共和国著作权法》第三次修正时，相应法条改为了第 23 条。

复制本馆收藏的作品;

（九）免费表演已经发表的作品，该表演未向公众收取费用，也未向表演者支付报酬，且不以营利为目的;

（十）对设置或者陈列在公共场所的艺术作品进行临摹、绘画、摄影、录像;

（十一）将中国公民、法人或者非法人组织已经发表的以国家通用语言文字创作的作品翻译成少数民族语言文字作品在国内出版发行;

（十二）以阅读障碍者能够感知的无障碍方式向其提供已经发表的作品。

（十三）法律、行政法规规定的其他情形。

前款规定适用于对与著作权有关的权利的限制。

2. 为教育目的的法定许可使用

著作权法第 25 条规定:

> 为实施义务教育和国家教育规划而编写出版教科书，可以不经著作权人许可，在教科书中汇编已经发表的作品片段或者短小的文字作品、音乐作品或者单幅的美术作品、摄影作品、图形作品，但应当按照规定向著作权人支付报酬，指明作者姓名或者名称、作品名称，并且不得侵犯著作权人依照本法享有的其他权利。

> 前款规定适用于对与著作权有关的权利的限制。

3. 法定许可使用

法定许可使用是指在法律规定之下，以营利为目的使用他人已发表的作品，可以不经过权利人同意，但使用后应按法定标准向权利人支付报酬的情形。法定许可使用的前提是权利人在首次出版发行时并未禁止他人使用。

（1）报刊转载、摘编后刊登。著作权法第 35 条第 2 款规定:"作品刊登后，除著作权人声明不得转载、摘编的外，其他报刊可以转载或者作为文摘、资料刊登，但应当按照规定向著作权人支付报酬。"

（2）转录录音作品。著作权法第 42 条第 2 款规定:"录音制作者使用他人已经合法录制为录音制品的音乐作品制作录音制品，可以不经著作权人许可，但应当按照规定支付报酬;著作权人声明不许使用的不得使用。"

（3）广播电台、电视台播放他人已发表的作品。著作权法第 46 条第 2 款规定:"广播电台、电视台播放他人已发表的作品，可以不经著作权人许可，但应当按照规定支付报酬。"

4. 可以避开技术措施的法定使用

为了有效保护著作权人的著作权和与著作权有关的权利，2020 年 11 月 11 日修改后的著作权法在第五章专列了"著作权和与著作权有关的权利的保护"一章，并明确规定著作权人可以采取技术措施，也就是指用于防止、限制未经权利人许可浏览、欣赏作品、表演、录音录像制品或者通过信息网络向公众提供作品、表演、录音录像制品的有效技术、装置或者部件。并要求:未经权利人许可，任何组织或者个人不得故意避开或者破坏技术措施，不得以避开或者破坏技术措施为目的制造、进口或者向公众提供有关装置或者部件，不得故意为他人避开或者破坏技术措施提供技术服务。但是，法律、行政法规规定可以避开的情形除外。

事实上，为了均衡合理使用，著作权法第 50 条也明确:

> 下列情形可以避开技术措施，但不得向他人提供避开技术措施的技术、装置或者部

件,不得侵犯权利人依法享有的其他权利:

（一）为学校课堂教学或者科学研究,提供少量已经发表的作品,供教学或者科研人员使用,而该作品无法通过正常途径获取;

（二）不以营利为目的,以阅读障碍者能够感知的无障碍方式向其提供已经发表的作品,而该作品无法通过正常途径获取;

（三）国家机关依照行政、监察、司法程序执行公务;

（四）对计算机及其系统或者网络的安全性能进行测试;

（五）进行加密研究或者计算机软件反向工程研究。

前款规定适用于对与著作权有关的权利的限制。

当然,除了上述合理避开技术措施的法定使用外,对于下列两种情况,未经权利人许可,著作权法第51条也是明确禁止的:

（一）故意删除或者改变作品、版式设计、表演、录音录像制品或者广播、电视上的权利管理信息,但由于技术上的原因无法避免的除外;

（二）知道或者应当知道作品、版式设计、表演、录音录像制品或者广播、电视上的权利管理信息未经许可被删除或者改变,仍然向公众提供。

5.7 著作权的侵权行为

5.7.1 著作权侵权行为的基本形式

侵权是指以故意或过失的不法行为侵害他人人身权或财产权的行为,也包括客观发生的侵害他人合法权益的行为。著作权中的侵权,包括侵犯著作权和与著作权相关的权利（邻接权）。侵权行为指不依法或未经著作权人授权而使用他人作品,侵犯著作权人和表演者、广播电视组织、书刊出版单位、音像出版单位的著作权和与著作权相关权利的行为。侵犯他人著作权的行为在日常生活中常表现为以下几种类型:

（1）抄袭,指抄袭他人的作品,并以自己的名义发表。抄袭又称剽窃,它与合理利用、适当引用往往只有一步之差。适当引用必须具备下列条件:①引用的目的仅限于介绍、评论某一作品或说明某一问题;②所引用的部分不能构成引用人作品的主要部分或实质部分;③不得损害被引用人作品著作权的利益。

（2）侵害署名权。未参加创作,却强行在他人作品上署名;或未经合作者同意,将集体创作或与他人合作创作的作品,以个人名义发表。

（3）侵害发表权。未经作者或作者合法继承人同意,发表作者未发表的作品。

（4）侵害作品完整权。未经作者同意,对作品进行实质性修改或做有损于作者声誉的修改。

（5）非法复制。即以营利为目的,采取翻印、翻录、翻拍、仿造等手段复制他人的作品或录音录像制品。这种行为在国际上被称为"海盗行为"。

（6）未经著作者授权或许可,以改编、编译、注释、整理等演绎方式使用作品。

（7）侵害表演者权益,包括未经允许现场转播其表演,或将表演者的表演制成音像制品;广播电台、电视台、音像制作者未表明表演者的身份,或歪曲表演形象。

(8)未按法律规定或合同约定向作者、表演者、广播电台、电视台、音像制作者等付酬。

我国著作权法从第51条到第61条,对不同的侵权行为,明确了应当根据具体情况,分别承担停止侵害、消除影响、赔礼道歉、赔偿损失、警告、没收违法所得、罚款、查封或者扣押、责令销毁等民事责任、行政责任,构成犯罪的,依法追究刑事责任。

5.7.2 著作权侵权行为之一——抄袭的法律判断

1.抄袭行为概述

抄袭自古有之,在鲁迅小说《孔乙己》中,"窃书不算偷"是孔乙己这位落魄穷酸秀才的一句口头禅。时至今日,"窃书不算偷"竟成了学术剽窃者行窃的"心理支撑"——"天下文章一大抄,看你抄得妙不妙!"因此,抄袭的现象屡屡发生。抄袭有两种情况:一是原封不动或者基本原封不动地复制他人作品的行为,甚至连笔误也一致的,被著作权执法领域称为低级抄袭,技术认定上比较容易。二是经改头换面后将他人受著作权保护的独创成分窃为己有的行为,被称为高级抄袭,认定难度也就相当大。

关于抄袭的原因,归纳起来是多方面的。一是浮躁。当前科技界"丢出一把米,马上就要鸡下蛋"的做法非常普遍,导致一些人练就一身"写的文章比读的文章还多"的神功,成果不多而浮夸现象却非常严重。诸如此类,对青年科技人员的影响非常大。二是部分科技工作者在不良社会环境面前不能洁身自好,自身科学精神失落和道德修养缺失。三是科研管理体制不够完善,缺乏合理的科学评估体系和办法,缺乏监督和制约机制,缺乏学术民主和学术争鸣的氛围,等等。

当然,还有一些原因是技术上的,就是很多人对合理引用与抄袭的法律、技术界限不是很清楚,从而导致抄袭行为发生,造成不良社会影响。

2.合理使用的概念

著作权法第24条第1款第2项规定,"为介绍、评论某一作品或者说明某一问题,在作品中适当引用他人已经发表的作品"属于合理使用的范畴。对于合理使用,著作者"可以不经著作权人许可,不向其支付报酬,但应当指明作者姓名或者名称、作品名称,并且不得影响该作品的正常使用,也不得不合理地损害著作权人的合法权益"。

参考他人作品和适当引用是法定许可的合理使用,属于合法的行为。著作权法之所以作这样的规定,是因为各种作品都是在继承前人的成就和相互学习、相互借鉴的基础上发展起来的。允许他人在适当的范围内使用本人的作品,这也是著作权人对公共利益、对社会所承担的一种义务。

3.不合理使用的形式

合理使用是合法行为,那么不合理使用是不是非法行为?不合理使用是否就可界定为抄袭呢?根据著作权法与《中华人民共和国著作权法实施条例》,抄袭是非法行为,抄袭只是不合理使用行为中的一种,抄袭以外的不合理使用行为并非为非法行为,应当正确区分。不合理使用的形式主要有以下几种。

(1)引用他人作品却不注明参考作品的名称和著作者姓名。根据著作权法第24条的规定,作者引用他人作品"可以不经著作权人许可,不向其支付报酬,但应当指明作者姓名或者名称、作品名称"。该条对于合理使用做出了善意的限制性的规定。在一些学术论文中,作者也许是出于怕麻烦的角度考虑,也许是疏忽,往往在论文的参考文献中不列明引用论文的名称及作者姓名,此为不合理使用的主要形式。

(2)过量使用他人的作品。在作品中究竟引用数量为多少才恰当,我国著作权法和《中华人民共和国著作权法实施条例》都未给出明确的界定。1985年文化部(现文化和旅游部)曾对合理引用量做了规定,该规定指出,引用他人作品不得超过原作品的1/10,被引用作品的量在自己创作的作品中不得超过1/10。在国外,有些国家规定了合理引用的数量,如美国规定:合理使用范围是引用他人作品不得超过10%且必须注明出处。

(3)当然也有一种观点认为,学术论文中有一种综述的论文形式,是对某些相关课题的研究进展进行综合性的归纳,这种文章本来就是科研人员在进行科研工作前的例行工作,从引用数量上看,一篇综述中引用多个他人的作品,其数量往往会在绝对值上超过10%,那么是否是合理使用的范畴呢?

对于综述类文章的作者来说,引用单个他人的作品一般不会超过10%,而多个他人作品的绝对数量有时会超过10%,这种情况如何界定,著作权法和《中华人民共和国著作权法实施条例》都未有明确解释,这时就要根据具体情况,特别是"引用是否构成其作品的主要部分"来进行分析。如果本人的引用主要是为了分析目前该领域的研究内容、研究方法、研究不足等,并通过归纳形成了自己对某一研究领域或研究问题的科学划分,其作品的主要智力贡献应该在分析和划分上,有利于其他相关研究人员较快地了解该领域的研究进展和脉络,以节省大量的阅读时间,也就是说引用并不构成其作品的主要部分,这时,就不宜简单认定为不合理使用;但如果只是简单的汇总,缺少或没有自己对相关研究的分析见解或讨论观点,从而使他人的研究方法、研究结论、研究过程构成了自己作品的主要智力贡献或研究成果时,即使进行了明确的来源标注,应当还是属于引用中的不合理使用。

4. 抄袭的概念

著作权法所称"抄袭""剽窃"是同一概念,是指将他人作品或者作品的片段窃为己有。抄袭侵权与其他侵权行为一样,需具备四个要件:①行为具有违法性;②有损害的客观事实存在;③和损害事实有因果关系;④行为人有过错(故意或过失)。

由于抄袭物需发表才产生侵权后果,即有损害的客观事实,所以通常在认定抄袭时都指已经发表的抄袭物。因此,更准确地说,抄袭是指将他人作品或者作品的片段窃为己有,并公开发表。

5. 抄袭或者剽窃的法律特征

(1)从理论上看,抄袭、剽窃是把他人的智力成果据为己有,并用自己的名义发表该作品的行为,包括使用他人作品范围不合法、使用他人作品目的不正当、使用他人作品手段不磊落、使用他人作品的质与量不适合。

抄袭、剽窃是侵犯他人著作权的行为。法律特征表现为:抄袭、剽窃是侵权人的故意行为;抄袭、剽窃是以自己名义发表强占所得的成果;抄袭、剽窃是对著作权人人身权、财产权的侵犯。

(2)从实践中看,抄袭的司法判定特征包括:特征一,未经著作权人允许又无正当理由而抄录。特征二,没有进行脑力的独立创作活动,而只是进行了体力的抄录劳动。特征三,公开使用剽窃、抄袭的作品。特征四,署上抄录者自己的姓名。

在审查时，往往从以下四个方面进行，简称"四看"：一看时间先与后，二看是否有独创性，三看是否具备剽窃、抄袭条件，四看对比而呈现的特征。一般是把两部作品排列开来，逐一进行对照鉴别和分析比较，找出两部作品的共性和规律，从而得出正确结论。

5.7.3 抄袭与合理引用界定的技术分析

具有独创性的作品不属于剽窃。界定抄袭与合理引用，主要从作品的结构体系、作品的文字组合以及作品的图表制作形式来比较。当作品1与作品2（在先作品）在上述三个部分均一致时，就不具有独创性，构成剽窃。

1. 对作品有所改动的抄袭的认定

一般来讲，凡未按合理引用要求而引用他人著作权作品的行为，均构成不当引用的侵权行为；但引用不当是否达到抄袭的程度，则必须在相关两部作品中考察合理性标准，只有这样才有助于我们分清引用与抄袭的界限。这种合理性具体表现在以下三个方面：

第一，新作必须区别于原作。这即是说，引用他人的作品，必须忠实于原作。在文学作品中，如是原文照搬，须采用双引号标明；如果摘录引用，则须符合创作原意。同时必须向公众宣示，所引用的部分不是自己的创作而是他人的创作。否则，极易引起公众的误认，从而符合抄袭的欺骗性特征，给人以抄袭之嫌。

第二，新作必须独立于原作。例如，德国著作权法对引用后产生的作品，做出了质的规定性要求，即须为独立的科学著作、独立的语言著作、独立的音乐著作。这一独立性要求，明确界定了引用后新作品的地位，有可取之处。这就说明，引用他人的作品必须比例适当。

要保证新作独立于原作，一方面要求在自己的作品中引用他人作品的片段不能超过"量"的范围。例如，俄罗斯在其著作权基本条例实施细则中规定，一般作品（30万字以下）引用不得超过1万个印刷符号。我国文化部（现文化和旅游部）于1985年1月1日公布的《图书、期刊版权保护试行条例实施细则》第15条亦规定：对被引用的作品而言，非诗词类作品不得超过2500字或被引用作品的1/10；多次引用同一部长篇非诗词类作品，总字数不得超过10 000字；引用除古体诗以外的诗词类作品不得超过40行或全诗的1/4。对自己的作品而言，凡引用一人或多人的作品，所引用的总量不得超过本人创作总量的1/10，但专题评论文章和古体诗词除外。该文件虽已废止，但是以使用文字数量作为认定引用是否适当的一个标准，具有一定的参考意义。另一方面，引用的作品在内容上必须有实质性内容。换言之，引用作品不得擅自引用原作的实质部分，如果是整段地摘引他人的作品，或是将他人的多部作品加以拼凑，但若除去所引用部分，自己的本质创作不复存在或难以独立存在，显然就不符合合理引用之原意了。

第三，原作的引用必须适宜于新作。即引用的目的必须正当，是出于介绍、说明与评论的需要，而不能只是为了对原作品的传播；否则，就不能认为是合理使用了，如在自己的文学书籍上采用他人的美术作品作为封面插图。

2. 看被告对原作品更改的程度

因为作品的表现形式不仅仅局限于符号，还包括作品的结构、体裁等，所以对作品的抄袭也不仅局限于符号的相同或相似，它还包括结构、体裁上的相同或相似。

首先，要求鉴定人要有一个全局观念，要从整体上把握，而不能局限于一个个孤立的符号是否相同。就文字作品而言，凡从整体上看，发现剽窃作品是从原作中"套"出来的，即应判为抄袭。但是如果被告对作品进行了很大的改动,以至于构成一部新作品,那就可能被判为"以原作为基础的创新",而不能被判为抄袭了。

其次,要注意两部作品中发生的一些常识性、知识性的错误之处是否一致,这在我国台湾地区法院称为"误写之处也照抄"。有些人翻译他人作品,为防止被人剽窃,就常常采取有意漏译原书部分内容或加译一些与原书内容不相干的文字的办法,作为日后控诉的有力证据。当然,这种做法虽然有违译文必须忠实于原作的要求,但对于认定抄袭与否却是十分有效的。

3. 看原作与被告作品的特点

"文如其人",所以不同作者创作的即使是相同题材的作品,也多少带有一些个人特色,这也是认定抄袭与否的重要线索。值得一提的是,对于戏剧或电影作品来说,有时是否使用了相同的词句倒不是重要的,重要的是反映作品特色的那些情节,若反映特色的情节相同,就很可能是抄袭的。

4. 看作品的性质

不同性质的作品,往往不会构成抄袭。例如原作品是喜剧,被告的作品是悲剧,那么即使有些情节相同,也很难说后者是抄袭的,因为两者截然相反的表现手法不可能导致基本相同或相似的表现形式。再如,如果原作品是法学论文,被告的作品是哲学论文,即使后者照搬了前者的论据或论点,一般也不构成抄袭。不过,如果照搬的篇幅过长,又未注明来源,则当别论了。

5. 看作品中所体现的创作技巧和作品的价值

著作权法虽然不要求作品创作技巧高和有价值才受保护,但在实践中被抄袭的却往往是技巧较高、较有价值的作品。一般来说,技巧越高,发生"偶合"的机会也就越小。

6. 看被告的意图

因为抄袭是将他人作品的全部或部分据为己有并公之于众的行为,所以抄袭作品往往具有欺骗性。因此分析被告的意图,就可以把剽窃和那些在自己作品中大量引用他人作品的不当使用行为区别开来。

如某人在自己的作品中大量引用他人作品,超过了法律关于适当引用的量的要求,也不符合法律对于适当引用的目的要求,但却一一加以了说明(即注明了出处),在这种情况下,由于行为人并未将他人作品据为己有,公众也能够清楚地意识到作品中哪些是作者自己完成的,哪些是他人创作的,并不会引起误会,所以也不能认定是抄袭。这种情况如大家常写的综述、评述等。

另外,论文引用的基本形式有:直接原文引用与间接引用、观点引用、原文意思的引用、资料的引用等。

✦ 问题讨论

1. 艺术摄影的照片底版,其著作权归谁?摄影者能否不给消费者底版,只给其照片?

2. 摄影馆能否以著作权归摄影馆为由,将顾客的照片作为宣传资料予以张贴?为什么?

3. 在模特儿与画家的相互关系中,谁对画像有著作权?模特儿享有什么权利?模特儿能否限制画家对作品的展览?如果画家将此画卖与第三人,第三人享有什么权利?他能否将此画发表、展览和用于商业盈利?

4. 著作者将书稿(近 10 年心血)交出版社,经初审初定出版,但因相互阅读中给丢了,如何赔偿?

5.甲设计了一份机械运行方案并画成图纸,乙看后,吸取了其中的主要技术内容,并参照该图画了一幅。后甲诉乙侵犯其著作权,是否成立?

6.对于由口述者与整理者产生的文学作品,其著作权人是谁?

7.合同书文本、药品的说明书有著作权吗?

8.作者的署名权能否转换?

✦ 阅读法律

1.《中华人民共和国著作权法》
2.《中华人民共和国著作权法实施条例》
3.《计算机软件保护条例》

✦ 阅读材料

【阅读 5—1】

2008 年,春节晚会擅自使用其照片做背景,重庆摄影家向春晚索赔百万

作为今年春晚打头阵的语言类节目,由句号、周炜、韩雪等人表演的小品《街头卫士》凭借"你不是开得太快,是飞得太低"等幽默语言获得了观众好评。但前日,重庆的一位摄影爱好者李林却因为这个节目找起了春晚的麻烦——该节目中使用的背景板,是他在 2005 年拍摄的照片,而春晚在没有经过他任何授权的情况下擅自使用了这张照片,为此,他欲向春晚节目组索赔 100 万元。

照片对比只"PS"掉了几个字

今年除夕夜,59 岁的李林和往年一样,与家人守在电视机前收看央视春晚,在看到小品《街头卫士》时,他突然发现,节目中灯火辉煌、流光溢彩的城市背景,是自己于 2005 年国庆期间在龙溪镇美食街拍摄的一张照片,唯一不同的是,照片中"(重)庆电子科技学院"几个字被用软件涂抹掉了。"自己拍的照片上春晚,我当然高兴。但是一想不对,春晚既没有和我沟通,也没有对图片进行署名。"在渝北区工商分局商标广告科工作的李林认为春晚的这一做法侵犯了自己的著作权,马上进行了录像,并用相机拍摄下了小品的相关画面。

由于李林是重庆市摄影家协会会员,许多曾看过该照片的协会会员纷纷给李林打来电话,一是祝贺,二是询问李林向央视春晚送投照片的渠道,弄得李林哭笑不得。

不满春晚,作者要索赔 100 万

目前,李林已着手寻找律师,进行诉讼准备,他希望达到三个目的:一是要春晚停止侵权,即今年春晚的录播及发行光盘中不得再出现他拍摄的照片;二是要春晚方面公开道歉;三是提出 100 万的索赔,"按照春晚的影响力和节目的收益来计算,赔 500 万也不为过,100 万是一个比较合理的价格"。但他强调,希望央视方面能主动和他接触。

照片如何上春晚,作者不解详情

既然照片不是李林提供的,那央视又是怎么获得这张照片的呢?李林告诉记者,这张照片拍摄之后,仅在 2005 年底送投给了渝北区的一张不对外发行的区报,在区摄影展上进行过几

次展示。央视春晚怎么能拿到这张照片，而且还是一张完整清晰的大图，李林至今也没弄清楚。但李林认为，"不管央视春晚图片来源是何处，最基本也应该为作者署名"。

春晚很重视，至今无说法

前天下午，记者致电春晚总导演陈临春，当时他在开会，并挂掉了电话。当记者通过短信方式告知陈临春整个事件之后，春晚总策划秦新民马上主动给记者打来了电话，并向记者要去了李林的电话，足见春晚方面对此事的重视。

（资料来源：巫天旭.重庆摄影家向春晚索赔百万[N].华商报，2008-02-14(B6).）

【阅读5-2】

国家版权局关于如何认定抄袭行为给青岛市版权局的回复

收到你局1998年7月3日关于认定抄袭行为的函（青权函字〔1998〕1号）。经研究，答复如下：

一、著作权法所称抄袭、剽窃，是同一概念（为简略起见，以下统称抄袭），指将他人作品或者作品的部分或核心思想窃为己有。抄袭侵权与其他侵权行为一样，需具备四个要件：第一，行为具有违法性；第二，有损害的客观事实存在；第三，和损害事实有因果关系；第四，行为人有过错。由于抄袭物需发表才产生侵权后果，即有损害的客观事实，所以通常在认定抄袭时指经发表的抄袭物。因此，更准确的说法应是，抄袭指将他人作品或者作品的片段窃为己有发表。

二、从抄袭的形式看，有原封不动或者基本原封不动地复制他人作品的行为，也有经改头换面后将他人受著作权保护的独创成分窃为己有的行为，前者在著作权法领域被称为低级抄袭，后者被称为高级抄袭。低级抄袭的认定比较容易，高级抄袭需经过认真辨别，甚至需要经过专家鉴定后方能认定。在著作权执法方面常遇到的高级抄袭有：改变作品的类型将他人创作的作品当作自己独立创作的作品，例如，将小说改成电影；不改变作品的类型，但是利用作品受著作权保护的成分并改变作品的具体表现形式，将他人的创作的作品当作自己独立创作的作品，例如利用他人创作电视剧本原创的情节、内容，经过改头换面后当作自己独立创作的电视剧本。

三、如上所述，著作权侵权同其他民事侵权一样，需要有四个要件，其中，行为人的过错包括故意和过失。这一原则也同样适用于对抄袭侵权的认定，而不论主观上是否有将他人之作当作自己之作的故意。

四、对抄袭的认定，也不以是否使用他人作品的全部还是部分，是否得到外界的好评、是否构成抄袭物的主要或者实质部分为转移。凡构成上述要件的，均属于抄袭。

（资料来源：国家版权局.国家版权局关于如何认定抄袭行为给青岛市版权局的回复[J].黑龙江版权通讯，1999(1).有少量改动）

【阅读5-3】

第100个是正版的，第101个为什么就是盗版的？

IT人员小李购买了100份Windows XP操作系统的正版授权许可，并为技术部门安装了100台电脑。由于业务需要，他又多装了几台电脑，他想，我买的是正版，多装几台应该没有问题。后来，小李通过与微软销售代表的沟通，对方认为自己买了100个正版授权，在安装第

101 台电脑时,就已经构成了盗版行为。

小李这下可糊涂了:"多装一台不至于就成盗版的吧?"

销售代表说:"错了。这样的做法已经构成了盗版! 软件正版授权许可,是软件厂商授权用户使用该软件产品的权利。当您去购买软件,其实购买的是正版授权许可,而不是作为软件载体的光盘或密钥。正版授权许可是保证您对软件拥有使用权的唯一法律依据。当您购买并使用授权许可时,还要符合该授权许可的要求。比如怎样恰当地安装和允许软件,如何将软件转给他人使用,是否可以使用低版本,等等。并且(此次)授权许可不是以地理概念为标准,而是以数量来计算的。所以,即使您购买了一定数量的授权许可,也不代表您可以无限制地使用它。就像您现在购买了 100 份微软 Windows XP 操作系统的正版授权许可,但您并不能在公司安装任意数量的电脑,而只能把软件安装在 100 台对应的电脑上,再多安装一台就超出了正版授权许可的范围了!"

(资料来源:佚名.第 100 个是正版的,第 101 个为什么就是盗版的? [J].商业周刊(中文版),2006(7):5.)

【阅读 5-4】

日本侵权播放 500 部中国剧已被起诉

2007 年 8 月 20 日,中国有关电视剧的著作权人起诉日本电视台侵权播放中国电视剧一案启动赔偿诉讼程序,这是中国对日本发起知识产权诉讼的第一起案件。

此前法庭调查中,日方提交的证据显示,2003—2006 年,在日本电视台播放的涉嫌无授权的中国电视剧多达 500 部,总数达到近 9000 集。每集首次播放的购买价格为 1000 万~1500 万日元。涉及的剧目包括《苦菜花》《还珠格格》《激情燃烧的岁月》《永不瞑目》《武林外传》等。

(资料来源:王秋实.日本电视台涉嫌侵权播放 9000 集中国电视剧[EB/OL].(2007-08-20)[2022-11-15].https://news.sina.com.cn/c/l/2007-08-20/013013697837.shtml.有删改)

【阅读 5-5】

"空竹"杂技作品著作权权属及侵权案

(本案例来源于北京知识产权法院〔2019〕京 73 民终 2823 号民事判决书。)中国杂技团有限公司(以下简称中国杂技团)认为,吴桥县桑园镇张硕杂技团(以下简称张硕杂技团)等表演、传播《俏花旦》节目的行为侵害其著作权,遂诉至法院。一审法院认定,根据合同约定,在无相反证据的情况下,中国杂技团享有《俏花旦-集体空竹》除署名权外的著作权。张硕杂技团的演出行为等构成侵害著作权,故判令其停止侵权、赔偿经济损失及合理支出并刊登声明消除影响。张硕杂技团不服,提起上诉。北京知识产权法院二审认为,《俏花旦-集体空竹》中的形体动作编排设计体现了创作者的个性化选择,属于具备独创性的表达,构成著作权法规定的杂技作品。张硕杂技团表演的《俏花旦》在开场部分的走位、动作衔接安排,以及多次出现的标志性集体动作等编排设计方面,与《俏花旦-集体空竹》的独创性表达部分等构成实质性相似,侵害中国杂技团杂技作品的著作权,遂判决驳回上诉、维持原判。

本案是人民法院加强涉传统文化著作权保护的典型案例。保护传统文化,就是保护民族瑰宝。本案依法保护杂技艺术作品,有利于激发文化创意活力,促进文化产业繁荣。

(资料来源:最高人民法院.最高人民法院发布 2021 年中国法院 10 大知识产权案件和 50 件典型知识产权案例[EB/OL].(2022-04-21)[2023-02-27].https://www.court.gov.cn/zixun-xiangqing-355881.html.)

第6章

商业秘密的保护

近年来,随着我国经济的发展,商业秘密在促进技术进步和经济发展、转变经济增长方式中的地位越来越重要,有关商业秘密的技术贸易也越来越多。但是,侵犯商业秘密的现象越来越严重,保护商业秘密的任务也越来越繁重。据《最高人民法院知识产权法庭年度报告(2020)》:法庭审理的技术秘密案件特点表现为:第一,案件数量增长明显,涉及多个技术领域。2019年法庭受理技术秘密纠纷12件,2020年增长到44件。涉及的技术领域包括机械、化工、生物工程、医疗制药、计算机、通信、仪器自动化等。第二,权利人举证能力有待加强。在二审做出实体处理的侵害技术秘密纠纷中,有9件未认定被诉侵权人构成侵权,主要原因为权利人或不能证明其对所主张的技术秘密采取了保密措施,或不能证明技术秘密的形成时间早于被诉侵权人完成技术方案的时间,或不能证明其技术秘密被侵犯等。第三,涉及的法律问题多元化。其中既包括原告明确商业秘密点与案件受理条件的关系、技术秘密的被许可人提起侵权诉讼的主体资格等程序性法律问题,也包括保密措施的认定、侵犯技术秘密行为的认定、被诉侵权技术方案是否使用了技术秘密的认定以及惩罚性赔偿的适用等实体性法律问题。因此,加强商业秘密的保护已显得非常重要。

《中华人民共和国反不正当竞争法》

6.1 商业秘密的概念

6.1.1 美国1978年《统一商业秘密法》对商业秘密的界定

美国《统一商业秘密法》第1条第4项对商业秘密的界定是:"商业秘密是包括配方、模型、编辑、计划、设计、方法、技术、程序在内的信息,它必须:①因并不为公众所周知、无法由他人通过正当方法轻易获知,其泄密或者使用能够使他人获取经济利益而具有现实的或潜在的独立价值;②已尽合理的努力维持其秘密性。"

6.1.2 日本《不正当竞争防止法》对商业秘密的界定

日本1990年修订的《不正当竞争防止法》第1条第1款第3项规定,商业秘密是指"作为秘密进行管理的生产方法、买卖方法以及其他不为公众所知悉、对经营活动有用的技术或者经

营情报"。根据法律的规定以及日本学者的论述,商业秘密的要件是:

(1)不为一般公众所知悉。商业秘密之所以具有财产性价值的保护利益,是因为不为一般公众所知悉,当信息成为公共财富时就没有商业秘密的保护余地了。

(2)采取保密措施。对商业秘密不采取保密措施,无异于任由他人使用,而且,是否采取保密措施也是区分商业秘密与一般知识的界限,只有对信息作为秘密进行了管理,才不会使人将商业秘密误认为是一般知识。还有,商业秘密是一种无形资产,其与持有人公开占有的动产不同,也与通过登记形式公开的不动产、专利等财产不同,只有通过持有人的管理使其特定化,才能使他人识别出哪些是商业秘密,从而便于给予保护。

(3)有实用价值。所谓有实用价值,是指除商业秘密持有人认为有实用价值外,还必须在客观上具有实用价值。不论是对生产、销售、研究、开发等生产经营活动直接有用的信息,还是在生产经营中有利于节省费用、提高经营效率的信息,如失败的试验报告、顾客名单、设计图等,都属于商业秘密。

6.1.3　德国《反不正当竞争法》对商业秘密的界定

德国《反不正当竞争法》对于商业秘密未设定义性规范。按照联邦法院及学说的见解,商业秘密是指商业秘密持有人有保密的意思、具有正当的经济利益的一切与经营有关的并尚未公开的信息。德国法上的商业秘密的构成要件主要有三个:

(1)秘密性。所谓的秘密性,就是指信息未经公开。但是,德国也是采取相对的秘密性,秘密性仅指不为众所周知。一定范围内的具有保密义务的人知道的商业秘密,并不影响商业秘密的秘密性。商业秘密也不同于专利法上的新颖性,它不以绝对的新颖性为必要,已经使用过的方法,因时间长久而被人遗忘的,仍然可能成为商业秘密。

(2)具有保密的意思。商业秘密持有人的保密意思不以明示为必要,通过外部的事实也可以认定保密意思。有时也根据外界的客观事实推定保密意思,如商业秘密持有人采取适当的保密措施,第三人不经非法手段不能取得商业秘密,都可以成为推定保密意思的事实和依据。

(3)保密的利益。保密的信息必须对于商业秘密持有人具有正当的经济价值,哪怕是该信息尚未付诸实施甚至尚未归属于经营者,都不妨碍商业秘密的构成。

6.1.4　我国《反不正当竞争法》对商业秘密的界定

1993年9月2日颁布、2017年11月4日修订、2019年4月23日再次修改的《中华人民共和国反不正当竞争法》第9条规定了商业秘密的定义:"本法所称的商业秘密,是指不为公众所知悉、具有商业价值并经权利人采取相应保密措施的技术信息、经营信息等商业信息。"由此可见,在我国商业秘密必须具备以下几个特征:

(1)商业秘密首先是一种技术信息或经营信息。根据2020年9月12日起施行的《最高人民法院关于审理侵犯商业秘密民事案件适用法律若干问题的规定》(法释〔2020〕7号,以下简称《商业秘密案件规定》):所谓技术信息,是指与技术有关的结构、原料、组分、配方、材料、样品、样式、植物新品种繁殖材料、工艺、方法或其步骤、算法、数据、计算机程序及其有关文档等信息;所谓经营信息,是指与经营活动有关的创意、管理、销售、财务、计划、样本、招投标材料、客户信息、数据等信息。其中的客户信息，包括客户的名称、地址、联系方式以及交易习惯、意向、内容等信息。但如果当事人仅以与特定客户保持长期稳定交易关系为由，是不能主张该特定客户属于商业秘密的。商业秘密作为无形财产和知识产权，首先来自其技术信息和经营信息的属性。

（2）技术信息和经营信息不为公众所知悉，具有秘密性。技术信息和经营信息只有未经公开或不为公众所知悉，才能成为权利人所特有的财富。秘密性是商业秘密的本质特征。如果技术信息和经营信息已经公开或已为公众所周知，即便它们具有实用性，属于财富，也无法成为商业秘密。

不为公众所知悉，是指该信息（情报）未刊载于大众媒体，在其持有人的管理之下不为一般人所知道。当然，所谓的秘密也是相对的，即商业秘密持有人只对特定范围的人员公开。如果任何人都能够知道，该商业秘密就无秘密性可言了。国内的商业秘密，在国内外因泄露而公开者，商业秘密即告消灭；知道同一商业秘密的有多个企业，只要各个企业都保守秘密就不失为秘密性，仍然可以各自独占该商业秘密。

从时间节点上判断不为公众所知悉，按照《商业秘密案件规定》第3条的规定："权利人请求保护的信息在被诉侵权行为发生时不为所属领域的相关人员普遍知悉和容易获得的，人民法院应当认定为反不正当竞争法第9条第4款所称的不为公众所知悉。"

（3）具有实用性，能为权利人带来实际的或潜在的经济利益和竞争优势。实用性是技术信息或经营信息可以成为商业秘密的必要条件，也是商业秘密的价值所在。经营者由于拥有了这样的技术信息或经营信息，就具有了更强的市场竞争力或竞争优势。如果一项所谓革新或者经营方法，不能明显地提高劳动生产率或者增进经济效益，即使它不为公众所知晓也不是商业秘密，因为它没有经济价值，不能为其持有人带来经济利益。

实用性条件要求技术信息、经营信息具有确定性，它应该是一个相对独立完整的、具体的、可操作性的方案或阶段性技术成果。零星的、散逸的知识、经验或者处于纯理论阶段的原理、概念或范畴，不具有实用价值，因而不构成商业秘密。实用性还体现在商业秘密必须有一定的表现形式，如一个化学配方、一项工艺流程说明书或图纸、制造产品的技术方案、管理档案等等。但实用性不要求某项商业秘密已在实际中应用，而只要求其满足应用的现实可能性即可。

商业秘密是使经营者取得竞争优势的信息，与此无关的信息哪怕是由经营者作为秘密进行管理，也不是商业秘密，但可以构成隐私。如董事长的丑闻属于其个人隐私，董事会的会议记录可以成为公司的隐私。

（4）权利人采取了适当的保密措施。作为商业秘密的技术信息和经营信息，首先它的拥有人要视其为一项秘密，一项可以为其带来经济利益的秘密，并加以保密即采取适当的保密措施进行保护。所谓适当的保密措施，是指权利人根据不同信息的特点或特性，采取的能够有效地对该信息进行控制和保护的措施。其中"适当"是采取保密措施的审查标准，也就是说，仅仅有保密措施还不够充分，只有被采取的保密措施达到"适当"的程度，才能够符合商业秘密保护的要求。这应引起商业秘密持有者的高度重视。

适当性应体现在如下几个方面：第一，商业秘密的内容必须是具体的、特定的、明确的，而非泛泛的、不特定的。第二，对商业秘密所采取的有关保密措施的形成过程必须合法、真实。

第三,用人单位与雇员之间相互设定权利义务,从本质上讲属于一种民事法律关系,应当体现和贯彻自愿、平等、等价有偿和诚实信用的原则。因此,经营者是否采取了保密措施,不仅是某项信息能否成为商业秘密的条件,也是其寻求法律保护的前提。

就保密措施而言,在主观上,商业秘密持有人必须有将其作为商业秘密进行管理的意思;在客观上,必须有对商业秘密进行管理的行为和状态。至于管理的程度,则以他人不采取不正当手段就无法获得的程度为必要。例如,与接触商业秘密的雇员签订非披露协议、非竞争协议等保密契约,在商业秘密文件上标注"机密"之类的字样,禁止无关的第三人任意进入有商业秘密的场所,对负有保密义务的雇员支付一定的保密费,等等。

保密措施原则上应当由持有人采取。当然,这里所谓的持有人,除商业秘密的原始持有人以外,还包括被许可使用人以及善意无过失取得商业秘密的人。当持有人为数人时,如果部分持有人要求保护时,并不以全部持有人都主观上存在"作为秘密管理"的意思为必要,仅要求有"作为秘密管理"的行为就足够了。

一般来讲,商业秘密都是其拥有人投入了一定的时间、资金和精力发展而来,因而成为具有实际或潜在经济价值的权利,成为一种受法律保护的知识产权。反不正当竞争法从保护公平竞争、制止不正当竞争角度,将侵犯商业秘密的行为作为一种不正当竞争行为予以禁止,是对我国知识产权法律制度发展的重要补充。一方面为权利人所享有的不具备专利法上授予专利权条件的信息提供必要的保护,另一方面又为权利人所享有的虽具备专利法上授予专利权条件,但因其不愿公开而不申请专利的发明创造提供了保护的途径。

在保密措施的时间节点上,按照《商业秘密案件规定》第5条,权利人为防止商业秘密泄露,在被诉侵权行为发生以前所采取的合理保密措施,人民法院应当认定为反不正当竞争法第9条第4款所称的相应保密措施。

另外,人民法院应当根据商业秘密及其载体的性质、商业秘密的商业价值、保密措施的可识别程度、保密措施与商业秘密的对应程度以及权利人的保密意愿等因素,认定权利人是否采取了相应保密措施。

6.2 商业秘密保护的法学原因

6.2.1 法学中的信托理论

因委托或信用而受益的一方有义务恪守受委托时或接受信用时的许诺,违背了就要给予赔偿。人具有"应当诚实"的义务,"违背信义"和违背"诚实的商业行为"就要给予处罚。

美国法学界和判例认为,给予商业秘密持有人保护,是禁止受不能披露或使用商业秘密的明示或默示的义务限制而知悉商业秘密的人,对商业秘密的披露或者未经授权的使用。在不是基于商业秘密持有人的意愿而是基于"不正当手段"取得商业秘密的情况下,法律也给予持有人禁止披露或者使用该商业秘密的约束。因此,一般所说的商业秘密背后的政策,是维护商业道德标准和鼓励发明,"诚实信用和公平交易的必要性,恰恰是商业界的生命和精神"。

从根本上讲,保护商业秘密是维护经济交往中的诚实信用原则,整个反不正当竞争法的主要基础就是诚实信用原则。大陆法系国家的反不正当竞争立法中往往明确地将诚实信用原则作为反不正当竞争的基础;英美法系国家也以其特有的方式,将诚实信用原则作为其反不正当竞争的基础,其中的一项基础原则就是国际新闻社诉美联社(International News Service v. Associated Press)一案所创设的"不正当得利"原则(unjust enrichment),或者更形象地说,是"在没有播种的地方收获"或者"不播种而收获",这是以其特有的方式表述诚实信用原则。

保护商业秘密作为反不正当竞争的一个重要的领域,它典型地体现和贯彻了我国民法典的诚实信用原则,通过不正当手段披露或者使用他人的商业秘密,就是地地道道的"在没有播种的地方收获"。

6.2.2 法学中的契约理论

"契约理论"强调合同(尤其是明示合同)对商业秘密的保护作用。一般而言,在直接订有保护商业秘密合同和因对商业秘密权利人具有相当于合同上关系的情况下,认为双方存在着保密关系。事实上,不仅明示合同,而且默示合同也可以构成保密义务的法律依据。如果一方当事人提出保密义务后,另一方未提出异议,且已经开始自动承担义务,只要是能够证明双方当事人之间默示同意的客观事实,就可以推定当事人之间存在限制商业秘密使用的约定。

然而,合同保护商业秘密也有其不足。以合同来确保商业秘密权利人的利益,其实质是以违约责任去预防和制止商业秘密的侵权行为。在这种情况下,至少有两个问题难以解决。首先,保密合同只能约束合同双方的当事人,而不能约束第三方。换言之,合同无法对抗第三人的侵犯商业秘密的行为。其次,就普遍雇佣关系而言,合同约定的限制,由于种种原因经常会出现不尽合理之处,如对当事人的限制过宽,则可能会影响受雇人的权益;相反,如对当事人的限制过窄,则不能有效地保护商业秘密权利人的利益。总之,过于依赖合同所确立的保密关系,并不能为商业秘密提供充分有效的法律保护,但它是商业秘密保护的一个重要补充。

6.2.3 公平原则

在合同没有明示或暗示的情况下,本着民法典的公平原则应给商业秘密以保护。商业秘密是其原始持有人通过投入金钱、精力等所获得的信息,其目的是借此获得并维持竞争的优势地位。竞争法对于获取商业秘密的这种努力以及这种努力的结果是持鼓励态度的,因为这种状况有利于市场竞争的健康发展。如果员工、雇员以及其他人可以违背商业秘密持有人的意思,随意侵害其商业秘密,甚至用该商业秘密与原始持有人进行竞争,从道德上讲是不劳而获和破坏人与人之间的信任关系的,从竞争秩序上讲,不利于市场竞争的正常开展。

因此,侵害商业秘密的行为是一种违反商业道德和危害竞争秩序的行为。不论是以反不正当竞争法还是以侵权行为法、合同法来保护商业秘密,其首要意图都是维护商业道德和正当竞争,而许多国家将侵害商业秘密行为纳入竞争法调整之列,就充分体现了这种意图。

6.2.4 商品经济追求利润的一种立法需求

因为商业秘密是权利人通过投入大量的人力、物力后获得的,因此而得到的产出应给予保护。商业秘密是其原始持有人通过投入时间、资金、劳力等所创造的劳动成果,法律对于商业秘密的保护,实质上是允许原始持有人对于商业秘密进行事实上的独占,体现对其劳动成果的承认和尊重,并鼓励人们在市场竞争中通过诚实经营、发明创造等获取竞争优势。反之,如果任何人都可以通过投机取巧等方式轻而易举地取得他人的创造成果,则会挫伤或打击人们的创造性和积极性,必然会妨碍市场经济的活力,妨碍技术或经营的进步。许多国家保护商业秘密的立法和判例都体现了保护智力成果、激励发明创造与提高经济效率的目的。

6.3 商业秘密的主要内容和分类

6.3.1 商业秘密的主要内容

商业秘密存在于企业的方方面面,也是随着企业的发展新增或灭减。一般地,企业中凡是符合商业秘密基本特征的重要信息,都具有商业秘密的性质。包括:

(1)企业现有的以及正在开发或构想之中的产品设计、工具模具、制造方法、工艺过程、材料配方、经验公式、试验数据、计算机软件及其算法、设计等方面的信息、资料和图纸、模型、样品、源程序目标程序实物;

(2)企业现有的以及正在开发之中的质量管理方法、定价方法、销售方法等业务活动方法;

(3)企业的业务计划、产品开发计划、财务情况、内部业务规程以及供应商、经销商和客户名单、客户的专门需求、营销渠道、未公开的销售网络等业务活动信息;

(4)按照法律和协议,企业对第三方负有保密责任的第三方商业秘密,企业要求职工保密的、同企业有关的其他信息;

(5)对于已经公开的工艺程序,如果经过特定的组合,产生新工艺和先进的操作方法,也会成为商业秘密;

(6)在公开的市场上购买的机器、设备虽然不是商业秘密,但是经公司的技术人员对其进行技术改进,使其具有更多用途或效率更高,那么这个改进也是商业秘密;

(7)记录了研究和开发活动内容的文件,如蓝图、图样、实验结果、设计文件、技术改进后的通知、标准件最佳规格、检验原则等;

(8)企业内部与各种重要经营活动有关联的文件,如采购计划、供应商清单、销售计划、销售方法、会计财务报表、分配方案等。

6.3.2 商业秘密的分类

1. 按保密程度分

按保密程度,商业秘密可分为关键性商业秘密、重要商业秘密和一般性商业秘密。

(1)关键性商业秘密,即失密后带来灾难性后果的商业秘密,如未申请专利而作保密的工业配方和产品、重大科研项目的阶段性成果。

(2)重要商业秘密,即失密后带来严重后果的商业秘密,如产品的设计、研究、开发技术的工作文件,以及综合性内部手册。

(3)一般性商业秘密,如合同资料、市场营销计划和策略、经营网络及客户名单等。

2. 按所涉及的内容分

按所涉及的内容,商业秘密可分为技术秘密、经营秘密和管理秘密。

(1)技术秘密即狭义的商业秘密,如专门技术(know-how)、产品设计、工艺流程。过去曾经用过"非专利技术"等同技术秘密,这是有误的。因为"非专利技术"指不涉及专利权的技术总和,它包括专利权保护范围以外的技术、未申请专利而处于保密状态的技术、专利保护期届满后进入公有领域的现有技术等,技术秘密只是非专利技术中的一部分。1999年1月通过的《中华人民共和国合同法》技术合同一章中,以"技术秘密转让"取代了"非专利技术转让"。

(2)经营秘密。1995年11月国家工商行政管理局发布实施的《关于禁止侵犯商业秘密行为的若干规定》第2条第5款所列举的"管理诀窍、客户名单、货源情报、产销策略、招标投标中的标底及标书内容"均属于典型和常见的经营秘密。除此之外,与经营者的金融、投资、采购、销售、财务、分配有关的信息情报,如企业投资方向、投资计划、产品成本和定价、进货及销售渠道等都属于经营秘密的范围。

(3)管理秘密,如管理模式、方法、经验、公关技巧等。

6.4 商业秘密权利的判定标准

6.4.1 秘密性或不为公众所知悉

在知识产权法中,任何公有领域的信息都属于人人可得而享的公共财富,不能由任何人独占使用,否则会阻碍经济、技术的发展进步。在商业秘密的保护中,同样如此。任何人不得以商业秘密为借口,将属于公共领域的经济信息和技术信息据为己有,独占使用,法律强调商业秘密的"不为公众所知悉"正是体现了这种要求。例如,某种客户名单本来是行业内众所周知的,众经营者也从该客户名单中获取了很大的利益,但某个经营者却将其作为商业秘密来管理。那么,由于该客户名单的众所周知性,如允许个人将其作为商业秘密而禁止他人使用,会导致个人独占公共信息的结果,使商业信息的正常交流受到阻碍、行业内的普通知识受到垄断,给经济、技术的发展造成障碍。因此,将这种信息作为商业秘密据为己有是不合适的。

商业秘密的"不为公众所知悉"也是按照客观标准进行认定的,即构成这种商业秘密的信息在同行业中事实上是不为公众所知悉的,而不是商业秘密持有人自认为不为公众所知悉。其中包括:①是否在公开发行的出版物上公开发表,并能付诸实施。②是否被公开使用,即商业秘密是否被广泛地应用于工商业、教学或者科研等部门,或者被个人展览、实施、销售、转让等。③以其他方式为公众所知悉,包括口头谈话、报告发言、视听报道等方式泄漏商业秘密,也包括模拟演示使公众能够了解其商业秘密的内容等。

在秘密性上,"不为公众所知悉"含有"相对秘密"的意义。所谓的相对秘密性,就是说商业秘密不是指除商业秘密持有人以外在国内或者国际上"绝对地"没有人知悉,而是未在本行业内众所周知。一方面,商业秘密可以为一定限度的、必须知道的人(或者说负有保密义务的人)所知悉,这种知悉不影响商业秘密的存在;另一方面,商业秘密不能为不负有义务的人所知悉。最常见的情况如:①商业秘密持有人为实施商业秘密而将其告知负责实施工作的雇员或者员工,雇员或者员工在其职权范围内知悉商业秘密的,不影响商业秘密的构成。这些人包括过去或者现在与商业秘密持有人产生过雇佣或者劳动关系的人。②按照技术合同、协作协议等的约定负有保密义务的人,如商业秘密持有人许可他人实施技术信息,并约定被许可人保守秘密的。③由于法律法规等规定或者行为的性质决定了负有保密义务的人知悉的,如在学术研讨会、成果鉴定会、庭审等中知悉商业秘密的人。

在美国的判例和学说中,商业秘密只需要是"合格的秘密"(qualified secret),不必要是"绝对的秘密"(absolute secret),在很大程度上反映的是商业秘密的新颖性。因为,"合格的秘密"

是指：①在特定的产业及当时的技术水平和观念上，该秘密具有一定程度的新颖性（novelty），可以使原始商业秘密持有人获取竞争上的利益。②在特定的产业及当时的技术水平和观念上，该秘密通常刻意被避免公开，其他人也都确定其为秘密。③在特定的产业及当时的技术水平和观念上，该秘密是经过耗费合理的努力才能获得的。

《商业秘密案件规定》第4条规定：

> 具有下列情形之一的，人民法院可以认定有关信息为公众所知悉：
>
> （一）该信息在所属领域属于一般常识或者行业惯例的；
>
> （二）该信息仅涉及产品的尺寸、结构、材料、部件的简单组合等内容，所属领域的相关人员通过观察上市产品即可直接获得的；
>
> （三）该信息已经在公开出版物或者其他媒体上公开披露的；
>
> （四）该信息已通过公开的报告会、展览等方式公开的；
>
> （五）所属领域的相关人员从其他公开渠道可以获得该信息的。

将为公众所知悉的信息进行整理、改进、加工后形成的新信息，在被诉侵权行为发生时不为所属领域的相关人员普遍知悉和容易获得的，应当认定该新信息不为公众所知悉。

6.4.2 采取了合理的保密措施

商业秘密的秘密性包括相对秘密与采取保密措施两项基本内容，前者反映的是秘密性的属性，后者反映的是商业秘密持有人保护其商业秘密的保密努力。采取保密措施可以从以下几个角度入手。

（1）规定保密措施的立法理由。保密措施最终体现为权利人为保护商业信息的秘密性而采取的客观措施。换言之，权利人必须首先有将商业信息作为秘密进行保护的主观意识，如果其本身都不将商业信息作为商业秘密来看待，对其商业信息作为商业秘密来保护则无从谈起；仅仅具有主观意识还不够，还必须实施客观的保密措施，通过保密措施将其商业信息控制起来，成为独占状态，法律才能够给予保护。倘若商业信息因没有保密措施而未处于独占状态，则不适合作为商业秘密的权利客体。

（2）保密措施的类型。《商业秘密案件规定》第6条规定：

> 具有下列情形之一，在正常情况下足以防止商业秘密泄露的，人民法院应当认定权利人采取了相应保密措施：
>
> （一）签订保密协议或者在合同中约定保密义务的；
>
> （二）通过章程、培训、规章制度、书面告知等方式，对能够接触、获取商业秘密的员工、前员工、供应商、客户、来访者等提出保密要求的；
>
> （三）对涉密的厂房、车间等生产经营场所限制来访者或者进行区分管理的；
>
> （四）以标记、分类、隔离、加密、封存、限制能够接触或者获取的人员范围等方式，对商业秘密及其载体进行区分和管理的；
>
> （五）对能够接触、获取商业秘密的计算机设备、电子设备、网络设备、存储设备、软件等，采取禁止或者限制使用、访问、存储、复制等措施的；
>
> （六）要求离职员工登记、返还、清除、销毁其接触或者获取的商业秘密及其载体，继续承担保密义务的；
>
> （七）采取其他合理保密措施的。

虽然《商业秘密案件规定》并未对保密措施的内涵进行解释,但采取了明示方式列举了订立保密协议、建立保密制度两种保密措施的形式,并以"采取其他合理的保密措施"进行概括,还是比较具体的。

从内容上来看,保密措施有软件措施和硬件措施。软件措施主要是制度上的保密措施,如签订保密合同(订立保密协议),制定保密制度,在保密资料上加印"机密""保密"之类的字样,限制文件的发放范围和数量,加强保密教育,等等。硬件措施是指物理措施,如隔离机器设备,加强门卫,为资料上锁,等等。

从主体角度看,保密措施可以是针对权利人的,可以是针对雇员的,还可以是针对第三人的。

(3)保密措施"合理性"的认定。从司法实践上,对保密措施的"合理性"应该从多个角度予以把握,以利于商业秘密的司法保护。

从各国的立法和实务来看,都是要求权利人采取合理的保密措施就足够了。要求权利人采取的保密措施万无一失是不现实的,也过于苛刻。只要权利人在当时、当地采取的保密措施是合理的,就认为已尽到了保密义务和合理的努力。而且,不侵犯他人的合法权益是相对人的义务,只要权利人对商业秘密采取的保密措施客观上能为相对人识别出来,相对人即应望而却步,不应当再实施侵犯行为。

根据《商业秘密案件规定》,只要权利人提出了保密要求,商业秘密权利人的职工或与商业秘密权利人有业务关系的他人知道或应该知道存在商业秘密,即为权利人采取了合理的保密措施,是"合理的保密措施"的充分条件,职工或他人就对权利人承担保密义务。即只要权利人提出了保密要求,其职工或者与权利人有业务关系的他人又知道或者应当知道权利人存在商业秘密,该职工或者他人就应当承担保密义务,而权利人的保密措施就算是合理的。

也就是说,第一,"权利人提出了保密要求"与"商业秘密权利人的职工或与商业秘密权利人有业务关系的他人知道或应该知道存在商业秘密",是表示认定构成一项商业秘密的合理保密措施的两个要件,而不是认定保密措施是否合理的两个并列情形,或者说,只要符合其中之一即可认定保密措施合理。

第二,"知道或应该知道存在商业秘密"中的"应当知道"可以理解为根据当时、当地的保密环境、条件等情况或者当事人所承担的法律义务,不管其实际上是否确实知道他人商业秘密的存在,而推知或者推定其知道权利人的商业秘密,这属于对事实的一种推定,当事人在事实上是否知道并无关系,只要存在推定的前提条件就认定其知道。

将应当知道商业秘密的存在而实际上确实不知道的情况囊括进去,对权利人的保护范围较宽,对相对人的保密义务的认定也较宽。

第三,保密措施与保密义务不是一回事。即保密措施是权利人所实施的保密行为,保密义务则是商业秘密权利人以外的人,所承担的不侵害权利人商业秘密的义务。

6.5 竞业禁止

竞业禁止作为保护商业秘密的一个手段,有其重要的意义。竞业禁止又称竞业避止或竞业避让。

雇员通常都会基于工作背景,如以前的工作经历、在工作经历中学到技术知识以及所了解到的信息形成某种专长。在雇佣关系终止后,带着这些专长到与原来工作的企业有竞争关系(从事相同或者近似的业务)的企业去就职,或者自行开办从事相同或者类似业务的企业。有意或者无意使用其原企业信息的情况是很常见的,而由此发生侵犯原企业的商业秘密的概率就比较高。

为避免在雇佣关系终止后侵犯商业秘密,当事人签订禁止协议的情况就比较多。竞业禁止也是在雇佣关系终止后,保护原雇主的商业秘密的重要措施。当然,在雇佣关系存续期间,同样也存在着竞业禁止问题。而且,竞业禁止作为法律上的一项制度,并不仅限于商业秘密的保护。

在我国的商业秘密保护中,竞业禁止既涉及在职期间,也涉及离职以后。

6.5.1 对职工在职期间的约束

对于职工在职期间的竞业禁止问题,我国法律虽然未做一般规定,但已有特别的规定,如对公司董事、高级管理人员的有关规定。

1993 年 12 月 29 日第八届全国人民代表大会常务委员会第五次会议通过、并经 1999 年、2004 年、2005 年(修订)、2013 年、2018 年修正的《中华人民共和国公司法》第 148 条,对公司的董事、高级管理人员的竞业禁止做出了明确规定,即"未经股东会或者股东大会同意,利用职务便利为自己或者他人谋取属于公司的商业机会,自营或者为他人经营与所任职公司同类的业务"或者"违反公司章程的规定或者未经股东会、股东大会同意,与本公司订立合同或者进行交易"的行为,皆属于禁止之列。据此,公司董事、高级管理人员在职期间受竞业禁止的约束。

6.5.2 对职工离职后的约束

知悉商业秘密的职工离职后,如从事与原单位相同或者相关的职业,或者到与原单位有竞争关系的单位就职,或者自办与原单位有竞业关系的企业,很可能会不自觉地使用原单位的商业秘密,或者因其熟知原单位的经营情况而成为原单位必然的竞争对手。因此,原单位要维护自己的利益,就应该在职工离职时通过与其签订竞业禁止协议的方式保护自己的利益,即在竞业禁止协议中约定"在一定期限内禁止该职工从事某项职业",并为这个禁止要求付出一定的对价,即给其以必要的补偿。

我国科技部《关于加强科技人员流动中技术秘密管理的若干意见》第 7 条对竞业禁止问题做出了规定:

> 单位可以在劳动聘用合同、知识产权权利归属协议或者技术保密协议中,与对本单位技术权益和经济利益有重要影响的有关行政管理人员、科技人员和其他相关人员协商,约定竞业限制条款,约定有关人员在离开单位后一定期限内不得在生产同类产品或经营同类业务且有竞争关系或者其他利害关系的其他单位内任职,或者自己生产、经营与原单位有竞争关系的同类产品或业务。凡有这种约定的,单位应向有关人员支付一定数额的补偿费。竞业限制的期限最长不得超过 3 年。

> 竞业限制条款一般应当包括竞业限制的具体范围、竞业限制的期限、补偿费的数额及支付办法、违约责任等内容。但与竞业限制内容相关的技术秘密已为公众所知悉,或者是已不能为本单位带来经济利益或者竞争优势,不具有实用性,或负有竞业限制义务的人员有足够证据证明该单位未执行国家有关科技人员的政策,受到显失公平待遇以及本单位

违反竞业限制条款，不支付或者无正当理由拖欠补偿费的，竞业限制条款自行终止。

《深圳经济特区企业技术秘密保护条例》（以下简称《深圳商业秘密条例》）对竞业限制也做出了规定：

第二十一条　企业可以与其高级管理人员、高级技术人员和其他负有保密义务的员工签订竞业限制协议。

第二十二条　竞业限制协议应当以书面形式签订，一般包括以下主要条款：

（一）竞业限制的范围、地域；

（二）竞业限制的期限；

（三）补偿费的数额及支付方式；

（四）违约责任。

第二十三条　竞业限制的期限最长不得超过解除或者终止劳动合同后两年，超过两年的，超过部分无效。

竞业限制协议中没有约定期限或者约定不明确的，视为无固定期限协议，可以随时解除协议，但是应当提前至少一个月通知对方。

第二十四条　竞业限制协议约定的补偿费，按月计算不得少于该员工离开企业前最后十二个月月平均工资的二分之一。约定补偿费少于上述标准或者没有约定补偿费的，补偿费按照该员工离开企业前最后十二个月月平均工资的二分之一计算。

第二十五条　竞业限制补偿费应当在员工离开企业后按月支付。用人单位未按月支付的，劳动者自用人单位违反约定之日起三十日内，可以要求用人单位一次性支付尚未支付的经济补偿，并继续履行协议；劳动者未在三十日内要求一次性支付的，可以通知用人单位解除竞业限制协议。

第二十六条　技术秘密已经公开的，当事人可以解除竞业限制协议。法律、法规另有规定的除外。

行使竞业限制协议解除权的，应当书面通知对方，竞业限制协议的解除自通知到达对方时生效，但是双方另有约定的除外。

第二十七条　企业违反法律或者劳动合同单方解除劳动合同的，该员工可以解除竞业限制协议。

第二十八条　企业依法合并、分立或者终止时，保密协议、竞业限制协议由变更后的当事人承担或者分别承担履行协议义务和享受应有的权利。

6.5.3　企业职工对单位商业秘密的基本义务

一般地，企业在制定职工手册或者与职工签订劳动合同时，会要求职工对本单位的商业秘密有保密义务，并会对职工这种保密义务支付相应的保密费用对价。职工违约就要承担相应的法律责任。这些义务包括：

（1）保守秘密，不泄露，包括故意和过失；

（2）按工作需要正确使用商业秘密；

（3）职务商业秘密应向单位汇报；

（4）不得利用商业秘密成立自己的企业与本单位竞争，这既违反忠实义务，又侵犯了单位的商业秘密；

(5)不利用商业秘密为本单位竞争对手工作；

(6)妥善保管、使用、交还有关商业秘密的文字材料、磁盘、实物等。

6.6　商业秘密侵权行为的分类及其善意第三人的侵权处理

6.6.1　侵犯商业秘密的不正当竞争行为

反不正当竞争法(第9条)规定，经营者不得实施下列侵犯商业秘密的行为：

(1)以盗窃、贿赂、欺诈、胁迫、电子侵入或者其他不正当手段获取权利人的商业秘密(经营者不正当的获取行为)；

(2)披露、使用或者允许他人使用以前项手段获取的权利人的商业秘密(经营者不正当的披露、使用行为)；

(3)违反保密义务或者违反权利人有关保守商业秘密的要求，披露、使用或者允许他人使用其所掌握的商业秘密(经营者违约违法使用行为)；

(4)教唆、引诱、帮助他人违反保密义务或者违反权利人有关保守商业秘密的要求，获取、披露、使用或者允许他人使用权利人的商业秘密(经营者故意的侵权行为)。

(5)经营者以外的其他自然人、法人和非法人组织实施前款所列违法行为的，视为侵犯商业秘密(经营者以外包括企业员工、业务合作者等第三人侵权行为)。

(6)第三人明知或者应知商业秘密权利人的员工、前员工或者其他单位、个人实施反不正当竞争法第9条第1款所列违法行为，仍获取、披露、使用或者允许他人使用该商业秘密的，视为侵犯商业秘密(经营者以外第三人的故意侵权行为)。

(7)监督检查部门的工作人员滥用职权、玩忽职守、徇私舞弊或者泄露调查过程中知悉的商业秘密的，依法给予处分(行政执法人员泄密，反不正当竞争法第30条)。

实践中，这些行为的表现形形色色，主要有：①盗窃商业秘密；②擅自跳槽，带走商业秘密；③以高薪、利诱、收买方式，获取商业秘密；④利用窃听手段，截获商业秘密；⑤利用胁迫手段，获取商业秘密；⑥搞联营骗局，套取商业秘密；⑦招聘离退休人员，获取商业秘密；⑧违反保密协议，擅自使用商业秘密；⑨从计算机软件中窃取商业秘密；⑩明知违法所得，还要使用商业秘密；⑪从废纸中收集商业秘密的信息等。

6.6.2　善意第三人的侵权处理

商业秘密侵权中的第三人，是指从商业秘密的保密义务人处获取，或者获取后使用、披露他人商业秘密的人。根据第三人获取、使用或披露商业秘密的主观状态，又可以分为恶意第三人和善意第三人。善意第三人的特点是：第一，主观上没有故意，"不知或没有理由知道"商业秘密的保密义务人的违法行为；第二，客观上有获取、使用或披露的行为。

我国法律对于商业秘密侵权中的善意第三人问题没有明确规定，在司法实践上是承认善意取得制度的。有的地方性法规对此做了有益的探索，如《深圳商业秘密条例》规定："技术秘密受让人或技术秘密得悉人，获悉不知道也没有合理的依据应当知道该技术秘密是非法转让或违约披露的，赔偿责任由非法出让人或违约披露人承担。""该技术秘密如果尚未公开，技术秘密受让人或技术秘密得悉人获悉属非法转让或违约披露后应当立即停止使用，并采取合理、有效的措施保守秘密。技术秘密受让人或技术秘密得悉人的损失或采取保密措施的费用,可向非法出让人或违约披露人追偿。无法追偿的,由合法拥有技术秘密的企业与技术秘密受让人或技术秘密获悉人合理分担。经合法拥有技术秘密的企业书面同意,技术秘密受让人或技术秘密得悉人可以继续使用该技术秘密。"

《深圳商业秘密条例》初步解决了善意第三人行为涉及的以下几个问题:

(1)关于商业秘密权利人损失的赔偿责任,明确"由非法出让人或违约披露人承担"。

(2)关于商业秘密的使用问题。明确了在获悉非法转让或违约披露的情况后,对尚未公开的技术秘密应当停止使用,并采取合理、有效措施保守秘密,但是,经合法拥有技术秘密人的书面同意,善意第三人可以继续使用该技术秘密。

(3)关于善意第三人所遭受的损失及采取保密措施的费用,首先向非法出让人和违约披露人追偿,无法追偿的,由权利人和善意第三人合理分担。

6.7 商业秘密的保护方法

对于企业来说,商业秘密的流失非常普遍,而更多的还是企业内部人员的不当行为或者是企业日常必要的经营活动导致的,诸如人才流动(跳槽)、掌握企业商业秘密的技术人员或管理人员在外单位兼职工作或从事第二职业、个别人为了牟取私利而泄密、在接待外单位参观时缺乏警惕性或因急于谈判成功而过分热情接待对方、离退休职工被另一个单位聘用、科技人员发表学术论文等。另外,商业秘密作为知识产权的一种,由于其与专利、商标、著作权的不同,不能采用申请授权的方式,因此,其保护也有自己的特点。目前各国的保护方式有以下几个方面。

6.7.1 合同法的保护

通过订立合同的方式,使保护商业秘密作为合同当事人之间的一项约定义务,这是目前对商业秘密保护所采用的最为普遍的一种方式。

从世界司法实践来看,以合同法保护商业秘密主要采用以下两种合同形式:一是雇佣合同,即通过雇主与企业内部雇员之间签订雇佣合同,在合同中明确规定雇员在受雇期间或解雇后的一定时期内,对因职务上的原因所接触到的一切商业秘密,承担保密义务,如有违反,应承担违约责任。二是商业秘密许可合同,这是技术秘密持有人同作为该项技术引进方的企业之间订立的合同。在此类合同中,一般都订有保密条款,明确合同双方的保密责任,如有违反,也应承担违约责任。即使双方的许可合同因故未能签订,但双方对因而获悉的商业秘密也有保密义务。事实上,1999年出台的《中华人民共和国合同法》就已经明确了商业秘密权,此后对商业秘密的保护又进一步编撰进《中华人民共和国民法典》第501条,即:"当事人在订立合同过程中知悉的商业秘密或者其他应当保密的信息,无论合同是否成立,不得泄露或者不正当地使用;泄露、不正当地使用该商业秘密或者信息,造成对方损失的,应当承担赔偿责任。"

6.7.2 侵权法的保护

侵权法是各国民法的一部分。利用侵权法对商业秘密进行保护,主要是依照民法中有关侵权行为的规定,对非法获取、使用他人商业秘密的行为,追究侵权责任。

法国、意大利等大陆法系的国家主要采取的是这种立法体例。日本在1990年修订《不正当竞争防止法》以前,商业秘密是由两种法律方式进行保护的,一是民法典中的侵权行为法,二是合同法,合同法也属于民法典的一部分。

意大利没有专门的反不正当竞争法,其反不正当竞争法的基本规范是由意大利民法典第10章"竞争规则和联合体"所规定的,该章第1节标题为"不正当竞争",其中的第2598条是意大利关于不正当竞争行为的基本规定,即:

(不正当竞争行为)依有关特殊标记(参阅第2563条、第2569条)和专利权保护规定的效力,无论何人都不得有下列不正当竞争行为:

(1)使用与他人合法使用的名称或特殊标记容易发生混淆的名称和特殊标记,或者模仿竞争者的产品,或以任何其他方式进行容易引起与竞争者产品或活动相混淆的行为;

(2)散布对竞争者的产品和活动的信息与评价,足以使之名誉扫地,或者诋毁竞争者产品或企业的优点;

(3)直接或者间接使用任何其他不符合职业道德原则并且容易损害他人企业的手段。

我国早在1986年出台的《中华人民共和国民法通则》第118条规定:"公民、法人的著作权(版权)、专利权、商标专用权、发现权、发明权和其他科技成果权受到剽窃、篡改、假冒等侵害的,有权要求停止侵害,消除影响,赔偿损失。"这里的其他科技成果权应理解为包括对商业秘密的保护。2020年5月出台的民法典进一步明确,商业秘密是民事主体依法享有知识产权的客体之一。

6.7.3 反不正当竞争法的保护

用反不正当竞争法保护商业秘密是世界各国的普遍做法。德国主要依据《反不正当竞争法》对商业秘密进行保护,该法对商业秘密有专门的规定。日本于1990年修订《不正当竞争防止法》后,首次将商业秘密纳入该法调整,基本上取代了侵权行为法对商业秘密的调整,但合同法对商业秘密的保护仍然有效。1993年日本对该法又进行了修订,其中对商业秘密的内容也有所调整。

我国商业秘密的保护属于此种立法体例。1993年9月2日颁布、2017年11月4日修订、2019年4月23日再次修正的《中华人民共和国反不正当竞争法》第9条规定:

经营者不得实施下列侵犯商业秘密的行为:

(一)以盗窃、贿赂、欺诈、胁迫、电子侵入或者其他不正当手段获取权利人的商业秘密;

(二)披露、使用或者允许他人使用以前项手段获取的权利人的商业秘密;

(三)违反保密义务或者违反权利人有关保守商业秘密的要求,披露、使用或者允许他人使用其所掌握的商业秘密;

(四)教唆、引诱、帮助他人违反保密义务或者违反权利人有关保守商业秘密的要求,获取、披露、使用或者允许他人使用权利人的商业秘密。

经营者以外的其他自然人、法人和非法人组织实施前款所列违法行为的,视为侵犯商业秘密。

第三人明知或者应知商业秘密权利人的员工、前员工或者其他单位、个人实施本条第一款所列违法行为,仍获取、披露、使用或者允许他人使用该商业秘密的,视为侵犯商业秘密。

对于侵犯商业秘密权利的行为,第 21 条明确,经营者以及其他自然人、法人和非法人组织违反反不正当竞争法第 9 条规定侵犯商业秘密的,由监督检查部门责令停止违法行为,没收违法所得,处 10 万元以上 100 万元以下的罚款;情节严重的,处 50 万元以上 500 万元以下的罚款。

第 32 条还对涉嫌侵权人的举证责任做了规定,即:在侵犯商业秘密的民事审判程序中,商业秘密权利人提供初步证据,证明其已经对所主张的商业秘密采取保密措施,且合理表明商业秘密被侵犯,涉嫌侵权人应当证明权利人所主张的商业秘密不属于本法规定的商业秘密。商业秘密权利人提供初步证据合理表明商业秘密被侵犯,且提供以下证据之一的,涉嫌侵权人应当证明其不存在侵犯商业秘密的行为:①有证据表明涉嫌侵权人有渠道或者机会获取商业秘密,且其使用的信息与该商业秘密实质上相同;②有证据表明商业秘密已经被涉嫌侵权人披露、使用或者有被披露、使用的风险;③有其他证据表明商业秘密被涉嫌侵权人侵犯。

6.7.4　刑法的保护

从目前各国的立法情况看,用刑法对商业秘密进行保护越来越普遍,保护强度也越来越大。法国刑法对泄露或企图泄露企业秘密给外国人的公司经理、雇员,可判 2～5 年徒刑,并处以 1800～7200 法郎的罚款。日本也专门规定了"企业技术秘密泄露罪"。意大利保护商业秘密诉讼强调为非民事诉讼的商业诉讼,即属于刑事诉讼;其刑法典第 623 条规定对侵犯商业秘密行为可判处最高为 2 年的监禁,且监禁不能为罚金所代替,只要判决被告有罪,监禁就不能免除。

我国刑法也明确规定了侵犯商业秘密罪,对犯罪人可视情节处以罚金、拘役甚至 3～10 年的有期徒刑。

6.7.5　工业产权法的保护

世界知识产权组织已经将商业秘密纳入工业产权法的保护范畴,WTO 的 TRIPS 协定中就有商业秘密保护的基本规定,并对商业秘密的范围有所扩张。有关国家或地区也逐步考虑将商业秘密纳入工业产权范畴,拟出台专门的商业秘密法或保护秘密权利法。

我国台湾地区的公平交易法第 19 条第 5 款对侵犯营业秘密行为有着原则规定,但因对商业秘密的保护不完整,台湾当局又于 1995 年 12 月 16 日专门制定了营业秘密法,该法对商业秘密及其保护制度做出了全面规定。

6.7.6　企业内部加强商业秘密保护意识

总而言之,企业还应把积极防范作为保护商业秘密的立足点,使能给企业带来经济效益的信息不因任何人为的原因受到侵犯。具体操作时可采取如下一些措施:①符合申请专利要求的技术申请专利;②把具备商业秘密基本特征的经营信息、技术信息事项,确定为本企业的商业秘密,并做出标志,再通过一定的形式使有关人员明确这是本企业的商业秘密;③结合实际情况,制定保密措施;④向本单位职工进行保密教育,提高保密观念,增强保密意识,知悉保密制度和单位规章;⑤同接触商业秘密的人员签订保密协议,明确保密职责和相应的权利义务;⑥每当需要披露商业秘密信息时,与商业合作伙伴签订保密协议等。

6.8 侵犯商业秘密的行为认定与责任方式

6.8.1 侵犯商业秘密的行为认定

商业秘密侵权的构成要件,应该和商业秘密权利的形成有关。一般地,应该包括以下几个要点。

(1)接触原则。商业秘密是商业秘密权利人自行研发形成的、处于秘密状态的工业产权,只有有接触渠道的人,才能获悉权利人的商业秘密,并为侵权创造条件。因此,一般都要求原告证明:被告有条件、有可能接触到或者获得了商业秘密权利人掌握的商业秘密信息。

(2)商业秘密的相似程度。被告侵权人使用的商业秘密资料、信息应该与原告的相同或者相似,如果从实质上就不相同,那么自然不会构成对原告的侵权。这一点,也要求原告能够证明其商业秘密信息和被告掌握的信息是实质相同或相似的。实践中,如果被告的商业秘密也处于秘密状态,那么庭审中的质证很可能使其失去秘密性,为此,法院应该聘请中间机构对二者进行对比鉴定。

(3)没有合法来源。被告商业秘密如果是自己研发、合法购买、被许可或者逆向研究知悉的资料或信息,也不会构成对原告的侵权。这一点往往需要被告自己证明来源的合法性,如果不能证明,就应该认定为非法。

上述三个要素缺一不可,其共同组合即"接触+相似+没有合法来源"是判断商业秘密侵权的基本标准[①]。

不过从反不正当竞争法第 32 条来看,商业秘密侵权诉讼的举证责任将更多地由涉嫌侵权人来承担。

6.8.2 侵犯商业秘密的责任方式

根据《中华人民共和国反不正当竞争法》以及 2020 年修订的《中华人民共和国刑法》的规定,侵害商业秘密行为的法律责任有民事责任、行政责任和刑事责任。

(1)民事责任。从反不正当竞争法来看,经营者违反本法规定,给他人造成损害的,应当依法承担民事责任。民事责任的方式按照民法典的规定,应该单独适应或者合并适应:停止侵害、排除妨碍、消除危险、返还财产、恢复原状、修理、重作、更换、继续履行、赔偿损失、支付违约金、消除影响、恢复名誉、赔礼道歉,甚至法律规定的惩罚性赔偿。

因不正当竞争行为受到损害的经营者的赔偿数额,按照其因被侵权所受到的实际损失确定;实际损失难以计算的,按照侵权人因侵权所获得的利益确定。经营者恶意实施侵犯商业秘密行为,情节严重的,可以在按照上述方法确定数额的 1 倍以上 5 倍以下确定赔偿数额。赔偿数额还应当包括经营者为制止侵权行为所支付的合理开支。

经营者侵犯商业秘密的,权利人因被侵权所受到的实际损失、侵权人因侵权所获得的利益难以确定的,由人民法院根据侵权行为的情节判决给予权利人 500 万元以下的赔偿。

---

① 魏小毛,祝文明,胡嫚,等.应准确把握商业秘密保护的合理界限[N].中国知识产权报,2012-07-25(8).(其中专家利顺德的发言)

确定侵犯商业秘密的实际损失应当充分地考虑下列因素：①研制开发成本，包括投入的时间、金钱和付出的努力等，必须将该部分成本计入实际损失。②现实的优势，即使用商业秘密给权利人带来的优势或者利益，涉及生产成本的降低、销售额的提高、利润率的增加等。侵犯商业秘密致使权利人现实利益的丧失，属于实际损失。③将来的优势，即权利人对将来利益的合理预期。

据此，《商业秘密案件规定》第19条也明确：人民法院认定商业价值，应当考虑研究开发成本、实施该项商业秘密的收益、可得利益、可保持竞争优势的时间等因素。在确定赔偿数额时，可以考虑商业秘密的性质、商业价值、研究开发成本、创新程度、能带来的竞争优势以及侵权人的主观过错、侵权行为的性质、情节、后果等因素。

（2）行政责任。从反不正当竞争法第21条来看：经营者以及其他自然人、法人和非法人组织侵犯商业秘密的，由监督检查部门责令停止违法行为，没收违法所得，处10万元以上100万元以下的罚款；情节严重的，处50万元以上500万元以下的罚款。该条规定了责令停止违法行为和罚款两种行政处罚方式。

（3）刑事责任。1979年7月1日通过的《中华人民共和国刑法》在2020年12月26日修正案（十一）中，对涉及知识产权类犯罪方面做出了较大的调整，除了对原219条"侵犯商业秘密罪"等进一步加大了惩治力度外，还增加规定了"商业间谍"犯罪，为219条之一。具体为：

第二百一十九条 【侵犯商业秘密罪】有下列侵犯商业秘密行为之一，情节严重的，处三年以下有期徒刑，并处或者单处罚金；情节特别严重的，处三年以上十年以下有期徒刑，并处罚金：

（一）以盗窃、贿赂、欺诈、胁迫、电子侵入或者其他不正当手段获取权利人的商业秘密的；

（二）披露、使用或者允许他人使用以前项手段获取的权利人的商业秘密的；

（三）违反保密义务或者违反权利人有关保守商业秘密的要求，披露、使用或者允许他人使用其所掌握的商业秘密的。

明知前款所列行为，获取、披露、使用或者允许他人使用该商业秘密的，以侵犯商业秘密论。

本条所称权利人，是指商业秘密的所有人和经商业秘密所有人许可的商业秘密使用人。

第二百一十九条之一 【为境外窃取、刺探、收买、非法提供商业秘密罪】为境外的机构、组织、人员窃取、刺探、收买、非法提供商业秘密的，处五年以下有期徒刑，并处或者单处罚金；情节严重的，处五年以上有期徒刑，并处罚金。

✦ 问题讨论

1. 企业保护商业秘密的基本手段有哪些？

2. 企业商业秘密的内容包括哪些？

3. 从哪几个要素判断商业秘密的侵权行为？

1.《中华人民共和国反不正当竞争法》
2.《最高人民法院关于审理侵犯商业秘密民事案件适用法律若干问题的规定》

◆ 阅读材料

【阅读 6-1】

发明厂商的选择

在实践中,发明厂商选择专利还是商业秘密对技术创新进行保护时,主要考虑以下几个因素:

(1)其他竞争厂家研制、开发或发明此项技术的难易程度。如果其他厂家很容易研制或发明此项技术,则一般应及时申请专利,求得专利法保护;反之,如果该项发明即便未申请专利而公开,其他竞争对手亦难以仿制,则可以不申请专利。

(2)此项发明作为技术秘密保护的可能性。如果发明人利用其发明大量制造产品,而其他竞争对手通过产品,包括通过"逆向工程"也无法掌握其发明的技术奥秘时,则可以不申请专利,仅将此项发明作为技术秘密保护起来。尽管利用这些技术生产的产品已经遍及全球,但其技术内容仍难为他人所知晓。另外,用技术秘密保护还可能出于其他商业目的,如扩大知名度等。

(3)当一项发明因申请专利而公开后,如果有人非法利用这一技术,发明人能否较容易地发现,并能采取有效的措施予以制止。如果很难发现或虽然能发现,但难以提出充分的证据并采取有效的措施制止这种侵权行为时,则一般不宜申请专利,而应采用技术秘密的保护形式。

(4)此项发明的技术状况。如果此项技术的生命周期较短、更新的速度很快,在获得专利审查批准之前可能已被新的发明所取代,则可考虑不去申请专利。此外,技术发明人还应考虑,此项技术是否还被其他人所掌握,以及他人提出专利申请的可能性。如果一项技术秘密已被他人所掌握,他人可能会提出专利申请,并且此种申请也可能获得批准,则发明人应尽快提出专利申请,以免此项发明被他人抢先申请专利。

(参考资料:高山行,冯宗宪,丁建华. 国际技术贸易[M]. 西安:西安交通大学出版社,1996.)

【阅读 6-2】

副总经理跳槽形成的商业秘密侵权

金龙集团是世界规模最大的制冷用精密铜管制造企业,其花费20多年自主研发的利用铸轧法制造制冷用精密铜管的生产技术和生产工艺处于国际领先水平。从2004年起,金龙集团开始对自己的专有技术进行严密保护,进入集团的所有员工都要与其签订保密协议并进行保密培训。每一个月,金龙集团按照工资标准的高低和从事岗位的不同给员工发放保密津贴。

2005年8月15日,金龙集团上海龙阳精密复合铜管有限公司(以下简称龙阳公司)当时主管生产技术的副总经理王某提出呈辞职。金龙集团明确表示不同意,并向王某说明其签订了竞业禁止保密协议,此行为属于严重违约。但王某仍然辞职,并到同行业的耐乐公司工作,担任副总经理一职。王某离开后,又有多名生产技术人员陆续跳槽到耐乐公司。

据悉,龙阳公司是金龙集团与日本某企业合资在上海建立的合资公司。2001年在该厂投产初期,金龙集团就与其签订了铜管制造技术转让合同,约定将金龙集团拥有的精密铜管制造的专业技术秘密和受控技术文件的使用权以500万元的价格许可给龙阳公司使用,并约定了保密条款和违约责任。

后来,金龙集团发现耐乐公司涉嫌侵犯了自己的专有技术和商业秘密,于2006年2月,其依据和龙阳公司签订的技术转让合同中关于约定管辖的条款,将耐乐公司、龙阳公司诉至河南省新乡市中级人民法院。金龙集团诉称,王某作为龙阳公司的副总经理,掌握着金龙集团的专有技术,其到耐乐公司任职导致金龙集团的专有技术失去了控制和泄密。耐乐公司以不正当竞争的方式非法获取了金龙集团的专有技术,严重侵犯了金龙集团的合法权益,诉请法院判令二被告停止侵权,并由耐乐公司赔偿金龙集团经济损失3000万元。此案由最高人民法院于2008年10月9日做出"(2008)民提字第5号"民事裁定,将该案指定由上海市第一中级人民法院审理。

上海一中院于2013年10月25日做出一审判决,法院认定原告金龙集团主张的67个具体技术方案中的19项技术信息符合反不正当竞争法关于商业秘密的法定条件的规定,构成商业秘密;被告耐乐公司通过不正当手段获取并使用了原告技术秘密;综合考虑金龙集团涉案技术秘密在铜管生产工艺中所占的比重以及其体现的商业价值,耐乐公司通过不正当手段获取、使用原告涉案技术秘密的时间、范围等因素,酌情确定耐乐公司赔偿金龙集团经济损失40万元。一审判决后,原、被告双方均表示不服一审判决,已向上海市高级人民法院提出了上诉。

专家认为:认定是否构成商业秘密是审理此类案件的难点;在认定商业秘密侵权案中被侵权人损失时,应当综合考虑被侵犯的商业秘密本身的技术价值和其在同业竞争中所产生的竞争优势;在确定商业秘密侵权案的赔偿数额时,法院应避免轻易采用酌定赔偿,当事人应积极举证证明自己所受到的损失;商业秘密保护问题应当引起社会舆论的关注,立法机关应在适当时期出台商业秘密保护特别法,企业应当将商业秘密保护作为一项重要工作来抓。

(资料来源:魏小毛,胡姝阳,赵世猛. 商业秘密遭窃取,权利人损失如何判定?[N]. 中国知识产权报,2013-12-25(8).有改动)

【阅读6-3】

盗走商业秘密另立门户

还在原单位任职,却又"另立门户"将原公司的商业秘密"拿"到自己的公司,并付诸生产,再给原公司的客户进行销售,给原公司造成近百万元的经济损失。2006年11月20日,43岁的某甲被依法逮捕。

外企商业秘密被窃取

2006年7月26日,某市公安局接到一外资企业报案,其公司花了3年时间,投资近100万元设计的"冷油器"技术资料和图纸,被公司原技术总监、高级工程师、工程部经理某甲利用职务便利盗用。

8月7日,某市公安局专案组根据线索,找到了被举报人某甲作为法定代表人的公司,并在该公司生产车间发现了已经生产的"冷油器"产品和大量工装图纸,部分图纸上明确标注着报案单位的名称。办案民警当即对图纸进行了提取和扣押。

11月3日，某知识产权司法鉴定所得出鉴定结论，报案单位"冷油器"的技术符合商业秘密中技术秘密的法定条件；双方送来的图纸也符合同一性要求。

任职期间自己成立公司

专案组介绍，某甲在任报案单位技术总监兼工程部经理期间，主要负责公司图纸设计，而且设计好图纸后由他保管。某甲在2006年5月30日成立自己的公司，任公司法定代表人，并继续在报案单位利用职务之便，将"冷油器"图纸私自带离公司用于自己公司进行实际生产。

5月29日，某甲用自己公司的名义，与报案单位的原客户先后签订了10份价值近159万元的工业品买卖合同。根据某省价格认证中心认定的价格计算，某甲的公司生产以上产品的成本价不足80万元。某甲的行为侵犯了报案单位的技术秘密和经营秘密，给报案单位造成了近100万元的损失。

承认不是他个人的设计

案件审理期间，某甲认为自己只是赚点钱，认为自己没有触犯法律。他说，他本人就参与过图纸设计，所以对设计方案都有印象，因此他公司的图纸才会和原单位的图纸一样，但是这个设计的图纸只是让工人生产时参考，一些关键部位的尺寸和报案单位是不一样的。某甲承认当时不是他一个人设计的图纸，公司的其他人也参与了设计。

某甲原所在企业负责人在接受采访时说，早在2005年底，他就感觉到某甲的变化，当他自己的公司成立后，还在"我们公司请了技术工人，为他干活"。随着公司损失的增大，他于7月26日向警方报案。该负责人表示，他们曾经给某甲机会，但是他还是走到了这一步。公司还将保留民事诉讼的权利。

企业应重视保密制度

某市公安局经侦大队介绍说，近两年来，经侦大队共接到10余起关于商业秘密的报案，但都因"证据不足"而放弃。这次能破获此案，报案单位的管理制度起了很大的作用，他们和员工都签有商业保密协议。

发言人说，目前在新区的8000家企业中，大约有1/3的企业在进行自主知识产权的研究，开发自己的新项目，但一般对保密制度不太重视，一旦出现泄密事件，造成了经济损失，才会想到报警，但往往又提供不出有效证据，只能是哑巴吃黄连。

（资料来源：何杰，黄晴.盗走商业秘密另立门户[N].华商报，2006-11-22(A7).有改动）

【阅读6-4】

"老干妈"商业秘密泄露案

2016年5月，"老干妈"公司工作人员发现本地另一家食品加工企业生产的一款产品，与老干妈品牌同款产品相似度极高。该事件引起了"老干妈"公司的警觉，公司相关人员认为此现象很可能存在重大商业机密的泄露。2016年11月8日，"老干妈"公司到贵阳市公安局南明分局经侦大队报案，称疑似公司重大商业机密遭到窃取。

接到报案后，侦查人员从市场上购买了疑似窃取"老干妈"商业机密的另一品牌同类产品，将其送往司法鉴定中心，鉴定结果为该产品含有"老干妈牌"同类产品制造技术中不为公众所知悉的技术信息。经查，涉嫌窃取此类技术的企业从未涉足该领域，绝无此研发能力。"老干妈"公司也从未向任何一家企业或个人转让该类产品的制造技术。由此，可以断定，有人非法披露并使用了"老干妈"公司的商业机密。

在多方了解和仔细排查后,侦查人员将注意力最终锁定到"老干妈"公司离职人员贾某身上。2003年至2015年4月,贾某历任"老干妈"公司质量部技术员、工程师等职,掌握"老干妈"公司专有技术、生产工艺等核心机密信息。2015年11月,贾某以假名做掩护在本地另一家食品加工企业任职,从事质量技术管理相关的工作。

涉嫌商业秘密泄露的案件中,大量的证据均是以电子文档的形式存在的,其证据一般都是随身携带。围绕这一线索,办案侦查员展开调查,依法搜查扣押了贾某随身携带的移动硬盘及内含的电子证据资料,并在其台式电脑中发现大量涉及"老干妈"公司商业秘密的内部资料,这也印证了办案人员的判断。贾某在其任职期间,与"老干妈"公司签订了"竞业限制与保密协议",约定贾某在工作期间及离职后需保守公司的商业秘密,且不能从事业务类似及存在直接竞争关系的经营活动。

嫌疑人贾某因涉嫌侵犯商业秘密案,涉案金额高达千万元人民币,被刑事拘留。

(资料来源:张伟.贵阳南明警方破获一起涉嫌泄露"老干妈"商业机密案[EB/OL].(2017-05-08)[2021-06-16].http://www.xinhuanet.com/fortune/2017-05/08/c_1120938522.htm.有改动)

【阅读6-5】

"香兰素"侵害技术秘密案

(本案例来源于最高人民法院〔2020〕最高法知民终1667号民事判决书。)嘉兴市中华化工有限责任公司(以下简称嘉兴中华化工公司)、上海欣晨新技术有限公司拥有使用乙醛酸法制备香兰素工艺的技术秘密。嘉兴中华化工公司基于该工艺一跃成为全球最大的香兰素制造商,占全球市场约60%的份额。王龙集团有限公司(以下简称王龙集团公司)及其法定代表人等通过嘉兴中华化工公司香兰素车间副主任非法获取了该技术秘密,并使用该技术秘密工艺大规模生产香兰素产品,导致香兰素产品价格下滑、嘉兴中华化工公司的市场份额缩减。嘉兴中华化工公司等诉诉至法院。一审法院认定王龙集团公司等构成侵害部分技术秘密,判决其停止侵害、赔偿经济损失350万元,同时做出行为保全裁定,责令立即停止侵害涉案技术秘密。一审判决后,王龙集团公司继续实施侵权行为。双方当事人提起上诉。最高人民法院二审认为,王龙集团公司系其法定代表人为侵权而设立的企业,且其法定代表人积极参与侵权行为的实施,故王龙集团公司与其法定代表人构成共同侵害全部技术秘密,应当承担连带赔偿责任。根据权利人提供的经济损失数据,综合考虑涉案技术秘密商业价值大、侵权情节恶劣、被告拒不执行人民法院行为保全裁定等因素,改判王龙集团公司及其法定代表人等连带赔偿1.59亿元。

该案是人民法院历史上生效判决确定赔偿数额最高的侵害商业秘密案件。该案裁判提高了侵权违法成本,切实保护了重要产业核心技术,对于在侵害技术秘密案件中认定损害赔偿具有参考意义。人民法院还依法将涉嫌犯罪线索移送公安机关,推进了民事侵权救济与刑事犯罪责任追究的衔接,彰显了严格依法保护知识产权、严厉打击侵权行为的鲜明司法态度。

(资料来源:最高人民法院.最高人民法院发布2021年中国法院10大知识产权案件和50件典型知识产权案例[EB/OL].(2022-04-21)[2023-03-02].https://www.court.gov.cn/zixun-xiangqing-355881.html.)

第7章

知识产权的国际保护

知识产权作为一种重要的财产权利,受到各国的法律保护,但由于知识产权保护的地域性原则,各国对知识产权的保护不尽相同。同时,为了进一步协调各国之间的知识产权保护问题,国际社会通过各种方式成立了相关国际组织,制定了大量的有关国际公约,成为知识产权保护的重要组成部分。

7.1　世界知识产权组织

世界知识产权组织(World Intellectual Property Organization,简称 WIPO)是根据 1967年 7 月 14 日在瑞典首都斯德哥尔摩签订并于 1970 年 4 月 26 日生效的"建立世界知识产权组织公约"而成立的,总部设在瑞士日内瓦。1974 年 12 月,该公约组织成为联合国组织系统的专门机构之一,负责管理知识产权事务,具有发挥国际机构作用的性质。截至 2023 年 2 月,世界知识产权组织共有成员 193 个。该组织通过国家间的合作,促进对全世界知识产权的保护,管理建立在多边条约基础上的关于专利、商标和版权方面的 23 个联盟的行政工作,办理知识产权法律与行政事宜。该组织的很大一部分财力是用于同发展中国家进行开发合作,促进发达国家向发展中国家转让技术,推动发展中国家的发明创造和文艺创作活动,以利于其科技、文化和经济的发展。

世界知识产权组织的一个主要宗旨是,保证巴黎联盟和伯尔尼联盟以及属于这两个联盟范围的特别专门联盟的行政合作,吸收更多的国家参加到保护知识产权的国际体系中来。这个宗旨通过以下的职能体现出来:鼓励缔结新的国际条约,协调各国立法,收集并传播保护知识产权情报,提供促进国际保护的服务,提供法律的技术援助等。

该组织的大会是其最高权力机构。成员国会议由全体成员国组成,每两年召开一次会议,与大会同时同地举行;协调委员会是大会和成员国会议的咨询及执行机构;国际局是该组织以及受该组织管理的各联盟的秘书处,由以总干事为首的来自各国的常任职员组成;调停中心负责调停因各成员国专利制度不同或在审查专利的方法和对条约解释上的不同而造成的纠纷,拟定调停纠纷的立场中立的专家名单,视每个纠纷的情况挑选调停者。

国际局实际上是该组织以及受该组织管理的各联盟的秘书处,受大会和成员国会议的管理,由以总干事为首的来自各国的常任职员组成;总干事由大会根据协调委员会提名任命,任期 6 年。国际局下设有关工业产权法律、版权法律、情报、公约保存以及专利、商标、外观设计和原产地名称注册等业务机构。

世界知识产权组织的主要职责是：促进全世界对知识产权的有效保护和协调各国在这方面的立法措施；执行巴黎同盟及有关各专门联盟和伯尔尼同盟的行政任务；同意担任或参加其他旨在促进保护知识产权的国际协定的行政事务；鼓励缔结促进保护知识产权的国际协定；对于请求在知识产权方面法律、技术援助的国家给予合作；收集并传播有关保护知识产权的情报；促进这方面的研究并公布这些研究成果；提供有助于知识产权国际保护的服务，并适当办理这方面的注册和发布注册资料。

中国于 1980 年 6 月 3 日加入该组织，成为它的第 90 个成员国。2017 年 7 月 10 日，世界知识产权组织在北京设立中国办事处。

7.2 《保护工业产权巴黎公约》

《保护工业产权巴黎公约》

《保护工业产权巴黎公约》(Paris Convention for the Protection of Industrial Property，以下简称《巴黎公约》)是保护商标权、专利权的最主要的一项国际公约，它是缔结最早、成员国最广泛的一个综合性公约。它于 1883 年 3 月 20 日在巴黎签订。

它对其他许多世界性和地区性的工业产权公约的影响很大，绝大多数工业产权公约都规定：要求参加本公约的国家，首先必须是《巴黎公约》的成员国。所以，从这个意义上讲，《巴黎公约》可以称得上是工业产权领域的基本公约，大多数国家在考虑参加工业产权的国际活动时，首先要考虑加入《巴黎公约》。

19 世纪后期，随着国际贸易的迅速发展，商业竞争愈演愈烈，仅靠各个国家单独立法来保护商标等工业产权已经不能适应需要。1873 年奥匈帝国在维也纳举办国际博览会，参加博览会的各国厂商要求对展出的新技术新发明给予更充分的保护。美国驻维也纳大使向奥匈帝国外交大臣提出照会，表示对其政府所提供的保护不满。为此，奥匈帝国特别立法给予参加展览会的外国发明、商标和外观设计临时保护，并就此问题召开了维也纳国际会议，寻求对工业产权的国际保护。其后，在法国政府的推动下，又于 1878 年和 1880 年在巴黎召开了两次国际会议。当时由于各国利益很难统一，无法实行统一的工业产权保护制度，转而采取了尊重各国国内法同时采取国际协调的原则，这样才通过了法国准备的公约草案。随后的 1883 年，《巴黎公约》正式签订，并于 1884 年开始生效。截至 2022 年 7 月 6 日，随着佛得角的正式加入，《巴黎公约》的成员国数量达到 179 个。

我国在 1984 年 11 月 14 日由全国人大常务委员会做出参加决定，并于 1985 年 3 月 19 日正式成为该公约的成员国。从 1997 年 7 月 1 日起，《巴黎公约》在中华人民共和国香港特别行政区开始生效。

《巴黎公约》是保护工业产权方面影响最大的国际公约，共有 30 条。公约确定了保护范围：最广义的工业产权，不仅包括发明、商标、服务标记与工业品外观设计，而且也包括实用新型、厂商名称、货源标记、原产地名称以及制止不正当竞争。《巴黎公约》还规定："工业产权应作最广义的解释，不仅适用于工业和商业本身，也适用于农业和采掘工业以及一切制成品或天然产品,例如酒类、谷物、烟叶、水果、牲畜、矿产品、矿泉水、啤酒、花卉和面粉;专利权应包括巴黎联盟成员国法律上承认的各种工业专利权,如输入专利权、改进专利权、补充专利权和补充证书等。"《巴黎公约》的主要规定包括以下四个方面的内容。

7.2.1　国民待遇原则

国民待遇(national treatment)是根据《巴黎公约》所确立的国际工业产权保护制度的一项重要原则,也是体现国际保护的一项根本性的原则。国民待遇包括两方面的含义:

一是在工业产权的保护上,各成员国必须在法律上给予其他成员国的国民以本国国民能够享有的同样待遇。

二是即使对于非公约成员国的国民,只要他在某一个成员国国内有住所,或有实际从事工商业活动的营业场所,也应当享有同该成员国国民相同的待遇。

公约成员国的国民,不一定必须在成员国国内有居住地或营业所,也应在各个成员国国内享有国民待遇。国民待遇保护原则是排斥互惠保护原则的,即你的国民享有什么水平的保护,我就应当享有什么水平的保护。

国民待遇中的国民,既包括自然人,也包括法人。自然人的国民,指的是根据一国的国籍法所承认的享有该国国籍的人。对于具有双重或多重国籍的人来讲,只要其中一国是《巴黎公约》成员国,这个人就符合"国民"的条件。至于法人,它的具体含义在各个国家还不太一致。在一般国家里,凡被法律承认的具有民事权利及行为能力的社会组织,都可以作为法人而享有国民待遇。

对于非成员国国民在成员国内的"住所",一般并不要求是法律认可的住所,只要是较长期的住所就够了。公约规定,被请求保护的国家不得要求同盟成员国的国民必须在该国有永久住所或营业场所,才能享有工业产权权利。至于非同盟成员国国民,只要在一个同盟国的领土内享有永久住所或有真实的、正当的工商营业场所,就应享有与同盟成员国国民同等的待遇。

7.2.2　优先权原则

优先权(right of priority)同国民待遇一样,是《巴黎公约》对工业产权确立国际保护的重要原则之一,主要体现在要求保护工业产权的申请程序方面。《巴黎公约》规定优先权所包括的内容,即:如果某个可享有国民待遇的人以一项发明首先在任何一个成员国中提出了专利,或以一项商标提出了注册申请,自该申请提出之日起的一定时期内(对发明专利或实用新型来讲是 12 个月,对商标或外观设计是 6 个月),如果他在别的成员国也提出了同样的申请,则这些成员国都必须承认该申请在第一个国家递交的日期为本国的申请日。这就是国际优先权。

优先权原则的作用主要是使发明人或商标专用人在第一次申请后,有充裕的时间考虑还要在哪些成员国再提申请,并有时间选择在其他国家的法律代理人办理必要的手续。他不必担心在这个时间内有其他人以相同的发明或商标在其他国家提出专利申请或商标注册,因为他的第一申请日是"优先"的。当然,如果超出了规定期限,例如在第一次提出商标注册申请以后超过了 6 个月,优先权即自然丧失。

优先权原则也不是对一切工业产权都适用,对于商号、商誉、产地名称等它就不适用。由于该公约没有把服务商标的注册作为对成员国国内法的最低要求,所以优先权一般也不适用于服务商标。当然,这并不妨碍对服务商标提供了注册保护的国家决定对这种标记适用优先权原则。在《巴黎公约》中,仅仅明确规定了优先权原则适用于发明专利、实用新型专利、工业品外观设计专利与用于商品上的注册商标。

提出优先权要求,是以向公约成员国提出第一次申请为基础的。

(1)在提出优先权的要求以后,即使第一次申请遭到批驳,它仍然具有作为优先权基础的作用。

(2)即使申请人在要求优先权以后放弃了第一次申请,或者第一次申请被核驳,他的优先权依然存在。第一次申请的日期不能随意改变,必须符合法律程序提出,并且是经受申请国法律所确定的日期。申请人向成员国提出优先权要求,必须作出声明,指明第一次申请的日期、受理第一次申请的国家,并提供第一次申请的编号。

(3)优先权作为一种权利,可以连同商标注册申请案、专利申请案或商标权、专利权一同转让。只要有关优先权的期限尚未届满,申请案或有关专有权的合法受让就可以享有优先权。

7.2.3 商标、专利独立原则

(1)商标独立原则:是指商标的申请和注册条件由各成员国国内法规定;对成员国国民的商标注册申请,不得因未在其所属国申请、注册或续展而拒绝或注册无效;在一个成员国正式注册的商标,在其他成员国注册以后即具有独立性,即使同一商标在原来的注册国失败,也不影响它在其他成员国得到的保护。

(2)专利独立原则:是指一个缔约国授予申请人的发明专利,是不以其他国家就同一发明所授予的发明专利为转移的。换句话说,任何一个国家一项发明专利的结局对其他的任何一个国家的同一发明专利的结局没有任何影响。这个原则对于同族专利,即在若干国家根据同一个第一次申请取得的同一个优先权日而联结在一起的一些专利,也是适用的。

7.2.4 共同规则

共同规则(common rules)是工业产权国际保护方面的重要组成部分,包括商标方面的共同规则和专利方面的共同规则。

1. 商标方面的共同规则

(1)驰名商标。公约规定,成员国在其本国法律允许的条件下,承担保护驰名商标的义务:①对于与驰名商标发生冲突的商标,如复制、仿制、译制以及造成混淆的,成员国注册机关应当拒绝其注册申请;②如果与驰名商标冲突的商标已经注册,则自注册之日起5年以内,经驰名商标所有人提出要求,应立即撤销该商标的注册,并且禁止使用该商标;③以欺诈手段取得注册,或者恶意使用该商标的,不受上述5年的限制;④具备什么条件才算是驰名商标,《巴黎公约》并无明文规定,要求该成员国的注册机关或法院来决定。

(2)禁用条款。《巴黎公约》规定,各成员国有义务禁止使用下列标志作为商标或其组成部分:①公约成员国的国徽、国旗和国家的其他标记;②公约成员国参加的政府间国际组织的徽章、旗帜、其他标记、缩写和名称;③公约成员国用来对商品进行监督和证明的官方符号和检验印章,在同一商品或类似商品上禁止使用。

另外,由于禁用国旗是 1925 年 11 月 26 日在海牙会议上新增的内容,因此只适用于在此日之后注册的商标。

(3)服务商标。公约规定,成员国有义务保护服务商标,但不要求成员国制定有关服务商标的法律和办理服务商标注册。

(4)集体商标。集体商标一般属于社团或协会的若干企业使用。成员国应接受集体商标的注册申请并给予保护,只要不违反所属国的法律,不得拒绝给予保护。

(5)国际展览会的临时保护。《巴黎公约》规定,成员国按本国的法律,对在任何一个成员国领土上举办的官方或官方认可的国际展览会展出的商品的商标,给予临时性保护。至于怎样保护,公约没有规定,而是由各成员国依照国内法,规定临时保护的办法。

(6)商标撤销的限制。在公约成员国内,如果注册商标的使用是强制性的,则此项注册只有在一个合理的时期以后,而且商标所有人对其不使用提不出正当理由的,才能撤销。

2.专利方面的共同规则

(1)强制许可。缔约国可以采取立法措施,规定强制许可,以防止专利权所可能产生的滥用(例如不实施),不过这种强制许可应当受到某些限制。例如,只有专利发明在该国自申请日起已有 4 年或者自批准专利之日起 3 年没有实施或者没有充分实施的,才能根据申请批准强制许可,但如专利权人不实施且有正当理由的,若不批准强制许可仍不足以防止滥用的,可以规定撤销专利权,但只能在给予第一个强制许可满 2 年以后才能提出撤销专利权的诉讼程序。

(2)运输工具上的使用。缔约国的船只、飞机或者车辆暂时进入另一国时,其船上或运输工具上使用的该国专利发明不应认为是对该项专利权的侵犯。

(3)缴纳费用。对于为维持专利权缴纳规定的费用,缔约国应该给予不少于 6 个月的宽限期,但是,如果本国法律有规定,则应该缴纳附加费。

(4)方法专利保护。一种产品输入到对该产品的制造方法有专利保护的缔约国家时,专利权人对该产品应享有该国法律对在该国制造的产品所授予的一切权利。

(5)外观设计保护。缔约国应对外观设计给予保护。

(6)国际展览会上的临时保护。缔约国应按其本国法律对在任何缔约国内举行的官方的或者经官方承认的国际展览会上展出的商品中可以获得专利的发明、实用新型和外观设计给予临时保护。

7.3 《商标国际注册马德里协定》

《商标国际注册马德里协定》(Madrid Agreement Concerning the International Registration of Marks,以下简称《马德里协定》),于 1891 年 4 月 14 日在西班牙马德里签订,并于 1892 年 7 月 15 日生效,以后又进行多次修订。最初只有 9 个缔约国:比利时、法国、危地马拉、意大利、荷兰、葡萄牙、西班牙、瑞士和突尼斯。该协定只对《巴黎公约》成员国开放。《马德里协定》与后来发展起来的《商标国际注册马德里协定有关议定书》(以下简称《马德里议定书》)所适用的国家或政府间组织所组成的商标国际注册特别联盟被称为马德里联盟。马德里联盟目前有成员 114 个,覆盖了 130 个国家。这些成员代表了世界贸易的 80%,而且其影响力随着成员增加而扩大。马德里联盟的宗旨是在协定成员国间办理马德里商标国际注册,以便在数量众多的国家中保护商标。

1989 年 10 月 4 日,我国正式成为《马德里协定》成员国,适用 1967 年斯德哥尔摩文本。

7.3.1 《马德里协定》的基本原则

《马德里协定》的保护对象是商品商标与服务商标。这个协定规定:

(1)商标注册的申请人只要使用一种文字——法文,向一个主管部门递交一份按统一格式书写的"国际注册申请书",并且交付一次申请费,就有可能取得在两个以上国家的注册。有资格提交国际注册申请案的人,是《马德里协定》成员国的国民和在成员国中有住所或有实际营业场所的非成员国国民。

(2)申请国际注册的商标,必须是已在其原属国获准注册的商标。原属国(country of origin)的国家注册,在马德里商标国际注册体系中一般称为"基础国家注册"。凡申请商标国际注册的,必须以国家注册为基础。国际注册申请必须向原属国商标注册主管机构提出,而不是直接向世界知识产权组织国际局提出。原属国当局应对申请中的项目进行审查,然后将申请转送商标局。原属国商标主管机关向国际局转送商标国际注册申请时,应当说明该商标在本国申请、注册的日期和编号,并证明与本国注册底簿相符。

未在本国获准注册的商标不能申请国际注册。只有在国际注册之日起满 5 年后,该项注册同原属国对同一商标的国家注册即相互独立。换言之,在从国际注册之日起 5 年以内,该项注册与原属国的国家注册还存在着依存关系。在此期间,如在原属国注册的商标不再受法律保护,如因撤回、放弃、驳回、撤销、宣告失效等而失效,则该商标在受国际注册保护的一切国家也丧失保护。自国际注册之日起已满 5 年的,国际注册即不再依存于原属国的注册,而取得了完全独立。

(3)《马德里协定》规定的商标国际注册有效期为 20 年,有效期满可以申请续展。续展的宽展期为 6 个月,在期满后的宽展期申请续展的要按规定缴纳附加费。有关国家不得拒绝续展。

(4)商标国际注册使用尼斯协定的商品和服务项目国际分类。所以,申请中必须按国际分类进行填写。

办理商标国际注册有利于简化手续,同时可以节省费用。申请人只需付一次费用就可以完成国际注册申请,而且还可以缩短注册时间。到《马德里协定》成员国申请商标注册,如通过当地代理人办理国家申请,一年之内不一定可以获得注册。《马德里协定》成员国则可以按照该协定规定的"如果注册申请在一年之内未被核驳,即自动在指定国生效"的条文,缩短注册时间。

但遗憾的是,《马德里协定》没能取得一个世界范围的国际协定所能期望的地理上的普及。美国、日本等经济发达国家和英国、希腊、爱尔兰、丹麦这些欧洲经济共同体国家由于政治、经济、技术等原因没有参加该协定;《马德里协定》由于规定只使用法语一种工作语言,限制了许多不使用法语的国家参加协定;而且由于取得本国注册是取得国际注册的前提,这样英美法系靠使用就能确立专有权的国家,就不大可能参加该协定。

7.3.2 《马德里议定书》

为了吸引更多的国家,特别是美、英、日这些重要的贸易国参加马德里体系,1989 年 6 月 27 日,《马德里议定书》在马德里签订,该议定书于 1995 年 12 月 1 日生效。截至 2023 年 5 月 6 日,随着毛里求斯的加入,《马德里议定书》的缔约国增加为 114 个,覆盖 130 个国家。

有些国家只加入了议定书而未加入协定,如英国、挪威等国,美国和欧共体分别于 2003 年 11 月和 2004 年 10 月加入了《马德里议定书》。中国于 1989 年 10 月 4 日成为《马德里协定》成员国,于 1995 年 12 月 1 日成为《马德里议定书》的成员国。

中国于 1989 年 10 月 4 日成为《马德里协定》成员国,于 1995 年 12 月 1 日成为《马德里议定书》的成员国。

《马德里议定书》同《马德里协定》的主要区别如下:

(1)依《马德里协定》,只有在原属国获得国家注册后才能进行国际注册。但是,由于各国商标法规定不同,有些在原属国不能注册的商标却可能在其他国家进行注册。因而,《马德里议定书》在这方面做了改变,申请人在原属国获得注册的商标自然可进行国际注册,在原属国递交注册申请而尚未获得国家注册的也可进行国际注册。

(2)依《马德里协定》,缔约国在接到国际局将一个商标国际注册延伸到该国的通知后,一年以内可通知国际局拒绝给予保护,但需说明理由。实践表明,一年时间往往太短,不足以进行必要的审查并提出理由。因而《马德里议定书》规定将这一期限延长到 18 个月,而且可以声明在有异议的情况下,于 18 个月届满后的更长期间内通知国际局。

(3)依《马德里协定》和国际局制定的收费表,缔约国所收的费用很低。而按《马德里议定书》,收费由各缔约国自行规定,相对就比较高,申请人也就不会随便轻易指定许多延伸国,造成不必要的浪费。

(4)依《马德里议定书》,国际注册因原属国基本注册被宣告无效而被国际局撤销时,该国际注册可转成各指定国的国家申请,以国际注册日为申请日。如国际注册享有优先权,则转成各指定国的国家注册也可以享有优先权。

(5)依《马德里协定》,必须用法语撰写商标国际注册申请,这对许多国家,特别是以英语为母语的国家非常不方便。按照《马德里议定书》,商标国际注册申请可以用法语,也可以用英语,这是 1996 年 1 月 18 日的《商标国际注册马德里协定及有关该协定的议定书的共同实施细则》第 6 条第 1 款所规定的。2004 年 4 月西班牙语被列为马德里体系的第三种语言。

7.4 《专利合作条约》

《专利合作条约》(Patent Cooperation Treaty,以下简称 PCT)是世界知识产权组织国际局在美国的提议下,经研究提出的专利合作草案,于 1970 年 6 月在华盛顿签署,1978 年生效。PCT 是专利申请方面的一个重要条约,到目前为止,PCT 已经经历了 3 次修正(修改)、30 多次实施细则的修改[①]。

---

① 高飞.《专利合作条约》的最新改革及进展[N].中国知识产权报,2013 - 10 - 30(4).

PCT 的主要目标或宗旨,就是简化对一项发明在多个国家要求专利保护所必须采取的重复手续,使其更经济有效,专利申请人和专利局都能够从中受益。PCT 建立的国际体系,使得在一个专利局(即受理局)以一种语言提交的一项申请(即国际申请)在申请人指定的 PCT 成员国内都具有相同的效力。

运行以来,PCT 取得了很好的效果。1978 年 PCT 生效时只有 18 个成员国。截至 2022 年 12 月 15 日,随着毛里求斯的加入,PCT 成员国增至 157 个。

中国政府于 1993 年 10 月 1 日向 WIPO 递交了加入书,1994 年 1 月 1 日成为 PCT 的正式成员国。根据中国政府的声明,1997 年 7 月 1 日起,PCT 适用于中华人民共和国香港特别行政区。

PCT 规定,成员国的专利申请人,只需要在一个国家按照规定方式提出一份申请,缴纳一次费用,在申请中写明在哪些国家要求保护,这份申请就可以在申请人要求保护的所有国家产生分别在各该国的国内提出申请的效力。这份申请统一由一个检索单位和一个审查单位进行检索和审查,最后由指定国决定是否批准专利。这样做可以避免因专利权的地域限制,而使申请人分别向各申请国递交申请书、缴纳费用、委托代理人的麻烦,也可以减少各国因对同一专利的审查检索所造成的重复劳动。PCT 的申请过程可分为两个独立的程序。

第一个独立程序。凡是 PCT 缔约国的国民或者居民,可以用一种规定的文字(主要是中文、英文、法文、德文、日文、俄文和西班牙文;丹麦文、荷兰文、挪威文和瑞典文也可接受),按照条约和实施细则规定的形式要求,向本国专利局(称为受理局)提出一份"国际申请"。申请人希望他的申请在哪些国家生效,必须在申请中写明。这些国家在条约中称为"指定国"。受理局认为申请文件和手续完备的,即确定为国际申请日。自该申请日起,国际申请在每一个指定国就具有正规的国内申请的效力,该申请日也成为该指定国的实际申请日。受理局应当对国际申请是否符合规定的形式进行审查。

形式审查合格后,受理局应当将国际申请分别送交世界知识产权组织国际局和国际检索单位。对每一国际申请均应进行检索,以检查有无相关的现有技术。检索工作由专利合作条约联盟大会指定的国际检索单位担任。这些检索单位是:欧洲专利局、日本特许厅、美国专利与商标局、俄罗斯专利局、澳大利亚专利局、中国国家知识产权局、西班牙专利商标局、瑞典专利局、奥地利专利局和乌克兰国家知识产权局。国际检索单位必须具备 PCT 规定的最低文献量,即从 1920 年以来主要工业化国家的专利文献和规定的非专利文献。

国际检索单位对申请进行检索以后,应当提出国际检索报告,并将报告分别送交世界知识产权组织国际局和申请人。申请人接到报告以后,可以决定是否撤回申请。如果不撤回,他有权在规定的期限内对国际专利申请中的权利要求进行修改,送交世界知识产权组织国际局。自国际申请日(或者优先权日)起满 18 个月以后,国际局应当将国际申请连同检索报告一起予以公布。该申请公布后,在指定国的法律效力依照该国专利法的规定。

国际局将国际申请公布后,应当立即将该申请连同检索报告送交指定国专利局。自国际申请日(或优先权日)起满 20 个月以后,国际申请就进入国内阶段,由指定国专利局对该申请办理审批手续,申请人到这时候才需要委托指定国的代理人,缴纳该国的费用,提交用该国语言书写的申请译本。

第二独立程序。这一程序的适用不是强制性的,而是选择性的。所谓选择性,有两层意思，一是加入 PCT 的国家可以选择不适用条约第二章；二是即使缔约国没有保留，申请人也可以选择不适用。所以第二章的规定要根据他的请求才能适用。

在第二独立程序中，申请人如果是不受第二章约束的国家的国民或者居民，他可以请求对构成国际申请主题的发明进行国际初步审查。这个审查的目的是对要求保护的发明是否具有新颖性、创造性和工业实用性问题提出初步的、无约束力的意见。申请人请求国际初步审查时，应当从受第二章约束的缔约国中选定一些使用国际初步审查的国家（称为选定国）。

国际初步审查是由 PCT 联盟大会指定的国际初步审查单位担任。它们进行审查后应当在自优先权日起 28 个月后提出国际初步审查报告。这个报告只说明权利要求是否满足新颖性、创造性、实用性的标准，而不说是否可以被授予专利权。报告应送交世界知识产权组织国际局转交申请人。国际局应该将审查报告连同译本及附件一起送交选定国。

7.5 《保护文学和艺术作品伯尔尼公约》

《保护文学和艺术作品伯尔尼公约》(Berne Convention for the Protection of Literary and Artistic Works，以下简称《伯尔尼公约》)，于 1884 年、1885 年和 1886 年在伯尔尼三次召开的外交会议讨论修改，于 1886 年 9 月在伯尔尼举行的第三次外交会议上签订，1887 年 12 月 5 日正式生效。这也是世界上第一个国际版权公约，所有参加这一公约的国家组成一个联盟，称伯尔尼联盟，并选出了联盟的国际局，规定了以后参加国应履行的手续、公约的修订程序。

19 世纪中叶，法国、英国等国家的著名作家在法国巴黎成立了国际文学艺术联盟，该联盟成为缔结伯尔尼公约最早的倡议者。当时，由法国著名作家雨果在巴黎主持召开了一次文学大会，会上通过了一项制订国际公约的决议，成立了国际文学艺术联盟，并由该联盟起草了保护文学艺术作者权利公约。截至 2022 年 4 月 28 日，随着乌干达的加入，《伯尔尼公约》成员国增至 181 个。

1992 年 7 月 1 日我国第七届全国人大常委会第二十六次会议通过我国加入该公约的议案，该公约于 1992 年 10 月 15 日在中国生效。1997 年 7 月 1 日起，该公约也适应中华人民共和国香港特别行政区。

7.5.1 基本原则

《伯尔尼公约》的基本原则可归纳为以下四方面。

1. 国民待遇原则

《伯尔尼公约》成员国应按本国法律保护其他成员国作者的著作权。国民待遇具体从以下两方面体现：

（1）享有《伯尔尼公约》各成员国依本国法已经为其本国国民提供的著作权保护。这方面内容含义较广，不仅包括著作权法，还包括与著作权法有关的其他法律。

（2）享有《伯尔尼公约》专门提供的保护。这是考虑到各国著作权法规定的差异，为各成员国国民提供的最低保护要求。

国民待遇原则可分为"作者国籍原则"和"作品国籍原则"。作者国籍原则是指《伯尔尼公约》成员国的国民,其作品不论是否出版,均应在其他成员国享有公约最低要求提供的保护。作品国籍原则是指非伯尔尼公约成员国的国民,其作品只要是首先在任何一个公约成员国出版的,或者在成员国和非成员国同时首次出版,其也应在一切成员国中享有公约要求提供的最低保护。此外,非公约成员国国民如果在公约成员国有长期居所或电影作品的制片人在公约成员国有长期居所或总部设在公约成员国,也适用作者国籍原则。

2. 自动保护原则

根据这一原则,享受国民待遇的作者或其他人在公约成员国获得著作权保护不需要履行任何手续,而自动受到保护。所谓不需要履行手续是指无须注册登记、交纳作品样本和在作品上加注任何著作权保留的标记。但《伯尔尼公约》并不因此禁止成员国规定进行著作权登记或加注著作权保留标记,只是这些规定只限适用本国国民,而不适用其他《伯尔尼公约》成员国的国民。

3. 独立保护原则

独立保护原则是指《伯尔尼公约》成员国按照本国著作权法保护其他成员国的作品,而不论该作品是否在其他成员国受保护。如有些国家规定保护工业产品外观设计和政府作品,而在有些国家则规定不保护这些作品,保护这些作品的成员国不能因有些成员国不保护而拒绝提供这些国家的上述作品的著作权保护。

4. 最低限度的保护原则

根据这一原则,《伯尔尼公约》成员国不论是对本国作者还是对其他成员国的作者的保护,都不能低于《伯尔尼公约》规定的限度。最低限度的规定既包括人身权利(精神权利)也包括财产权利(经济权利),如《伯尔尼公约》规定,作者应享有精神权利、经济权利,至少应包括翻译、改编、公共表演、广播、摄制电影和复制等项权利。

此外,《伯尔尼公约》还规定了受保护的作品的种类和著作权保护期的最低限度。文学艺术作品为作者有生之年加死后 50 年;电影作品为公开发行后 50 年,若未公开发行,则自摄制完成后 50 年;假名、匿名作品为发表后 50 年,摄影作品和实用美术作品不得低于自作品完成后 25 年。

《伯尔尼公约》要求加入的国家的著作权法的保护水平必须达到上述要求,但并不禁止成员国的保护水平高于《伯尔尼公约》。

7.5.2 对发展中国家的优惠待遇

由于《巴黎公约》文本规定了对发展中国家的优惠待遇,因此,《伯尔尼公约》也将对发展中国家的优惠待遇规定在附件的补充议定书里。在对发展中国家优惠待遇方面,两个公约大体相同,也都是集中在颁发翻译强制许可证和复制许可证上。按联合国大会惯例被认为是发展中国家的,可以在批准或加入两个公约时声明,要求享受对发展中国家的优惠待遇,即可以从本国当局获得非独占性的翻译强制许可证或复制强制许可证。

1. 翻译强制许可证

对于在其他成员国已经出版 3 年但还没有译成本国文字出版的作品,可以经本国当局授权将该作品译成本国文字出版,而不需要经原作者同意。如果是将该作品译成英文、法文、西班牙文这3种文字以外的其他文字出版,则经过1年期限就可以了。除期限要求外,颁发翻译强制许可证还要严格遵守一系列复杂的手续和条件:

(1)只能为教学、学习和科学研究的目的而颁发。

(2)申请人必须证明曾要求原作者授权,但未获得。

(3)如找不到原作者,申请人还要将申请的抄件用航空挂号的方式,寄交原出版者及所属成员国的版权情报中心。该国如果没有版权情报中心,则应将申请书抄件交联合国教科文组织的国际版权情报中心。

(4)经过3年期限才能取得翻译强制许可证的,还要经过6个月的补充期限才能取得;需经过1年期限的,还要经过9个月的补充期限才能取得。

(5)申请方必须保证译文准确,并支付原作者以合理的报酬。合理报酬指两国的个人间自由商谈许可证时通常支付的报酬;如补偿的外汇汇出有障碍,主管当局应尽力利用国际机构以保证用可以兑换的货币汇出。

(6)翻译强制许可证只在申请许可证的《伯尔尼公约》缔约国内有效,不能向外销售。

(7)如果原作者在某缔约国内出版的译本,文字相同,内容也大体一样,价格相当,则原颁发的许可证明即停止生效。但以前的译本可继续出售,直至销完为止。

2.复制强制许可证

复制强制许可证分以下三种情况:

(1)对受《伯尔尼公约》保护的有关数学、自然科学和技术的作品,在首次出版3年以后可取得复制强制许可证;

(2)小说、诗歌、戏剧和乐曲以及美术作品,需首次出版7年以后;

(3)其他作品,需首次出版5年以后。

7.6 《与贸易有关的知识产权协定》

《与贸易有关的知识产权协定》(Agreement on Trade-Related Aspects of Intellectual Property Rights,以下简称 TRIPS 协定,或称《知识产权协定》),是在 1986 年关税与贸易总协定(以下简称 GATT)乌拉圭回合谈判中达成的,1994 年 4 月 15 日订立,它与 GATT、服务贸易总协定构成了 1995 年 1 月 1 日诞生的世界贸易组织(WTO)的重要组成部分。中国当时是以观察员的身份参与谈判,并于 2001 年 12 月 11 日签署了该协定。

TRIPS 协定属于世界贸易组织框架下的多边协定(multilateral agreements),凡世贸组织的成员必须加入。中国"入世",也就加入了 TRIPS 协定。2016 年 7 月 29 日,随着阿富汗的加入,世贸组织缔约方增至 164 个。截至 2023 年 4 月,尚未有新国家或地区加入。

TRIPS 协定包括 1 个前言和 7 个部分,全文共 73 条。主要内容包括:①一般规定和基本原则;②知识产权的效力、范围及使用标准;③知识产权执法;④知识产权的获得、维持及有关当事人之间的程序;⑤争端的防止和解决;⑥过渡协议;⑦机构安排,最后条款。

该协定与以前知识产权国际公约的联系主要体现在知识产权保护范围方面。TRIPS 协定的保护范围几乎囊括了当今世界主要知识产权国际公约的保护范围。例如,"一般条款"要求成员国遵守四个主要国际公约,即《保护工业产权巴黎公约》、《保护文学和艺术作品伯尔尼公约》、《保护表演者、录音制品作者与广播组织公约》(以下简称《罗马公约》)、《集成电路知识产权条约》(以下简称《华盛顿条约》)。而上述四公约(条约)均是当今知识产权保护水准甚高的国际公约,故 TRIPS 协定亦体现了知识产权国际保护的"高水准"。

从 TRIPS 协定的基本内容看,尽管标题限于"与贸易有关的",但其实远非如此,它涉及知识产权诸方面,包括知识产权利用、效力、获得、范围、事宜。与《建立世界知识产权组织公约》及其他有关知识产权国际公约相比,该协定有鲜明的特点。

7.6.1　引入世界贸易组织关于有形商品的原则和规定

世界贸易组织的基本原则即无歧视原则,包括最惠国待遇原则、国民待遇原则和透明度原则,在 TRIPS 协定中均有充分的体现。

协定第 4 条规定:在知识产权保护方面,"某一成员提供其他国国民的任何利益、优惠、特权或豁免均立即和无条件地适用于全体其他成员之国民",即为最惠国待遇原则在知识产权保护领域中的再现。

协定第 3 条重申了国民待遇原则:各成员在知识产权保护方面对其他成员之国民所提供的待遇,不得低于其本国国民。

在知识产权国际公约中,TRIPS 协定首次引入了透明度原则,该协定第 63 条明确规定:各成员所实施的与本协定内容(即知识产权之效力、范围、获得、执法及防止滥用)有关的法律、条例以及具有普遍适用性的终审司法裁决和终局行政裁决,均应以本国语言公开发表,或者在无法实现这样的公开发表时,使之为公众所能获得,从而使各成员政府及权利所有人知悉。一方成员政府或政府代理机构与任何地方政府或政府代理机构之间生效的与本协定内容有关的各种协议亦应公开发表。透明度原则的适用,既有利于各成员相互了解有关知识产权的法律、条例和具有普遍适用性的终审司法裁决,以及成员之间达成有关知识产权的双边协定,以加强协作,减少误会,防止争端发生,从而保证公开、公正、公平地实施知识产权协议,又是保证最惠国待遇原则和国民待遇原则得以实施的重要前提和基础。

7.6.2　适用世界贸易组织争端解决机制

TRIPS 协定第 64 条规定,除非有特别规定,1994 年《关税与贸易总协定》第 22 条和第 23 条,以及依照这两条所设立的关于纠纷解决规则和程序的谅解备忘录,适用于知识产权问题的协商和争端解决。

如某一成员对影响本协定执行的任何事项向另一成员提出要求时,该成员应以同情的考虑,并给予适当的机会进行协商,即以协商为主。但是如有关成员在合理期间尚不能采取满意的解决办法时,该问题可递交全体成员处理;或提出适当建议,或酌情对此做出裁决;情况严重的可通过全体成员一致行动,对不实施或不完全实施 TRIPS 协定的国家,进行集体抵制和交叉报复。一般来讲,违反协议的一方为维持其在 WTO 中的地位以及避免贸易制裁所造成的损失,通常会认真执行裁决。

目前,世界知识产权组织主要任务是促进国际上对知识产权的保护以及加强各知识产权联盟间的合作,就成员国争端解决而言,虽有通过国际法院解决争端之规定,但仅限于解决对公约的解释和适用方面的争端,成员国有权对此规定的适用予以保留。

7.6.3 提高了知识产权国际保护水准

TRIPS协定明确规定,各成员应遵守其所参加的知识产权多边条约中有关实体条款的规定。除此之外,它在诸多方面高于现有知识产权国际保护的水准,这集中表现在以下几方面。

(1)关于著作权及其相关权利保护。TRIPS协定将《伯尔尼公约》关于"溯及力适用范围"扩展到保护录音制品方面,并对"合理使用""法定许可"等做出限制,即不得与作品的正常使用相冲突,不得损害权利人的合法权益;还规定计算机程序,无论是源码或目标码,应依《伯尔尼公约》以文字作品形式进行保护。关于表演者、唱片(录音制品)制作者和广播组织者权利保护期,TRIPS协定规定"至少自录制、表演发生之年年底起50年"和"自进行播放之年的年底起至少20年"。上述规定无疑强化了对著作权及相关权利的国际保护。

(2)关于商标及地理标志保护。TRIPS协定在商标保护方面与《巴黎公约》基本原则相似,但更强调地域标志的保护,特别是对酒类地域标志的附加保护。该协议第22条规定,在一个商品的名称或介绍中,使用任何手段明示或暗示该商品来源于一个非其真实原产地的地域,并足以使公众对该商品来源误认的,或任何构成《巴黎公约》第10条第2款所指的不正当竞争行为的使用,成员应向利害关系人提供法律措施以对此予以阻止。再如其关于驰名商标规定是:①宣布《巴黎公约》的特殊保护延及驰名的服务商标;②把保护范围扩大到禁止在不类似商品或服务上使用与驰名商标相同或相近似的商标;③对如何认定驰名商标,也做了原则规定。

(3)关于专利和工业品外观设计保护。TRIPS协定对专利保护的范围、保护期、授予的权利、方法专利的举证责任等实质问题做了规定,这是对以往知识产权国际公约的突破。该协议规定"专利应适用于所有技术领域的任何发明",从而将大多数发展中国家不予保护的药品、食品、化学物质包括在内。所授予的权利包括:对产品专利来说,禁止第三方未经专利权人许可而使用该方法及制造、使用、销售、许诺销售或为这些目的进口专利产品;对方法专利来说,禁止第三方未经专利权人许可而使用该方法及使用、销售、许诺销售或为这些目的进口由该专利方法直接获得的产品。此外,方法专利侵权诉讼时,当直接获得的产品是新的或专利权人通过必要的努力仍未找到侵权证明时,则要求方法专利侵权人负举证责任。关于工业产品外观设计保护问题,规定为:禁止第三方未经外观设计所有人许可,以营利为目的制造、销售或出口体现了该外观设计的复制品。故在出口权方面强化了对外观设计的保护。

(4)关于集成电路布图设计保护。1989年在华盛顿由世界知识产权组织主持召开了签订集成电路布图设计知识产权保护条约的外交大会,并达成了协议,即《华盛顿条约》。这一协议的保护范围为经营目的复制、销售、进口受保护的布图设计或体现该布图设计的芯片或其集成电路产品,保护期为自注册之日起8年。而TRIPS协定第36条规定,保护范围还应包括含有上述集成电路产品(仅以其持续包含非法复制的布图设计为限),第38条将保护期限延长到10年。保护期及内容较《华盛顿条约》均有所提高。

(5)关于未公开信息保护。TRIPS协定规定只要信息是未公开、保密的,包括为获得新农业化学物质和药品的销售批准所提供的未公开试验数据,都应予以保护,以防止不正当商业使用。这与《巴黎公约》有关不正当竞争的规定相比,更具体和更便于操作。

(6)关于许可证贸易合同对限制竞争行为的控制。TRIPS 协定第 40 条规定:允许成员通过国内立法,来防止对有关市场的竞争产生有害影响的滥用知识产权行为,包括独占性返授条件、禁止对有关知识产权的有效性提出异议的条件或强迫性的一揽子许可证。如果任何一成员有理由认为作为另一成员国民或居民的知识产权所有人,正从事违反前一成员有涉及该内容之活动的,则可要求后一成员与之协商,协商不成时,任何一方可诉诸争端解决机制。

7.6.4 规定了强有力的执行措施及过渡协议

TRIPS 协定第 41 条至 62 条详细规定了有关知识产权执行措施和对知识产权的取得和维持的有关程序。这些规定涉及行政救济和司法救济等方面的问题,特别是有关海关的边界措施。各成员应按该协议规定,提供知识产权所有人在掌握确切证据后或通过相应的行政或司法机关,对侵犯知识产权的产品(包括假冒商标的赝品、盗版、任何其他涉及侵犯知识产权的产品)不管是进口或出口,都可请求海关予以扣留,但申请人在此情形下应提供相应保全措施,以保护被申请人的合法权益,防止申请人权利滥用。

TRIPS 协定第 65 条至第 67 条规定了相应的过渡期安排。处于发展中国家或处于由中央计划经济向市场经济转轨,以及知识产权体系正进行改革遇到特殊问题的成员,可延迟 4 年适用该协议。但最终所有成员应达到基本相同的知识产权保护水准,协议任何一条在未得到其他成员同意之前不得保留。所以该协议比其他知识产权国际公约的规定更严格,内容更完善。

7.7 国际主要知识产权组织和公约之间的关系图

由于目前关于知识产权方面的国际公约很多,相互之间的关系越来越紧密。我们把上述公约涉及的问题及其相互关系,表示如图 7-1 所示。

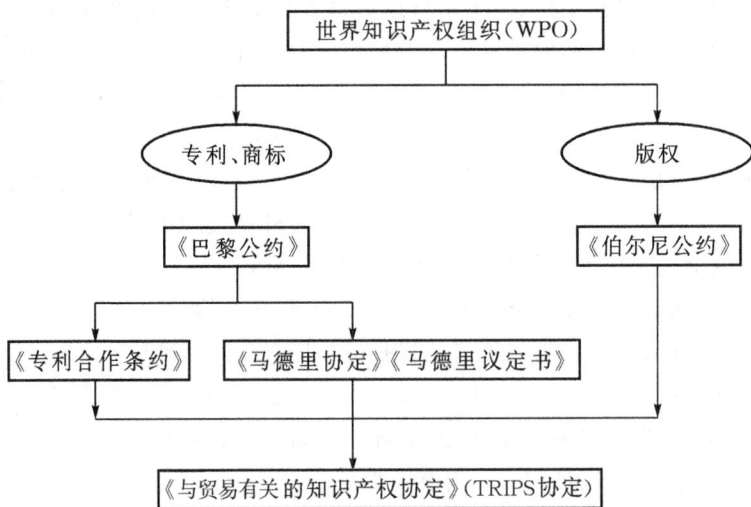

图 7-1 国际知识产权保护条约之间的关系示意图

1. 知识产权的地域性特征,在知识产权国际条约的原则上,扮演着什么样的角色?
2. 企业知识产权保护中能否直接使用国际知识产权的有关条约?
3. 如何理解专利、商标的优先权与先用权?

◆ 阅读材料

【阅读7-1】

中国加入世贸后首次败诉

1. 限制汽车零件进口被裁违规

世界贸易组织(WTO)2008年2月13日裁定中国进口美国、欧盟和加拿大汽车部件的关税政策有违贸易原则,判决中国方面败诉,认为中方限制外国产汽车零件进口的政策类属贸易保护主义。

美国贸易代表办公室(USTR)在提起诉讼时表示,中国对WTO的承诺是对进口汽车零部件征收比整车要低很多的关税,但事实上,如果以进口零部件制成的整车无法达到中国某些特有规定,中国对汽车零部件征收的是与整车相同的进口税率。

依照现有规定,在中国的汽车生产厂家必须确保60%的汽车零部件来自中国生产厂家,否则将须支付高税率。美国和欧盟表示,高额关税的政策不公平地限制外国进入中国价值190亿美元的汽车零部件市场。世界贸易组织的判决认为,中国必须依照WTO原则立即终止这项政策。

据悉,美国和欧盟2006年就提起此次诉讼,后来加拿大也加入进来,他们指责高额关税违反了2001年中国加入世贸组织时"保证向海外公司开放其国内市场"的承诺,并称该政策歧视境外生产的汽车零部件,WTO于当年10月启动对中国汽车零部件关税的正式调查。

这是中国遭受加入WTO以来的第一次败诉。

2. 相关反应

(1)商务部:我国做法符合国际惯例。

自2005年4月1日起,我国对汽车零部件进口开始实施新机制:《构成整车特征的汽车零部件进口管理办法》(下称《办法》),规定进口汽车零部件在国内组装整车进行销售的汽车生产企业,所进口的汽车零部件凡构成整车特征的,必须按整车适用税率征税,由此前的10%调整为25%。

这些进口关税税率被提高的汽车零部件包括车身、发动机、变速器、底盘、转向系统和制动系统等,一般都可用于拼装整车。商务部官员称,提高这些汽车零部件的进口关税税率的做法符合国际惯例,有利于防止一些企业进口大量零件拼装汽车导致中国关税流失。

(2)专家:明显不公,但对败诉要有平常心。

世贸组织研究会常务理事周世俭在接受采访时表示,世贸组织的这项裁定毫无公平可言,是对发达国家的明显偏袒,中国并不需要为此承担责任。

在被问到如果最终裁定中国败诉会产生何种影响时,周世俭表示,即使败诉也不会有任何影响。在世贸组织历年的裁定中,欧美发达国家败诉案例最多,中国人不必为此背负过多心理包袱,毕竟世贸组织的规则是发达国家制定的。我们要有一颗平常心,尽量从失败的教训中学会总结经验,学会更好掌握世贸规则,以更加积极的心态参与国际竞争。而且在最终裁定下来之前,我们还有一定的时间可以利用,应该在这期间大力进行自主创新。

周世俭说,中国应该学会在 WTO 的框架下正确运用相关规则维护自身利益。以上述事件为例,中国应当坚定立场,绝不妥协。我们对进口汽车零部件征收大额关税一方面能够防止进口避税,另一方面能够鼓励中国企业自主创新。如果我们对进口零部件不加以限制,我国企业就会成为纯粹的零部件进口商,进而沦为外国汽车制造企业的纯组装基地。这样会严重阻碍中国汽车企业的自主创新和发展。

(资料来源:佚名.中国加入世贸后首次败诉[N].华商报,2008-02-15(B6).)

第8章

侵害知识产权犯罪行为及其处罚

知识产权在经济增长中的作用日益增大，已经成为经济发展的加速器和助燃剂，因此，也逐渐成为不法分子关注的焦点。侵犯知识产权犯罪已成为联合国规定的17类跨国犯罪中最为严重的犯罪之一①。

虽然我国政府和社会公众对知识产权的保护意识不断增强，知识产权保护水平迅速改善，但由于知识产权蕴含着巨大的经济财富，使得一些不法分子铤而走险，侵犯知识产权犯罪活动不断增多。据不完全统计，1998年，全国公安机关共立侵犯知识产权案500余起，涉案金额近1.5亿元；1999年立案近700起，涉案金额逾2亿元；2000年立案1000余起，涉案金额近3亿元；2001年立案1300起，涉案金额3亿元。在这四年时间里，侵犯知识产权案件立案数年均增长33%，涉案金额年均增长29%。2002年至2004年上半年，侵犯知识产权犯罪案件的数量有所下降，但个案造成的损失却越来越大。据统计，2002年立案1200起，但涉案金额却逾5亿元；2003年立案1000起，涉案金额4亿元。2005年1至6月立案超过500起，涉案金额2.6亿元。2020年4月25日，最高人民检察院检察委员会委员、第四检察厅厅长郑新俭表示，近20年来，我国侵犯知识产权犯罪案件数量大幅攀升。1999年全国检察机关起诉侵犯知识产权犯罪人数仅有190余人，而2019年这一数字增至1.1万余人，增长约56倍。仅2019年，检察机关共批准逮捕涉及侵犯知识产权犯罪案件4346件计7430人，提起公诉5433件计11 003人②。

另外，在公安机关受理的侵犯知识产权犯罪案件中，侵犯商标专用权犯罪最为突出。1998年至2003年，全国公安机关共立此类案件近5000起，占侵犯知识产权犯罪案件立案总数的80%，涉案金额超过12亿元，占侵犯知识产权犯罪案件涉案总额的64%。在这些案件当中，由于假冒名牌产品投入成本低、获利巨大，通过假冒驰名商标获取暴利成为一个显著的特点。近年来，商标权仍是犯罪行为主要侵犯对象，网络侵犯知识产权成为重要侵权方式，科教文化和信息科技领域侵权呈现多发态势和团伙化、产业化、链条化趋势。2021年，全国检察机关共起诉假冒注册商标罪6024人，销售假冒注册商标的商品罪5084人，非法制造、销售非法制造的注册商标标识罪1083人，此外还有数罪和他罪中包含的侵犯商标权犯罪，合计占起诉侵犯

《中华人民共和国刑法》

---

① 孙万怀.侵犯知识产权犯罪刑事责任基础构造比较[J].华东政法学院学报，1999(2)：73-80.

② 孝金波.最高检发布2019年保护知识产权典型案例：去年批捕侵犯知识产权犯罪案件4346件7430人[EB/OL].(2020-04-25)[2022-09-15].http://legal.people.com.cn/n1/2020/0425/c42510-31687644.html.

知识产权犯罪总人数的约九成[①]。

近年来,由于商业秘密在市场竞争中所起的作用越来越突出,侵犯商业秘密案件也增长较快。有些企业工作人员为了获取优厚待遇,将自己掌握的原单位商业秘密作为个人资源提供给新单位;有些企业为省去高额科研投入,不惜以重金收买有关人员,将他人商业秘密据为己有,以最低成本获取最高利润。甚至在一些案件中,不法分子处心积虑、费尽心思,以应聘方式进入科技含量较高的公司内部,窃取核心商业秘密后,另起炉灶,获取高额利润。1998 年至2003 年,全国公安机关共立侵犯商业秘密案件超过 500 起,占侵犯知识产权犯罪案件立案总数的 9%,涉案金额 6 亿元,占侵犯知识产权犯罪案件涉案总额的 32%。

从犯罪手段和方式上看,专业化、科技化趋势日渐明显,出现了大量利用网络侵犯商业秘密、侵犯新型科技产品、假冒液晶屏、仿冒激光全息标志等智能化、科技化水平较高的案例,表明侵犯知识产权犯罪正在向专业化、科技化的犯罪形态发展。

从犯罪作案手法上看,更加隐蔽和狡猾。作案成员等级分明、分工明确并形成“产、供、销”一条龙,犯罪手法日益隐蔽、狡猾,反侦查意识越来越强。要么化整为零,要么流动生产,有的甚至遥控指挥,并且组织严密,装备精良,跨国跨境犯罪也越来越突出。

对知识产权犯罪而言,1979 年 7 月 1 日第五届全国人民代表大会第二次会议通过的《中华人民共和国刑法》,在 1997 年 3 月 14 日第八届全国人民代表大会第五次会议修订时,于分则第 3 章中专节对知识产权犯罪做了集中、统一的规定。将严重侵犯知识产权的行为纳入破坏社会主义市场经济秩序罪中,列出了侵犯知识产权罪的有关规定,共 8 条(从第 213 条到 220 条),其中关于商标犯罪的 3 条,专利犯罪的 1 条,著作权犯罪的 2 条,商业秘密犯罪的 1 条,法人构成知识产权犯罪的规定 1 条。另外还列出了其他与知识产权有关的犯罪 6 条。

2020 年 12 月 26 日《中华人民共和国刑法》修正案(十一)通过,并于 2021 年 3 月 1 日起正式施行。此次刑法修改对侵犯知识产权罪一节做出了较大调整,共修改 8 处,适当提高了假冒注册商标罪,销售假冒注册商标的商品罪,非法制造、销售非法制造的注册商标标识罪,侵犯著作权罪,销售侵权复制品罪,侵犯商业秘密罪等六种犯罪的刑罚,并增加了“商业间谍”犯罪的规定(第 219 条之一)。其中对于销售侵权复制品罪,量刑由 3 年以下延长至 5 年以下;其他五种犯罪,可能量刑在 3 至 7 年的,延长至 3 至 10 年。此次刑法的修改进一步加大了惩治知识产权类犯罪的力度。

8.1 假冒注册商标罪

8.1.1 内容(刑法第 213 条)

未经注册商标所有人许可,在同一种商品、服务上使用与其注册商标相同的商标,情节严重的,处三年以下有期徒刑,并处或者单处罚金;情节特别严重的,处三年以上十年以下有期徒刑,并处罚金。

---

① 谢雁冰.最高检:2021 年侵犯商标权犯罪占起诉侵犯知识产权犯罪总人数约九成[EB/OL].(2022-03-01)[2022-09-15].https://new.qq.com/rain/a/20220301A0AXAG00.

刑法修正案(十一)在第 213 条假冒注册商标罪中新增服务商标,将服务商标的保护地位上升到与商品商标等同。

服务商标是提供服务的经营者为将自己提供的服务与他人提供的服务相区别而使用的标志。与商品商标一样,服务商标可以由文字、图形、字母、数字、三维标志、声音和颜色组合,以及上述要素的组合而构成(如,微软、谷歌均为服务品牌)。

我国 1988 年开始采用《商标注册用商品与服务国际分类尼斯协定》,后为履行相关的知识产权条约,1993 年修改商标法时添加了服务商标内容。但在刑事法律中,始终未将服务商标纳入知识产权犯罪领域的保护范围中,基于刑法罪刑法定原则,司法实践中亦未对侵犯服务商标的行为予以定罪处罚。此次刑法修正案(十一)将无形化的服务增加进来,是更重视服务品牌的法律保护的行为。

8.1.2 构成此罪的要件

假冒注册商标罪是指未经注册商标所有人许可,在同一种商品、服务上使用与其注册商标相同商标的行为。

(1)客体:本罪侵犯的客体,是国家对商标的管理制度和他人注册商标的专用权。

(2)客观方面:本罪的客观方面,表现为违反商标管理法规,未经注册商标人许可,在同一种商品、服务上使用与其注册商标相同的商标的行为。

①违反商标管理法规,未经注册商标人许可,违背注册商标所有人的意志,这是构成假冒他人注册商标罪的本质特征。

②实施了在同一种商品、服务上使用与他人注册商标相同的假冒商标的行为。构成此行为需具备两个条件,一是同种商品、服务,二是相同商标。

根据商标法的规定,按照商品的原料、形状、性能、用途等因素以及习惯来判断,同一种商品一般指名称相同的商品,或名称虽不相同但所指的商品是相同的商品。有些商品的原料、外观不相同,但从消费者实际考虑,两者在本质上具有同一性,应视为同一种商品,如收音机、录音机、电唱机,用途结构不同,但在组合音响这一概念上属于同一商品;又如自行车用的车架、车条、车轮、车圈用途不同,但在自行车零部件这一概念上也应属于同一商品。

因此,在商标审查中,同一种商品的概念并不是指完全一样的相同商品。相同商标一般是指名称相同的文字商标,或图形相同的图形商标,或名称图形都相同的组合商标。如果在同一种商品、服务上使用与他人注册商标近似的商标,或者在类似商品、服务上使用与他人注册商标相同的商标,或者在类似商品、服务上使用与他人注册商标近似的商标,均不构成假冒注册商标罪,属于商标侵权违法行为,或构成其他罪。在同一种商品、服务上使用与他人注册商标相同的商标行为,行为人采取积极的假冒他人注册商标的行为方式才能构成本罪,消极的不作为方式不可能构成本罪。

③假冒他人注册商标的行为必须发生在注册商标有效期限内。使用已注销的注册商标不构成侵权。

(3)主体:本罪的主体,是一般主体,即法人、非法人或者自然人均能构成假冒他人注册商标罪。

(4)主观方面:本罪的主观方面,只能是故意,即行为人明知未经商标注册所有人的同意,而在同一种商品、服务上使用与他人注册商标相同的商标,侵犯了他人注册商标的专用权,发生了危害商标所有人及消费者利益的后果。

假冒注册商标罪的犯罪目的一般是牟取非法利益,动机可能是多样的,如非法牟取暴利、推销滞销产品、损害注册商标所有人的信誉和利益、在商品市场中实行不正当竞争等。但无论动机怎样,都不影响假冒他人注册商标罪的构成。

过失不构成本罪。如不知道某一商标已为他人注册,而在该注册商标核准的商品、服务上使用他人已经注册的商标,对注册商标人构成侵权,但不构成犯罪。

8.1.3　假冒注册商标罪的认定

1. 正确认定保护商标专用权的范围

保护商标专用权是有一定范围的,超出这一范围,法律不予保护,无侵权犯罪发生。我国商标法第 56 条规定:"注册商标的专用权,以核准注册的商标和核定使用的商品为限。"这是区别和判断侵权与非侵权的一条根本界线。正确理解和掌握这一根本界线,必须首先弄清楚"商标专用权的范围"和与之有密切联系但又有区别的"商标专用权的保护范围"这两个不同的问题。

商标专用权的保护范围,包括商标权的"积极效力"所涉及的范围和"消极效力"所涉及的范围。前者指商标权人对其注册商标所享有的"使用权"的范围,即商标专用权的范围,也就是说商标权人有权在核定的商标上独占地、排他地使用其注册商标。后者则涉及商标权人对其注册商标所享有的"禁止权"的范围,即他人行为逾越禁止权范围,给注册商标人带来损害的侵权犯罪的情形,主要指他人在相同商品上使用与商标权人注册商标近似的商标,或者在类似商品上使用的商标权人注册商标相同的商标或近似的商标,或者在相同的商品上使用与商标权人注册商标相同的商标。由此可见,商标专用权的保护范围大于商标专用权范围。

设立假冒注册商标罪,就是刑法对在相同的商品、服务上使用与商标权人注册商标相同的商标行为的制裁。注册商标的专用权,以核准注册的商标和核定使用的商品、服务为限,所以商标权人无权任意加以改变或扩大使用范围。如果擅自改变注册商标的文字、图形或其组合,或者将注册商标使用于核定商品、服务以外的其他商品、服务上,便超出了商标专用权的范围,法律不予保护。

2. 注意区分假冒他人注册商标罪与非罪的界限

(1)未经注册商标所有人许可,在同一种商品、服务上使用与其注册商标相同的商标,违法所得数额较小且不具有其他严重情节的,属一般商标侵权行为,不构成犯罪。

(2)未经注册商标所有人许可,在同一种商品、服务上使用与他人的注册商标近似的商标,或者在类似商品上使用与他人注册商标相同的商标,或者在类似商品上使用与他人的注册商标近似的商标的行为,是商标侵权行为,但不构成犯罪。

8.1.4　假冒注册商标罪的处罚

依照刑法第 213 条的规定,假冒注册商标罪分 2 个量刑档次:其一,犯假冒注册商标罪的,处 3 年以下有期徒刑,并处或者单处罚金;其二,情节特别严重的,处 3 年以上 10 年以下有期徒刑,并处罚金。

此外,单位犯本罪的,对单位判处罚金,并对其直接负责的主管人员和其他直接责任人员依照上述规定追究刑事责任。

8.2 销售假冒注册商标的商品罪

8.2.1 内容(刑法第 214 条)

销售明知是假冒注册商标的商品,违法所得数额较大或者有其他严重情节的,处三年以下有期徒刑,并处或者单处罚金;违法所得数额巨大或者有其他特别严重情节的,处三年以上十年以下有期徒刑,并处罚金。

8.2.2 构成此罪的要件

销售假冒注册商标的商品罪,是指法人、非法人或者自然人,对于明知是假冒注册商标的商品而故意予以销售的行为。本罪的构成特征是:

(1)客体:本罪侵犯的客体,是他人注册商标的专用权。销售假冒注册商标的商品罪的犯罪对象,是注册商标。未经注册的商标不能成为本罪的对象。

(2)客观方面:指违反商标管理法规,销售假冒他人已经注册的商标的商品的行为。

(3)主体:本罪主体为一般主体,无论是法人、非法人或者自然人,均可以构成本罪。

(4)主观方面:本罪在主观方面是故意犯罪,其故意的内容为明知商品系假冒他人注册商标的商品,而故意予以销售。过失行为,如由于不负责任、粗心大意、进货渠道复杂疏于防范以及被人欺骗等,在不明知的情况下销售了假冒他人注册商标的商品的,不构成本罪。

8.2.3 销售假冒注册商标的商品罪的认定

1.区分销售假冒注册商标的商品罪与非罪的界限

司法实践中经常发生的、容易与销售假冒商标的商品罪混淆的违法侵权行为,主要表现为以下几种:一是故意销售假冒注册商标的商品,违法所得数额达不到定罪标准的行为。二是过失销售假冒注册商标的商品的,而其原因或是受蒙蔽、受欺骗,或是疏忽大意、工作失误等,这些均不构成犯罪。三是销售注册商标的假冒产品的,即故意销售与注册商标的商品不属同一种类的假冒产品。第三种情形中,虽不构成销售假冒注册商标的商品罪,但如果行为人经销的产品掺杂使假、质量低劣,违法经营额巨大,或违法所得数额较大,具有其他严重情节的,可构成生产、销售伪劣商品罪。

2.区分销售假冒注册商标的商品罪与其他犯罪的界限

首先应区分销售假冒注册商标的商品罪和假冒注册商标罪的界限。销售假冒注册商标的商品罪的核心在"销售";而假冒注册商标罪的核心在"假冒",即制造和生产。

其次,本罪与销赃罪的区别。二者的犯罪对象不同,前者是假冒注册商标的商品,而后者是犯罪所得的赃物。二者侵犯的客体也不同,前者主要侵犯的是国家的商标管理秩序,而后者侵犯的则是司法机关的正常活动。

8.2.4 销售假冒注册商标的商品罪的处罚

依照刑法第 214 条的规定,销售假冒注册商标的商品罪分 2 个量刑档次处罚:其一,销售明知是假冒注册商标的商品,违法所得数额较大或者有其他严重情节的,处 3 年以下有期徒刑,并处或者单处罚金。其二,违法所得数额巨大或者有其他特别严重情节的,处 3 年以上 10 年以下有期徒刑,并处罚金。

此外,根据刑法第 220 条的规定,单位犯本罪的,对单位判处罚金,并对其直接负责的主管人员和其他直接责任人依照上述规定追究刑事责任。

8.3 非法制造、销售非法制造的注册商标标识罪

8.3.1 内容(刑法第 215 条)

伪造、擅自制造他人注册商标标识或者销售伪造、擅自制造的注册商标标识,情节严重的,处三年以下有期徒刑,并处或者单处罚金;情节特别严重的,处三年以上十年以下有期徒刑,并处罚金。

8.3.2 犯罪的要件和特征

非法制造、销售非法制造的注册商标标识罪,是指伪造、擅自制造他人注册商标标识或者销售伪造、擅自制造他人注册商标标识,违法所得数额较大或者有其他严重情节的行为。本罪的特征是:

(1)客体:本罪侵犯的客体,是国家对商标管理的制度和他人注册商标的专用权。本罪的犯罪对象是注册商标标识。非注册商标标识不在此保护之列,即非法制造、销售非注册商标标识的,不构成本罪。

(2)客观方面:本罪在客观方面,表现为行为人实施了伪造、擅自制造或者销售伪造、擅自制造的注册商标标识的行为。此罪名为选择性罪名,伪造、擅自制造或者销售伪造、擅自制造是本罪的两种不同表现形式,只要实施其中之一行为的,即构成本罪。

伪造指按照他人注册商标标识的式样、文字、图形、颜色、质地及制作技术,仿造假冒的他人注册商标标识的行为。

擅自制造指未经注册商标所有人许可、委托,违反商标管理法规,而制造其注册商标标识的行为。

所谓销售伪造、擅自制造的注册商标标识,是指违反商标法的规定,销售伪造、擅自制造的注册商标标识。这里主要是指非注册商标所有人销售、倒卖注册商标标识,一般指伪造、擅自制造他人注册商标标识的单位和个人。这些人的非法销售行为,违法所得数额较大或具有其他严重情节的,构成本罪。

(3)主体:本罪的主体为一般主体。法人、非法人或者自然人都可以构成这一犯罪。

(4)主观方面:本罪的主观方面表现为故意,即明知自己没有制造注册商标的资格,没有得到注册商标所有人的委托、许可,而故意伪造、擅自制造或者销售伪造、擅自制造的注册商标标识,非法获得利益,侵害了注册商标所有人的商标专用权,破坏了国家商标管理制度,扰乱了社会经济秩序。本罪的犯罪目的一般是牟取非法利益,犯罪动机可能是多样的,法律对此并无特别要求,动机和目的只是定罪量刑考虑的情节之一。

8.3.3　犯罪的认定

1. 区分非法制造、销售非法制造的注册商标标识罪与非罪的界限

首先,应判定行为人主观上是否具有故意。其次,根据刑法规定,伪造、擅自制造或者销售伪造、擅自制造的注册商标标识情节严重的,才构成犯罪。再次,行为人具有伪造、擅自制造或者销售伪造、擅自制造的商标标识的行为,但并非他人注册商标标识,或者伪造、擅自制造或者销售的商标标识上虽有"注册商标"或者"R"等记号,但实际上是行为人自己伪造的"注册商标",非他人注册商标,也不构成本罪。如果行为人非法经营此种自己伪造的"注册商标标识",数额巨大或非法所得数额巨大的,则构成非法经营罪。

2. 区分非法制造、销售非法制造的注册商标标识罪与假冒注册商标罪的界限

行为人既伪造、擅自制造他人注册商标标识,又将此商标标识用于假冒他人注册商标的商品上,从刑法理论上讲,属牵连犯,只定一个较重的罪名。如果仅是伪造、擅自制造或者销售伪造、擅自制造的注册商标标识的,则构成本罪。

8.3.4　犯罪的处罚

本罪有两个量刑档次:其一,犯本罪,情节严重的,处 3 年以下有期徒刑,并处或者单处罚金。其二,犯本罪,情节特别严重的,处 3 年以上 10 年以下有期徒刑并处罚金。

此外,单位犯本罪的,对单位判处罚金,并对其直接负责的主管人员和其他直接责任人员依照上述规定追究刑事责任。

8.4　假冒专利罪

8.4.1　内容(刑法第 216 条)

假冒他人专利,情节严重的,处三年以下有期徒刑或者拘役,并处或者单处罚金。

8.4.2　假冒专利罪的要件和特征

假冒专利罪,是指未经专利权人许可,假冒他人专利,情节严重的行为。本罪的特征是:

(1)客体:本罪侵犯的客体是国家的专利管理制度和专利权人对其专利的专用权。本罪的犯罪对象是专利权人的专利。

(2)客观方面:本罪的客观方面表现为,未经专利权人许可,假冒他人专利,情节严重的行为。

首先,未经专利权人许可,以商业营利为目的使用他人专利的,构成对他人专利权的侵权,情节严重的构成犯罪。其次,表现为行为人具有假冒他人专利的行为。再次,法律要求构成犯罪的行为必须发生在专利权的保护期限内。最后,构成假冒专利权罪必须具备假冒他人专利,并且情节严重,这是构成此罪的法定构成要件之一,如果尚未达到情节严重的程度,属于一般违法侵权行为,不构成本罪。

(3)主体:本罪的犯罪主体为一般主体,法人、非法人或者自然人都可构成本罪主体。

(4)主观方面:本罪在主观方面只能表现为故意。即明知自己实施的是他人专利技术或方法,且未获得专利权人的许可,为牟取不法利益而故意实施。

8.4.3　假冒专利罪的认定

1.区分假冒专利罪与非罪的界限

首先,应区分假冒专利罪与一般侵权行为的界限。一般假冒行为,是指未经专利权人许可而实施其专利的行为。它包括未经专利权人许可,以生产经营为目的的制造、使用或者销售其专利产品,使用其专利方法,或者制造、销售其外观设计专利产品等行为。因此,一般侵犯专利权的行为要比假冒专利罪的范围大得多,只有假冒他人专利情节严重的行为,才构成假冒专利罪。实践中有这样一种情况,本来不是获得专利的产品,如果在该产品上或者包装上加上"专利"两字,或者再附上一个无中生有的号码,不认为是假冒他人专利的行为,而是欺骗消费者的行为,对本来不是专利技术而冒充专利技术的也是如此。

其次,有些行为从形式上看,是未经专利权人许可而制造、使用其专利产品或方法的,但根据专利法权利限制的有关规定,属合法行为。

最后,假冒专利罪与非罪的界限,在于其严格的时间性限制。在专利权保护期限内,未经专利权人许可而制造、使用其专利产品或方法的,对专利权人构成侵权,情节严重的,构成对他人专利权的犯罪。但超过专利权保护期限而使用专利技术和方法的行为,是推广和使用科学技术、促进生产力发展、有益于社会的行为。

2.区分假冒专利罪与侵犯商业秘密罪的界限

首先,二者侵犯的客体不同。假冒专利罪侵犯的是国家的专利管理制度和专利人对其专利的专有权;而商业秘密罪侵犯的是商业秘密权利人对商业秘密所享有的合法权益。

其次,二者侵犯的对象具有明显的区别。假冒专利罪侵犯的是专利权人已经享有专利权的专利技术;侵犯商业秘密罪则是侵犯了权利人采取保密措施保护的商业秘密。

8.4.4　假冒专利罪的处罚

犯假冒专利罪,处 3 年以下有期徒刑或者拘役,并处或者单处罚金。所谓情节严重,一般是指侵犯他人专利权动机卑鄙、手段恶劣;侵犯他人专利权,给专利权人或国家利益造成重大损失;侵犯他人专利权,在国际上造成恶劣影响;等等。

此外,单位犯假冒专利罪的,除判处罚金外,还要对其直接负责的主管人员和其他直接责任人员依上述规定追究刑事责任。

8.5　侵犯著作权罪

8.5.1　内容(刑法第 217 条)

以营利为目的,有下列侵犯著作权或者与著作权有关的权利的情形之一,违法所得数额较大或者有其他严重情节的,处三年以下有期徒刑,并处或者单处罚金;违法所得数额

巨大或者有其他特别严重情节的,处三年以上十年以下有期徒刑,并处罚金:

（一）未经著作权人许可,复制发行、通过信息网络向公众传播其文字作品、音乐、美术、视听作品、计算机软件及法律、行政法规规定的其他作品的;

（二）出版他人享有专有出版权的图书的;

（三）未经录音录像制作者许可,复制发行、通过信息网络向公众传播其制作的录音录像的;

（四）未经表演者许可,复制发行录有其表演的录音录像制品,或者通过信息网络向公众传播其表演的;

（五）制作、出售假冒他人署名的美术作品的;

（六）未经著作权人或者与著作权有关的权利人许可,故意避开或者破坏权利人为其作品、录音录像制品等采取的保护著作权或者与著作权有关的权利的技术措施的。

刑法修正案(十一)第 217 条的侵犯著作权罪,将抖音、快手、斗鱼等短视频、网络直播及网游动画等纳入保护范围。

随着信息网络技术的飞速发展,文化产业随之变化巨大,以抖音、斗鱼为代表的短视频、网络直播等娱乐产业蓬勃发展。2020 年 11 月 11 日第三次修正、2021 年 6 月 1 日施行的著作权法,已经以法律的形式明确了作品的定义,并将"法律、行政法规规定的其他作品"这一兜底条款修改为"符合作品特征的其他智力成果",突破了作品类型法定原则,形成作品客体类型开放的格局。所以,刑法修正案(十一)将第 217 条涉及的"电影、电视、录像作品"与著作权法同步修改为"视听作品",增加了对"美术作品"以及著作权邻接权中的表演者权利的保护,还进一步明确了"通过信息网络向公众传播"的侵权行为,也与著作权法及相关行政法规相互衔接。

8.5.2 侵犯著作权罪的要件和特征

侵犯著作权罪是指以营利为目的,违反著作权管理法规,未经著作权人或与著作权有关的权益人的许可,复制发行或者出版他人享有专有出版权的图书、复制发行其制作的视听作品,制作、出售假冒他人署名的美术作品,违法所得数额较大或者有其他严重情节的行为。本罪的特征是:

(1)客体:本罪侵犯的客体,是复杂客体,即著作权人对其作品享有的著作权,著作权相关权益人(邻接权人)对其传播作品享有的权利,以及国家对文化市场的管理秩序。

(2)客观方面:本罪的客观方面,即是刑法第 217 条所列侵犯著作权的 6 种情形。

①未经著作权人许可,复制发行、通过信息网络向公众传播其文字作品、音乐、美术、视听作品、计算机软件及法律、行政法规规定的其他作品的。

构成此行为有两个条件。其一,客观上有复制发行他人作品的事实。其二,该复制行为未经著作权人许可,这是构成该侵权行为的根本要件。

②出版他人享有专有出版权的图书的。这是侵犯图书出版者邻接权和专有出版权的行为。出版指将作品编辑加工后,经过复制向公众发行。他人享有的图书专有出版权,指杂志社和出版社具有的传播著作权人作品的权利,此权利是根据著作权人和出版社之间订立的图书专有出版合同产生的。侵害他人专有的出版权,受害人通常指出版社、杂志社。

出版他人享有专有出版权的图书的,须具备两个条件:其一,侵犯的必须是享有专有出版权的出版者权利。如果非专有出版权,则不构成侵权。如两个以上出版者联合与著作权人订立出版合同,互不构成侵权。其二,必须是未经专有出版权人许可。此种行为亦称"海盗"行为。

③未经录音录像制作者许可,复制发行、通过信息网络向公众传播其制作的录音录像的。

④未经表演者许可,复制发行录有其表演的录音录像制品,或者通过信息网络向公众传播其表演的。

⑤制作、出售假冒他人署名的美术作品的。这种行为首先侵犯作者的著作权,其次侵犯作者的名誉权、姓名权。同时,这种造假画赚大钱的行为严重扰乱了文化市场的管理秩序,甚至严重损害中国美术品在国际市场上的声誉,侵害了国家、社会的利益。

制作、出售假冒他人署名的美术作品的"制作、出售",包括以下两种方式:一是以临摹的方法,临摹他人的画,署上他人的名,假冒他人的画出售,牟取非法利益;二是以自己的画,署上名画名家的名,假冒他人的画出售,牟取非法利益。

⑥未经著作权人或者与著作权有关的权利人许可,故意避开或者破坏权利人为其作品、录音录像制品等采取的保护著作权或者与著作权有关的权利的技术措施的。

(3)主体:本罪的主体是法人、非法人或者自然人。

(4)主观方面:本罪的主观方面表现为侵权人具有犯罪的故意,且以营利为目的。如果行为人复制、临摹他人作品是为了个人学习、欣赏等非营利使用,不构成侵权,也无所谓犯罪。

8.5.3 侵犯著作权罪的认定

1. 区分侵犯著作权罪与非罪的界限

(1)以营利为目的,侵犯他人著作权,是一般的侵犯他人著作权行为,不作为犯罪处理。只承担民事和行政责任。

(2)侵犯著作权的行为,以著作权的存在为前提。对超过保护期限的权利,不发生著作权侵权问题,也无所谓犯罪。

(3)对依法禁止传播的作品通过改头换面删除其违法禁止内容,而大量复制发行,违法所得数额较大或具有其他严重情节的,一般为非法传播,而不应定为侵犯著作权罪。

(4)我国著作权规定"合理使用"和"法定许可"制度,在这两种情况下,均不构成对他人著作权的侵权和犯罪。

2. 区分侵犯著作权罪与诈骗罪的界限

这两种犯罪的区别在于犯罪的客体不同。诈骗罪侵犯的客体为简单客体,即他人财物的所有权。而侵犯著作权罪侵犯的客体是复杂客体,它不仅侵害了著作权人的财产权利、人身权利,而且侵犯了购买人即消费者的财产权,大量的伪假赝品流向国外,也使我国工艺美术品的良好声誉遭到诋毁和破坏,侵害了国家的利益。此外,二者的犯罪主体亦有不同,诈骗罪的犯罪主体只能是自然人,侵犯著作权罪的犯罪主体可以是自然人,也可以是法人。

8.5.4 侵犯著作权罪的处罚

对于构成侵犯著作权罪,违法数额较大或者有其他严重情节的,处 3 年以下有期徒刑,并处或单处罚金。违法所得数额巨大或者有其他特别严重情节的,处 3 年以上 10 年以下有期徒刑并处罚金。此外,单位犯本罪的,对单位判处罚金,并对其直接负责的主管人员和其他直接责任人员,依照上述规定处罚。

8.6 销售侵权复制品罪

8.6.1 内容(刑法第 218 条)

以营利为目的,销售明知是本法第二百一十七条规定的侵权复制品,违法所得数额巨大或者有其他严重情节的,处五年以下有期徒刑,并处或者单处罚金。

8.6.2 销售侵权复制品罪的概念和特征

销售侵权复制品罪是指以营利为目的,销售明知是侵犯他人著作权、邻接权的非法复制、出版、制作的文字作品、音乐、美术、视听作品、计算机软件、他人享有专有出版权的图书、假冒他人署名的美术作品,违法所得数额大的行为。本罪的特征是:

(1)客体:本罪侵犯的客体,是著作权人或邻接权人享有的著作权或邻接权,以及国家文化市场的管理秩序。

(2)客观方面:本罪的客观方面,表现为销售侵权复制品的行为。这里的销售一般指将侵权复制品出卖给消费者,包括零售与批发两种形式。犯罪对象是侵权复制品。

(3)主体:本罪的主体,是法人、非法人或者自然人。

(4)主观方面:本罪的主观方面只能是故意,且以营利为目的,非故意即过失不构成本罪。

8.6.3 销售侵权复制品罪的认定

1. 区分销售侵权复制品罪与非罪的界限

区分销售侵权复制品罪与非罪应把握两个方面,一是行为人主观上须是故意,且以营利为目的,过失销售侵权复制品的,即使违法所得数额较大,也不构成此罪。二是区分一般的销售侵权复制品行为和销售侵权复制品罪的界限,一般的销售侵权复制品行为范围较大,只有达到违法所得数额较大的销售侵权复制品行为才构成本罪。

2. 区分销售侵权复制品罪与生产、销售伪劣产品罪的界限

两者区分的界限是犯罪对象不同,即"假"商品种类不同。销售侵犯他人著作权复制品的,侵犯的对象是文化精神产品,且这些产品虽然侵犯了他人的著作权,但产品的质量可能是符合要求的,具有同合法产品同样功能的使用价值,如盗版的图书、CD 唱盘等。而生产、销售伪劣商品的,其犯罪对象是生产、生活资料用品,这些假产品是名副其实的假货、劣货,使用后可能危及人的健康,破坏社会经济秩序。

8.6.4 销售侵权复制品罪的处罚

对销售侵权复制品罪,违法所得数额巨大或者有其他严重情节的,处 5 年以下有期徒刑,并处或者单处罚金。

此外,单位犯本罪的,对单位判处罚金,并对其直接负责的主管人员和其他直接责任人员依照上述规定追究刑事责任。

8.7　侵犯商业秘密罪

8.7.1　内容(刑法第 219 条)

有下列侵犯商业秘密行为之一,情节严重的,处三年以下有期徒刑,并处或者单处罚金;情节特别严重的,处三年以上十年以下有期徒刑,并处罚金:

(一)以盗窃、贿赂、欺诈、胁迫、电子侵入或者其他不正当手段获取权利人的商业秘密的;

(二)披露、使用或者允许他人使用以前项手段获取的权利人的商业秘密的;

(三)违反保密义务或者违反权利人有关保守商业秘密的要求,披露、使用或者允许他人使用其所掌握的商业秘密的。

明知前款所列行为,获取、披露、使用或者允许他人使用该商业秘密的,以侵犯商业秘密论。

本条所称权利人,是指商业秘密的所有人和经商业秘密所有人许可的商业秘密使用人。

刑法修正案(十一)针对刑法第 219 条的侵犯商业秘密罪,通过修改侵害行为,增加了侵犯商业秘密犯罪行为类型。明确把以电子侵入或者其他不正当手段获取商业秘密的行为纳入认定刑事犯罪的手段;针对侵权技术手段的不断变化,对黑客手段非法入侵、电脑病毒植入等计算机领域窃取机密方式做出防范。另外,刑法修正案(十一)删除了商业秘密的概念,这将对商业秘密的认定产生两种影响:一种是商业秘密的认定标准具有开放性,可以应对新情况、新问题;另一种是商业秘密犯罪行为打击的泛化,侵权人"类推解释"的客观风险增加了。

8.7.2　侵犯商业秘密罪的要件和特征

侵犯商业秘密罪,是指侵犯权利人的商业秘密,给商业秘密的权利人造成重大损失的行为。本罪的特征是:

(1)客体:本罪所侵犯的客体应为双重客体。一方面侵犯商业秘密的行为所侵犯的直接客体是商业秘密权利人对商业秘密所享有的合法权益;另一方面该行为又侵犯了受国家法律保护的社会主义市场秩序这一同类客体。

(2)客观方面:在犯罪的客观方面,本罪在客观上要求必须有侵犯商业秘密的行为。在这里侵犯商业秘密的行为分为两种:

第一种为直接侵犯商业秘密的行为,包括:①以盗窃、利诱、胁迫、电子入侵或者其他不正当手段获取权利人的商业秘密。②披露、使用或者允许他人使用以前项手段获取的权利人的商业秘密。③违反约定或者违反权利人有关保守商业秘密的要求,披露、使用或者允许他人使用其所掌握的商业秘密。

除以上所列的直接侵犯商业秘密的行为外,还有一种间接侵犯商业秘密的行为,即刑法第

219 条第 2 款所列之行为。该款规定:"明知前款所列行为,获取、披露、使用或者允许他人使用该商业秘密的,以侵犯商业秘密论。"

本罪客观方面除了要有前述的侵犯商业秘密的行为外,还必须以给权利人造成重大损失为必备条件。比如行为人通过非法手段获取商业秘密后并未披露,而是向权利人进行敲诈,这里对权利人并未造成任何影响,因此也就只能将其作为敲诈勒索罪看待,而不能作为侵犯商业秘密罪看待。

(3)主体:本罪的主体为一般主体,即法人、非法人或者自然人。

(4)主观方面:至于本罪的主观方面,则应具体区分两种不同的行为。对于直接侵犯商业秘密的行为,其主观方面只能是故意,即明知自己的行为会造成侵犯商业秘密权利人合法权益的后果,而希望或放任这种结果的发生;对于间接侵犯商业秘密的行为,其主观方面则可以是故意,也可以是过失。

8.7.3　侵犯商业秘密罪的处罚

侵犯商业秘密,情节严重的,处 3 年以下有期徒刑,并处或者单处罚金;情节特别严重的,处 3 年以上 10 年以下有期徒刑,并处罚金。单位犯本罪的,对单位判处罚金,并对其直接负责的主管人员和其他直接责任人员依照上述规定追究刑事责任。

8.8　商业间谍罪

8.8.1　内容(刑法第 219 条之一)

该罪也被称为"为境外窃取、刺探、收买、非法提供商业秘密罪",即:

　　为境外的机构、组织、人员窃取、刺探、收买、非法提供商业秘密的,处五年以下有期徒刑,并处或者单处罚金;情节严重的,处五年以上有期徒刑,并处罚金。

8.8.2　商业间谍罪的要件和特征

本罪在我国刑法中是一个全新的罪名,即为境外的机构、组织、人员窃取、刺探、收买、非法提供商业秘密的行为。

商业秘密不仅关系到所有者、使用者的利益和生存,对于一个国家的发展更是具有十分重要的意义。实践中大量存在的商业秘密窃取案例,使国家必须以强有力的手段予以制约。2010 年,上海市检察机关以涉嫌侵犯商业秘密罪、非国家工作人员受贿罪,对澳大利亚力拓公司上海办事处胡士泰等 4 人做出批准逮捕决定,力拓案牵出铁矿石贿赂链,涉及多方利益。近些年来,我国逐渐加大对商业秘密的保护力度。2019 年反不正当竞争法的修改,扩展了商业秘密的保护范围及强度;2020 年民法典也将商业秘密作为知识产权的重要内容之一加以规定;刑法修正案(十一)不仅对原有的侵犯商业秘密罪进行了修改,还单独设立了为境外窃取、刺探、收买、非法提供商业秘密(商业间谍罪)。当然,商业间谍罪的增设,也与现今金融经济体系全球一体化的发展路径息息相关,2019 年底签署的中美第一阶段经贸协议更是以知识产权、技术转让等相关内容为核心要素。此背景之下,规范商业秘密保护、促进国内外交易环境规范发展,有利于促进企业公平竞争,打造良好的营商环境。特别是对一些拟通过各种方式获得竞争对手商业秘密的行为和想法，将是极大的遏制，提醒相关主体避免沾染、涉及该罪名；也赋予了商业主体可以通过该罪名的设置，防范他人侵犯自己的商业秘密，更有效保护自己的商业秘密。

事实上，从重打击商业间谍，是不少国家刑法的通常做法。法国刑法典规定，将商业秘密泄露或企图泄露于外国人或在外国居住之法国人者，处 2 年以上 5 年以下有期徒刑；而对于仅将商业秘密泄露于在法国居住之法国人者，其刑罚幅度在 3 个月以上 2 年以下。美国 1996 年颁布《反经济间谍法》规定了两种商业秘密犯罪，对于商业间谍罪，可判处 50 万美元以下罚金或 15 年以下监禁；对于窃取商业秘密罪，可处罚金或 10 年以下徒刑。

本罪的特征如下。

(1)客体：本罪所侵犯的客体应为双重客体。一方面侵犯商业秘密的行为所侵犯的直接客体是商业秘密权利人对商业秘密所享有的合法权益；另一方面该行为又侵犯了受国家法律保护的社会主义市场秩序这一同类客体。

(2)客观方面：首先，在犯罪的客观方面，本罪在客观上要求必须有窃取、刺探、收买、非法提供商业秘密的行为，且是为中国境外的机构、组织、人员提供以上述方式获得的商业秘密的行为。其次，本罪客观方面要有上述侵犯商业秘密的行为，且并不以给权利人造成重大损失为必备条件。造成损失的大小，只是量刑的依据之一。

(3)主体：本罪的主体为一般主体，即法人、非法人或者自然人。凡达到刑事责任年龄且具备责任能力的自然人均能构成本罪。应该注意的是，本罪的主体应该限定在：为中国境外的机构、组织、人员，通过窃取、刺探、收买、非法提供等方式提供商业秘密的行为；所提供的对象在中国境内时，并不以该罪予以惩罚。

(4)主观方面：本罪的主观方面只能是故意，即行为人有意识地通过多种手段为境外的机构、组织、人员窃取、刺探、收买、非法提供商业秘密。

8.8.3 商业间谍罪的处罚

构成商业间谍罪，即"为境外窃取、刺探、收买、非法提供商业秘密罪"，处 5 年以下有期徒刑，并处或者单处罚金；情节严重的，处 5 年以上有期徒刑，并处罚金。单位犯本罪的，对单位判处罚金，并对其直接负责的主管人员和其他直接责任人员依照上述规定追究刑事责任。

8.9 单位知识产权犯罪及与知识产权有关的犯罪

8.9.1 单位知识产权犯罪（刑法第 220 条）

单位犯本节①第二百一十三条至第二百一十九条之一规定之罪的，对单位判处罚金，并对其直接负责的主管人员和其他直接责任人员，依照本节各该条的规定处罚。

对于此条应注意以下问题：

(1)明确规定单位侵犯知识产权也可构成犯罪，即法人犯罪。

(2)处罚方式：对单位判处罚金；对直接负责的主管人员以刑事处罚；对直接负责的其他责

---

① 这里指刑法分则第三章第七节。

任人员以刑事处罚。

(3)知识产权犯罪为非自诉案件。

8.9.2 与知识产权有关的犯罪

与知识产权有关的犯罪,刑法规定了 8 款,包括:

(1)损害商业信誉、商品声誉罪(刑法第 221 条)。捏造并散布虚伪事实,损害他人的商业信誉、商品声誉,给他人造成重大损失或者有其他严重情节的,处 2 年以下有期徒刑或者拘役,并处或者单处罚金。

(2)非法侵入计算机信息系统罪(刑法第 285 条第 1 款)。违反国家规定,侵入国家事务、国防建设、尖端科学技术领域的计算机信息系统的,处 3 年以下有期徒刑或者拘役。

(3)非法获取计算机信息系统数据、非法控制计算机信息系统罪(刑法第 285 条第 2 款)。违反国家规定,侵入刑法第 285 条第 1 款规定以外的计算机信息系统或者采用其他技术手段,获取该计算机信息系统中存储、处理或者传输的数据,或者对该计算机信息系统实施非法控制,情节严重的,处 3 年以下有期徒刑或者拘役,并处或者单处罚金;情节特别严重的,处 3 年以上 7 年以下有期徒刑,并处罚金。

(4)提供侵入、非法控制计算机信息系统程序、工具罪(刑法第 285 条第 3 款)。提供专门用于侵入、非法控制计算机信息系统的程序、工具,或者明知他人实施侵入、非法控制计算机信息系统的违法犯罪行为而为其提供程序、工具,情节严重的,依照刑法第 285 条第 2 款的规定处罚。

(5)破坏计算机信息系统罪(刑法第 286 条第 1 款)。违反国家规定,对计算机信息系统功能进行删除、修改、增加、干扰,造成计算机信息系统不能正常运行,后果严重的,处 5 年以下有期徒刑或者拘役;后果特别严重的,处 5 年以上有期徒刑。

(6)网络服务渎职罪(刑法第 286 条第 2、3 款)[1]。违反国家规定,对计算机信息系统中存储、处理或者传输的数据和应用程序进行删除、修改、增加的操作,后果严重的,依照前款[2]的规定处罚。

故意制作、传播计算机病毒等破坏性程序,影响计算机系统正常运行,后果严重的,依照第 1 款[3]的规定处罚。

(7)拒不履行信息网络安全管理义务罪(刑法第 286 条之一)。这是刑法修正案(九)增加的罪名。网络服务提供者不履行法律、行政法规规定的信息网络安全管理义务,经监管部门责令采取改正措施而拒不改正,有下列情形之一的,处 3 年以下有期徒刑、拘役或者管制,并处或者单处罚金:①致使违法信息大量传播的;②致使用户信息泄露,造成严重后果的;③致使刑事案件证据灭失,情节严重的;④有其他严重情节的。

(8)利用计算机实施犯罪的提示性规定(刑法第 287 条)。利用计算机实施金融诈骗、盗窃、贪污、挪用公款、窃取国家秘密或者其他犯罪的,依照本法有关规定定罪处罚。

单位犯以上(2)~(7)款罪的,对单位判处罚金,并对其直接负责的主管人员和其他直接责

---

① 也可将刑法第 286 条第 1~3 款合并确定罪名为破坏计算机信息系统罪。
② 这里指刑法第 286 条第 1 款。
③ 这里指刑法第 286 条第 1 款。

任人员,依照各该款的规定处罚。

◆ 问题讨论

1. 知识产权犯罪与知识产权侵权的基本区别有哪些?

2. 涉及知识产权犯罪行为时,犯罪嫌疑人和受害人之间能否私下和解?

◆ 阅读法律

《中华人民共和国刑法》

◆ 阅读材料

【阅读 8-1】

父子侵犯商业秘密构成犯罪

开封市洁净煤化工研究所(以下简称洁净煤研究所)是国内知名的从事煤炭、冶金行业资源综合利用的科研单位,主要从事洁净煤燃烧、洁净煤炭加工、冶金行业废料、矿渣、矿粉综合利用技术研究和成果转化工作,多项科研成果获得国家、省市科技进步奖。

2010 年 5 月份以来,该所在河北省邯郸市的客户王某突然停止进货,使得研究所的产品造成积压,销售收入一落千丈。但令人疑惑的是,该客户仍不断打电话对产品使用过程中的技术问题进行咨询,但是谈到产品价格后就闪烁其词。2010 年 8 月,该所在网上搜索到一个同样销售冶金矿粉球团黏结剂产品的网页。网页的版式结构、文字图片内容与洁净煤研究所网页如出一辙,该网站显示联系人是在河南省安阳市的刘某。

洁净煤研究所随即派出人员到安阳进行调查并报案。据查:自 2010 年 5 月份以来,该所派驻河北省某地的业务代表谷某林违反保密规定,利用在洁净煤研究担任驻外地业务代表的便利条件,违反保密协议,盗用在研究所获取的河南省科技成果"冶金矿粉球团黏结剂"项目技术,伙同其儿子谷某盛在安阳市文峰区农村租用的民房院落内,非法生产与洁净煤研究所相同的冶金球团黏结剂产品;同时谷付林利用研究所的客户信息,低价将邯郸客户王某抢走,销售量达 1300 多吨,货款达 300 万余元,给研究所造成了直接经济损失达 100 多万元。谷某林和谷某盛是销售冶金矿粉球团黏结剂的幕后人员。

2011 年 1 月 17 日,开封警方赶赴某知识产权司法鉴定所,委托其对从谷某林处提取的"冶金矿粉球团黏结剂"6 种样品进行鉴定。鉴定结果显示,谷某林生产销售给邯郸客户的产品成分与开封市洁净煤化工研究所的产品完全一致。

2011 年 11 月 29 日,河南省开封市开封县人民法院对谷某林、谷某盛父子侵犯商业秘密案做出一审判决:两被告被判处有期徒刑 1 年和有期徒刑 8 个月。

(资料来源:李建伟. 开封警方侦破侵犯商业秘密大案[N]. 中国知识产权报,2011-12-07(10). 有改动)

【阅读 8-2】

中国"侵犯商业秘密第一案"

高级工程师带着从原单位窃取的设计图纸跳槽,新单位利用他带来的图纸,签订了 1.4 亿元的巨额合同。今年2月,某市中级人民法院做出一审判决,责令该高工和新单位共同赔偿原单位1782万元。该案被称为中国"侵犯商业秘密第一案"。近日,该案由某省高级人民法院终审裁定,跳槽工程师获刑3年,民事赔偿达成协议。

(1)带走原单位机密图纸。2001年10月,某所高级工程师甲某利用工作之便,将某所设计的板坯连铸机主体设备图纸拷贝到自己的电脑中。2002年8月,甲某应聘到某公司担任副总工程师。同年国庆节,甲某返回西安,将该图纸资料带走输入某公司的局域网中,用于项目设计。

2003年7月,发现图纸被某公司盗用,某所向警方报案。经公安机关立案侦查,甲某的行为给某所造成经济损失至少148万元,某公司使用的就是某所设计的板坯连铸机主体设备图纸,该图纸是不为公众所知悉的技术秘密。某公司利用上述图纸与两家公司签订了总价款1.4亿元的合同,牟取了巨额利润。

(2)民事赔偿达成调解。2006年2月,某市中院一审认为,甲某利用工作之便盗窃单位商业秘密,允许他人使用,后果特别严重,构成侵犯商业秘密罪。附带民事诉讼被告人某公司在没有合法取得某所商业秘密的情况下,大量使用该秘密,与其他企业签订合同,是给某所造成经济损失的直接责任人,也是侵权行为的直接受益人,应该承担赔偿损失的民事责任。

某市中院遂以侵犯商业秘密罪判处甲某有期徒刑3年,并处罚金5万元;甲某及其附带民事诉讼被告人某公司共同赔偿某所经济损失1782万元。

宣判后,甲某、某所、某公司均表示不服,并提起上诉。在审理过程中,某所与某公司及甲某就附带民事诉讼达成了调解协议,刑事部分也在近日审理终结。

省高院认为,甲某作为原工作单位某所的高级工程师,明知该板坯连铸机主体设备技术设计图纸资料属于商业秘密,仍利用工作上的便利条件将其私自复制据为己有,后又将该资料交给某公司使用,其行为给某所造成特别严重的后果,已构成侵犯商业秘密罪。原判决定罪准确,量刑适当,审判程序合法,裁定驳回上诉,维持原判。

(资料来源:宁军. 带图纸跳槽高工获刑3年[N]. 华商报,2006-10-18(A3).)

【阅读8-3】

"人人影视字幕组"侵犯著作权罪案

(本案例来源于上海市第三中级人民法院〔2021〕沪03刑初101号刑事判决书、上海市杨浦区人民法院〔2021〕沪0110刑初826号刑事判决书。)自2018年起,被告人梁某平先后成立武汉链世界科技有限公司、武汉快译星科技有限公司,指使被告人王某航聘用被告人万某军等人作为技术、运营人员,开发、运营"人人影视字幕组"网站及安卓系统(Android)、苹果手机操作系统(iOS)、微软视窗操作系统(Windows)、微软图形用户界面操作系统(macOSX)、电视(TV)等客户端;被告人梁某平又聘用被告人谢某洪等组织翻译人员,从境外网站下载未经授权的影视作品,翻译、制作、上传至相关服务器,通过所经营的"人人影视字幕组"网站及相关客户端对用户提供免费在线观看和下载。经鉴定及审计,"人人影视字幕组"网站及相关客户端内共有未授权影视作品32 824部,会员数量共计683万余人。自2018年1月至案发,上述各渠道非法经营数额总计人民币1200余万元。上海市第三中级人民法院、上海市杨浦区人民法院认为,被告人梁某平、王某航等十五名被告人结伙,以营利为目的,未经著作权人许可,复制发行他人作品,属于有其他特别严重情节,其行为均已构成侵犯著作权罪。上海市第三中级人民法院判处主犯被告人梁某平有期徒刑三年六个月,并处罚金;上海市杨浦区人民法院判处被告人王某航等十四名从犯一年六个月至三年不等的有期徒刑,适用缓刑,并处罚金。一审判决后,十五名被告人均未上诉。

本案影视作品众多且权利人分散,判决阐述了如何认定"未经授权"及未经授权影视作品的数量等法律适用问题,有力打击了侵犯著作权的犯罪行为。依法追究组织者及主要参与者的刑事责任,贯彻了宽严相济的刑事政策。

(资料来源:最高人民法院.最高人民法院发布2021年中国法院10大知识产权案件和50件典型知识产权案例[EB/OL].(2022 - 04 - 21)[2023 - 02 - 26].https://www.court.gov.cn/zixun-xiangqing-355881.html.有少量改动)

第9章

知识产权诉讼

9.1 知识产权诉讼引论

诉讼法是与实体法相对应的一种法律分类的方式。实体法是规定当事人的权利是什么,谁应该拥有这个权利;而诉讼法则是确定当事人如何实现自己的权利。我国的诉讼法共分为三个重要的组成部分,即刑事诉讼法、民事诉讼法和行政诉讼法。

《中华人民共和国民事诉讼法》

知识产权的诉讼属于民事诉讼的一种,应该符合民事诉讼的一般规定,但同时它又因为自己的特殊性,而在诉讼中表现出自己的独特规律。

9.1.1 民事诉讼的基本法律制度

1991 年 4 月 9 日第七届全国人民代表大会第四次会议通过的《中华人民共和国民事诉讼法》,是以《中华人民共和国宪法》为根据,结合我国的民事审判工作的经验和实际情况制定的。经过十余年的运行,我国的经济、社会发生了很大变化,民事诉讼法的有关法律规定和法律制度已经不能满足我国经济、社会发展的需要,于是 2007 年 10 月 28 日第十届全国人民代表大会常务委员会第三十次会议对民事诉讼法进行了第 1 次修正,2012 年 8 月 31 日第十一届全国人民代表大会常务委员会第二十八次会议进行了第 2 次修正,2017 年 6 月 27 日第十二届全国人民代表大会常务委员会第二十八次会议进行了第 3 次修正,2021 年 12 月 24 日第十三届全国人民代表大会常务委员会第三十二次会议进行了第 4 次修正,并自 2022 年 1 月 1 日起施行。

民事诉讼法的任务,是保护当事人行使诉讼权利,保证人民法院查明事实,分清是非,正确适用法律,及时审理民事案件,确认民事权利义务关系,制裁民事违法行为,保护当事人的合法权益,教育公民自觉遵守法律,维护社会秩序、经济秩序,保障社会主义建设事业顺利进行。凡是公民之间、法人之间、其他组织之间以及他们相互之间,因财产关系和人身关系提起的民事诉讼,由人民法院受理并适用民事诉讼法的规定。

运用法律手段保护自己的知识产权,近年来受到企业、个人的极大重视,成为解决知识产权纠纷的主要方式之一。据统计,仅 2008 年至 2012 年 6 月,全国各级人民法院受理的知识产权案件就达 22.675 3 万件,审结 20.865 3 万件①。

9.1.2 知识产权诉讼的特殊性

知识产权作为民事权利的一种,其本身的特殊性使得知识产权的诉讼更加复杂。

(1)知识产权诉讼的标的是以人的智力成果为主的专利权、商标权、著作权和商业秘密权,其内容涉及专业性较强的、不同领域的技术知识,使得审判中对侵权内容、侵权程度的判断、认定更加复杂。有些争诉标的还常常出现商标权和著作权、外观设计专利权与著作权竞合等情况,因受到知识产权法的交叉保护而使诉讼更加复杂。

因此,知识产权诉讼一般要有专业的人士被聘为不同案件的陪审员,案件的管辖权往往也由中级及以上人民法院承担。

(2)知识产权诉讼的主体往往涉及面较大。除了合法的权利人、受让人、发明人或设计人本身、职务发明的单位外,还会涉及权利的被转让人、不同被许可人是否有诉讼权的问题。如许可使用权纠纷中,根据独占许可、排他许可、普通许可等的不同许可合同,会使许可人和被许可人分别具有独立诉讼权、共同诉讼权或者没有诉讼权的不同状态发生。

(3)由于知识产权的商标权、专利权都是通过权利人申请、国家授权的方式获得的,于是权利的无效认定成为知识产权诉讼的核心之一。另外,当事人之间因为合同无效而导致的合同财产的返还问题,就与一般商品合同无效纠纷的财产返还具有明显的区别。

(4)由于知识产权的时间性原则,连续的侵权纠纷可能会因为发生在权利有效期内和无效期内,而产生不同的责任分配结果。

知识产权诉讼有民事诉讼、行政诉讼和刑事诉讼三种。

9.1.3 请求司法保护会产生较大的成本

如若有人侵犯其知识产权或对其知识产权的有效性提出争议,知识产权人可以通过司法和行政两种程序请求法律保护。提出法律诉讼是保护其知识产权的最终和最有强制力的手段,但是知识产权人往往要为此支付相当的成本。

知识产权人必须聘请专业律师做侵权调查,进行大量的分析研究、起草诉讼文件、提供侵权证明等,而且法院对侵权诉讼案的处理定案需要相当长的时间,既费时又花钱,再加上胜诉或败诉难以预测,败诉后还得承担部分或全部诉讼费,因此,知识产权人在没有十分把握能胜诉之前一般不会贸然提出侵权诉讼。在提出侵权诉讼前,知识产权人要做好各方面的分析准备工作。

随着社会经济的发展,知识产权侵权现象日趋增多,已成为破坏市场环境甚至经济发展的一种"公害"。知识产权是一种无形财产,被侵害后的损失不像有形财产那样能即时呈现,因此索赔较为复杂。

由于知识产权诉讼所产生的巨大成本,所以,我国法律允许当事人可以通过和解的方式,自行协商解决知识产权纠纷。

---

① 魏小毛. 我国法院 5 年受理 22 万余件知识产权案[N]. 中国知识产权报,2012 - 12 - 28(1).

9.2　法院关于知识产权民事纠纷的受案范围

知识产权民事纠纷的受案范围,是指人民法院有权受理知识产权及与知识产权相关的民事法律方面案件的权限范围。

9.2.1　专利权的受案范围

根据 2001 年 6 月 19 日最高人民法院审判委员会第 1180 次会议通过、2013 年 2 月 25 日最高人民法院审判委员会第 1570 次会议第 1 次修正、2015 年 1 月 19 日最高人民法院审判委员会第 1641 次会议第 2 次修正、2020 年 12 月 23 日最高人民法院审判委员会第 1823 次会议第 3 次修正的《最高人民法院关于审理专利纠纷案件适用法律问题的若干规定》,人民法院受理下列专利纠纷案件:

(1)专利申请权权属纠纷案件;

(2)专利权权属纠纷案件;

(3)专利合同纠纷案件;

(4)侵害专利权纠纷案件;

(5)假冒他人专利纠纷案件;

(6)发明专利临时保护期使用费纠纷案件;

(7)职务发明创造发明人、设计人奖励、报酬纠纷案件;

(8)诉前申请行为保全纠纷案件;

(9)诉前申请财产保全纠纷案件;

(10)因申请行为保全损害责任纠纷案件;

(11)因申请财产保全损害责任纠纷案件;

(12)发明创造发明人、设计人署名权纠纷案件;

(13)确认不侵害专利权纠纷案件;

(14)专利权宣告无效后返还费用纠纷案件;

(15)因恶意提起专利权诉讼损害责任纠纷案件;

(16)标准必要专利使用费纠纷案件;

(17)不服国务院专利行政部门维持驳回申请复审决定案件;

(18)不服国务院专利行政部门专利权无效宣告请求决定案件;

(19)不服国务院专利行政部门实施强制许可决定案件;

(20)不服国务院专利行政部门实施强制许可使用费裁决案件;

(21)不服国务院专利行政部门行政复议决定案件;

(22)不服国务院专利行政部门作出的其他行政决定案件;

(23)不服管理专利工作的部门行政决定案件;

(24)确认是否落入专利权保护范围纠纷案件;

(25)其他专利纠纷案件。

其中(1)~(16)及(25)项属于或者涉及专利纠纷的民事案件,(17)~(24)及(25)项为涉及专利纠纷的行政案件。

9.2.2　商标权的受案范围

根据 2001 年 12 月 25 日最高人民法院审判委员会第 1203 次会议通过、2020 年 12 月 23 日最高人民法院审判委员会第 1823 次会议修正的《最高人民法院关于审理商标案件有关管辖和法律适用范围问题的解释》，人民法院受理以下商标案件：

(1)不服国家知识产权局作出的复审决定或者裁定的行政案件；

(2)不服国家知识产权局作出的有关商标的其他行政行为的案件；

(3)商标权权属纠纷案件；

(4)侵害商标权纠纷案件；

(5)确认不侵害商标权纠纷案件；

(6)商标权转让合同纠纷案件；

(7)商标使用许可合同纠纷案件；

(8)商标代理合同纠纷案件；

(9)申请诉前停止侵害注册商标专用权案件；

(10)申请停止侵害注册商标专用权损害责任案件；

(11)申请诉前财产保全案件；

(12)申请诉前证据保全案件；

(13)其他商标案件。

其中(3)～(13)项属于或者涉及商标纠纷的民事案件，(1)、(2)、(13)项为涉及商标纠纷的行政案件。

9.2.3　著作权的受案范围

根据 2002 年 10 月 12 日最高人民法院审判委员会第 1246 次会议通过、2020 年 12 月 23 日最高人民法院审判委员会第 1823 次会议修正的《最高人民法院关于审理著作权民事纠纷案件适用法律若干问题的解释》，人民法院受理以下著作权民事纠纷案件：

(1)著作权及与著作权有关权益权属、侵权、合同纠纷案件；

(2)申请诉前停止侵害著作权、与著作权有关权益行为，申请诉前财产保全、诉前证据保全案件；

(3)其他著作权、与著作权有关权益纠纷案件。

9.2.4　商业秘密权的受案范围

根据我国商业秘密保护的有关法律及其相关司法解释，人民法院受理商业秘密纠纷民事案件的范围有：

(1)侵犯商业秘密纠纷案件；

(2)商业秘密转让、许可使用的合同纠纷案件；

(3)申请诉前停止侵犯商业秘密有关权益行为，申请诉前财产保全、诉前证据保全案件等。

9.3 知识产权案件的管辖和证据

9.3.1 知识产权案件的管辖

根据民事诉讼法的基本规定,知识产权民事案件的管辖分为级别管辖和地域管辖两种。

1. 级别管辖

级别管辖是指按照一定的标准,划分上下级法院之间受理第一审民事案件的分工和权限。我国法院共分四级,即初级人民法院、中级人民法院、高级人民法院和最高人民法院。每一级都可以受理一审民事案件。知识产权纠纷的民事案件,主要由省、自治区、直辖市政府所在地的中级人民法院以及有关经济特区的中级人民法院管辖。

2. 地域管辖

地域管辖又称土地管辖、区域管辖或者属地管辖,是按照各法院的辖区和案件的隶属关系来划分诉讼管辖的,其作用在于确定同一级法院在各自辖区内受理第一审民事案件的分工和权限。知识产权民事诉讼中的地域管辖主要有两种:

一是对于知识产权侵权案件来讲,由侵权行为地或者被告住所地的中级人民法院(或者指定的基层人民法院)管辖第一审。侵权行为地包括侵权行为实施地和侵权结果发生地。

二是对于知识产权的合同纠纷来讲,由被告住所地或者合同履行地法院管辖。当事人约定履行地与实际履行地不一致的,以实际履行地为准。如果合同没有实际履行,当事人双方住所地又都不在合同约定的履行地的,应由被告住所地法院管辖。

当然,民事诉讼法也允许合同的双方当事人可以在书面合同中协议选择被告住所地、合同履行地、合同签订地、原告住所地、标的物所在地人民法院管辖,但不得违反民事诉讼法对级别管辖和专属管辖的规定。

9.3.2 知识产权纠纷的证据

1. 证据的种类

根据民事诉讼法第 66 条,证据包括:

(1)当事人的陈述;

(2)书证;

(3)物证;

(4)视听资料;

(5)电子数据;

(6)证人证言;

(7)鉴定意见;

(8)勘验笔录。

证据必须查证属实,才能作为认定事实的根据。为保障和便利当事人依法行使诉讼权利,保证人民法院公正、及时审理知识产权民事案件,2020 年 11 月 9 日最高人民法院审判委员会第 1815 次会议通过并实施了《最高人民法院关于知识产权民事诉讼证据的若干规定》（法释〔2020〕12 号）。

2. 证据的获取

证据的获取应该注意以下几个方面：

（1）证据主体的合法性，即形成证据内容的个人或者单位要符合法律的要求。

（2）证据形式的合法性，即证据不仅在内容上是真实的，形式上也必须是真实的，且应该符合法律规定的要求。

（3）证据取得方法的合法性。法院只对当事人合法取得的证据，才认定为证明案件事实的证据。

（4）证据出示程序的合法性。证据要经过交换和质证才能被法院认定，当事人不仅要及时向法庭出示证据，还应该按照法庭的要求程序出示证据，以便当事人质证。

3. 举证责任原则

举证责任又称证明责任，是指作为裁判基础的法律要件事实在诉讼中处于真伪不明的状态时，一方当事人因此而承担诉讼上的不利后果。

一般地，知识产权的举证责任应该由权利要求者承担，这就是所谓的"谁要求权利谁举证"的基本原则。因此，有关专利、商标、著作权、商业秘密的侵权纠纷中的权利要求人，应该提供相应的证据，以便于法院保护自己的合法权益。当事人及其诉讼代理人因客观原因不能自行收集的证据，以及人民法院认为审理案件需要的证据，人民法院应当调查收集。

但是，对于方法专利的侵权诉讼，由于原告无法知道被告所使用的具体方法，因此原告无法举证证明被告是否使用了自己的方法专利技术。这时就要使用"举证责任倒置"的举证原则，即由被告提供自己的生产方法，由法庭判断是否与原告的方法专利技术相同或相似；或者被告应该提供与原告不同的生产方法。如果不能证明，就判为被告侵犯了原告的方法专利权。

应该使用"举证责任倒置"举证原则的案件，必须有法律的明文规定才行。2019 年 4 月 23 日第二次修改的《中华人民共和国反不正当竞争法》第 32 条，也明确了商业秘密侵权诉讼的举证责任将更多地由涉嫌侵权人来承担。

另外，有时候还会出现法律没有规定举证责任的情况，例如，在权利人已尽合理努力穷尽其举证能力仍无法取得证明侵权成立的全部证据，结合已知事实以及日常生产经验，能够认定侵权行为成立的可能性较大的前提下，不再苛求权利人提供进一步的证据，这时，人民法院可以将举证责任适时转移给被诉侵权人，在被诉侵权人不能提供相反证据的情况下，根据事实推定的方法认定侵权成立。

随着我国司法保护知识产权力度的进一步加大，举证妨碍制度也已经开始运用。商标法第 63 条第 2 款规定："人民法院为确定赔偿数额，在权利人已经尽力举证，而与侵权行为相关的账簿、资料主要由侵权人掌握的情况下，可以责令侵权人提供与侵权行为相关的账簿、资料；侵权人不提供或者提供虚假的账簿、资料的，人民法院可以参考权利人的主张和提供的证据判定赔偿数额。"也就是说，在侵权人持有关于侵权获利的证据但无正当理由拒不提供的情况下，人民法院可以根据具体情况推定权利人关于损害赔偿数额的诉请成立。这一制度目前已经成为新修订的专利法、商标法、著作权法的相关条款。

9.4　知识产权司法保护中的寻租行为及其分析

目前国际公认我国的知识产权立法已经达到了世界先进水平,然而知识产权司法却受到许多指责,1994—1995 年的中美第二次知识产权谈判就缘于此。立法水平高而司法水平低,同样达不到知识产权保护的目的。低的司法水平不仅不利于智力资源的开发,也不利于智力资源的良好运用。这不仅有全民知识产权意识的问题,也有知识产权司法过程中的问题。其中知识产权审判中的寻租行为就是一个应予以关注的问题。

在现实的经济活动中,作为经济利益的当事人,都在追求其个人经济利益的最大化,其行为从个人角度看都是合理的、理性的,无所谓"好""坏"之分。从经济学的角度来看,人们在追求自身经济利益的时候,对社会效益的影响是不同的,或者是生产性的增进社会福利的活动,称为创租活动或寻利活动;或者是非生产性的、有损于社会福利的活动,称为寻租活动。寻租活动主要有对既得经济利益的维护和对既得经济利益进行再分配的非生产性活动。寻租活动非但不能增进社会总财富,反而会白白地消耗社会经济资源。从社会总福利的角度看,寻租活动是有害于人类社会的一种经济行为。

9.4.1　知识产权纠纷诉讼中租的产生

1. 诉讼的原因

在知识产权保护中,潜在纠纷总是存在的。纠纷的原因就在于对争议的权利、利益的分配无法达成一致意见。假设甲、乙之间发生争议的权属利益价值为 M,双方均希望通过自己的理由去说服对方,取得这个金额 M。

从经济学意义上讲,解决这一争议的基本方法可分为协商或诉讼,如果通过协商一方说服了另一方,则争议就解决了,如果一方不能说服另一方,则就有一方(原告)必然起诉以求助于法律对权属的判定。

2. 模型的建立

原告起诉至法院,首先要考虑以下几个问题:

(1)双方争议的金额(M)是多少?

(2)提起诉讼后法院判决原告方胜诉的概率(p)有多大?

(3)原告进行诉讼所花费用(w,包括律师代理费、诉讼费、差旅费等)有多大?

这样,原告通过诉讼获得的金额就为 pM,则被告获得的金额为 $(1-p)M$。

如果 $pM>w$,即 $p>w/M$,则原告有利可图,就会提出诉讼。

如果 $pM\leqslant w$,即 $p\leqslant w/M$,则原告无利可图,就会放弃诉讼。仅从经济角度考虑,原告可能就会放弃对这笔财产的期望。因此,古人有言"屈死不告状",也许就是这个道理。

但是,当一个国家的诉讼过程不是很严谨的情况下,案件的胜诉率 p 往往受到人为因素的影响很大,尤其是法官的主观意志。因此,原告(当然也有被告)可以通过一定的方式提高自己胜诉的概率,如通过寻求和法官建立某种关系或向法官贿赂等。

例如,原告通过花费时间、精力、金钱,寻求和法官建立某种关系,把这些花费用 R 表示,则：$p=k(R+w)/M$（因考虑到 M 的基数可能很大，因此用 k 作为修正系数，$1>k>0$）。

因此，R 越大，p 就越大，即原告获胜的概率就越大。我们把 R 称为知识产权诉讼活动中所花费的非生产性的、有害于社会的"租"。

9.4.2 寻租活动表现方式及其危害

当事人为了提高诉讼获胜的概率，就会花费租 R，通过各种方式影响法官，达到自己的目的，这些方式主要有以下几种。

（1）当事人直接向法官支付租。这是一种最直接的方法，对法官的影响力也最大，是在一个具体案子中发生作用的基本原因。法官获取这笔收入，就会设法做出有利于支付 R 的人的判决。同时这也直接创设了法官寻租的动机，哪一方租高，哪一方就有可能得到法官的倾向性支持，从而取得较高的胜诉率。但在现实社会环境下，这种寻租方式受到各种约束，法官要冒很大的风险。

（2）租表现为当事人与法官的社会关系。人和人之间的关系是复杂的，法官处在社会人的关系网中，不能不受影响。由于法官掌握着判决胜负的权力，潜在的诉讼当事人会通过各种关系认识、熟悉和交往法官，这就要花费大量的时间和金钱，从而减少了为社会创造财富的生产活动的时间和精力，这一部分消耗作为成本进入未来诉讼的租。

（3）租表现为当事人向与法官关系密切的律师支付的费用。律师与受案法官的关系如何，成为诉讼当事人寻找律师的主要依据之一，因此通过出高价、托熟人等各种方式寻找与受案法官有关系的律师，而律师的水平和知识被放到了第二位。这不仅花费了当事人相当的时间、精力，而且好的律师因缺少与法官的关系而减少了受案数量和应有的收入，从而间接地否定了以往教育所花的成本，使这一成本无法得到回报而造成社会资源的浪费。

（4）租表现为律师寻求与法官建立关系所花的费用。律师通过办案给法官的好处，或与法官的日常刻意交往，以此谋求与法官建立良好的关系，从而影响到对潜在代理案件的胜诉率，并因此获得好的代理数量和收入。这样律师就会放弃对法律知识的研究，而把大量时间用在与法官的交往上，客观上降低了法律的根本性作用。

设律师的正常时间为 1，则当律师用时间 t 去与法官刻意交往时，他用于正常的研究、学习和取证的时间就为 $1-t$。因此 t 越大，则 $1-t$ 就越小，那么，将案件客观情况的事实反映出来的概率就越小，导致法院公平处理案件的情况也会越少，造成的冤案就会越多。

寻租活动产生的原因很多。现实情况下律师地位与其实际应有的地位极不相称，是造成寻租活动的一个原因。司法审判中，法官与律师是相互配合的，律师通过自己的知识和劳动，进一步弄清案情，对解剖分析案件有重要的意义，法官和律师都是司法体系中不可或缺的一个重要组成部分。然而由于历史的原因，我国的律师制度长期以来得不到重视，律师与判案法官是否有同学、朋友等各种交情或关系，成了当事人判定律师水平和案件能否获胜的关键。

与法官关系好的一方当事人的律师，在出庭中的潜在地位就高，就可能通过正式或更多的非正式途径将自己的观点、意愿向法官陈述，法官本身的倾向性也使这些意见易于接受，而另一方的律师就没有这样好的机会。可见，司法实践中，法官受到当事人代理律师的影响是有较大倾向性的，甚至直接影响案件的正常审理。这也是当事人租花费的重要原因。

司法中的寻租活动首先导致的是社会资源的巨大浪费，当事人、法官、律师之间为寻租所花费的时间、精力、金钱是难以估量的;其次是法律的正义和公正性无法得到实现,使公众失去了对法律的信心;再次是法官的收租行为是造成社会腐败的一个重要原因,败坏了社会风气;最后,寻租活动还使律师队伍素质下降,办案水平降低,更为重要的是使法律环境恶化。

因此,重视知识产权司法中的寻租活动,对其分析并加以制约,将有利于社会主义法治建设。

9.5 知识产权诉讼中的抗辩

在知识产权的司法审判实践中,当知识产权人向人民法院提起侵权诉讼时,侵权诉讼中被告为了对抗侵权指控,一般都会迅速收集原告的知识产权瑕疵的有关证据。一方面为自己应对诉讼争取时间,另一方面力求从根本上打垮对手。抗辩权是法律授予当事人对抗另一方当事人指控、请求权的合法权利,当事人所依据的是法律明确规定的合法理由和事实依据。

9.5.1 专利权诉讼中的抗辩

在专利侵权诉讼中,原告对被告(即专利权人和其利害关系人对被控侵权人)的侵权指控不一定全部成立。很多情况下,被告被指控的侵权行为并不能认定构成侵权,被告可以针对侵权起诉从多个方面进行抗辩。

1. 针对原告诉讼主体资格的抗辩

原告与诉讼标的具有法律上的利害关系,是诉讼得以成立的前提。因此,专利侵权诉讼中首先应对原告的专利技术实施权限作审查。有权控制专利产品市场总量的权利人或根据许可合同获得诉讼权的被许可人,即自己实施专利技术时的专利权人、独占许可中的被许可人、排他许可中的被许可人和专利权人、普通许可中的专利权人,才有权提起专利侵权诉讼。原告不能证明其具备诉讼主体资格的,被告应请求法院对侵权指控予以驳回。

当然,原告所据以起诉的专利权还必须在法律保护的时间范围内,如果已经过了保护期甚至篡改保护期,则原告构成恶意起诉,应该根据对被告造成损失的大小和情节承担相应的法律责任。

2. 专利权的无效抗辩

专利侵权诉讼中,最常见的抗辩就是专利无效。专利权人拿着专利证书到法院打官司,法院假定凡是经过专利局审批、授予的专利,都符合专利法关于授予专利的要求,都是有效的专利。但是,专利的有效性只是一个假定,而不是绝对的。例如:在审查一项发明是不是具有新颖性的时候,专利局很难做到对国内外的所有有关出版物进行无一遗漏的检索。又如:按照我国专利法规定,对实用新型和外观设计专利申请,并不对其进行全面的实质性审查,只进行初步的形式上的审查。

基于这些原因,各国的专利法都允许公众对专利的有效性提出质疑,更允许被控侵权人在专利侵权诉讼中对专利的有效性提出挑战。只要被控侵权人能够证明原告的专利是无效的,他就不用承担专利侵权的法律责任。可见,专利法规定无效程序的目的在于,通过公众的监督,保证专利权的质量,维护公众的合法权利。

根据我国最高人民法院的有关规定,专利侵权诉讼可以向各省、自治区、直辖市人民政府所在地的中级人民法院,各经济特区人民政府所在地的中级人民法院,以及经最高人民法院特批的计划单列城市的中级人民法院提起。但是,请求宣告专利权无效只能向中国专利局的专利复审委员会提出请求。

在我国,反诉专利权无效不是向法院直接提出,而是向专利局专利复审委员会提出。被告在用专利无效进行侵权抗辩时,法院是否对专利侵权诉讼中止审理往往影响重大。因为,无效程序启动后,往往时间很长,如果是发明专利,还可能经过行政诉讼程序,时间会更长。在此期间,侵权诉讼如果中止审理,对专利权人很不利,被告可以趁机转产,或加紧侵权行为,给专利权人造成更大损失;如果侵权诉讼不中止审理,对被控侵权人又很不利,法院一旦做出侵权判决生效并执行后,万一专利被宣告无效,无效的决定对已生效并执行的判决又无溯及力,即使重新审理侵权纠纷,被告胜诉后,执行回转也很困难。因此,在实践中,这个矛盾十分突出。

3. 法定免责事由的抗辩

专利权是一种排他性的权利。没有经过专利权人的许可,任何单位或者个人都不得实施其专利,即不得为生产经营目的制造、使用、许诺销售、销售、进口其专利产品,或者使用其专利方法以及使用、许诺销售、销售、进口依照该专利方法直接获得的产品。但是,为了维护公众的利益和防止专利权人滥用专利权,各国专利法都规定,在某些特殊情况下,制造、使用或者销售专利产品,或者使用专利方法的行为不视为侵权行为,如专利权用尽原则、非故意行为、先用权原则、临时过境、实验性的使用及个人非营利的使用等几个方面。

我国专利法第75条也规定了不视为侵犯专利权的5种情形,即权利用尽、先用权、临时过境、科研和实验目的、行政审批需要的使用。

4. 以诉讼时效为由的抗辩

诉讼时效,是指权利人在法定期间内不行使权利,就丧失了请求人民法院保护其民事权益的权利的一种法律制度。在我国,保护公民和法人的民事权利是法院的一项重要任务。但是,权利的保护是有时间限制的,人民法院在法定诉讼时效期间内,对权利人的诉讼请求依法予以保护,对于超过了法定诉讼时效期限的诉讼请求,人民法院则不再予以保护。

我国专利法第74条规定:侵犯专利权的诉讼时效为3年,自专利权人或者利害关系人知道或者应当知道侵权行为以及侵权人之日起计算。

发明专利申请公布后至专利权授予前使用该发明未支付适当使用费的,专利权人要求支付使用费的诉讼时效为3年,自专利权人知道或者应当知道他人使用其发明之日起计算,但是,专利权人于专利权授予之日前即已知道或者应当知道的,自专利权授予之日起计算。对于诉讼时效的起算日,各国专利法规定不尽相同。我国专利法规定是从专利权人或者利害关系人"知道"或者"应当知道"侵权行为之日起计算。

无论侵权行为的发生是一个时间点,还是一个延续的过程,对诉讼时效规定的适用都是一样的,即都是从专利权人或者利害关系人知道或应当知道侵权行为发生之日起3年的时间。过了这个时效期间,专利权人再就侵权行为提起诉讼,就不能得到法律的保护了。

诉讼时效届满后,如果专利权仍然有效,专利权人丧失的仅仅是部分损害赔偿请求权,也没有丧失要求侵权人停止侵权行为的禁止请求权。如果专利权人在时效期间届满后提起诉讼,要求侵权人赔偿损失并停止侵权行为,也就是权利人超过 3 年起诉的,如果侵权行为在起诉时仍在继续,在该项专利权有效期内,人民法院应当判决被告停止侵权行为,侵权损害赔偿数额应当自权利人向人民法院起诉之日起向前推算 3 年计算。

5. 权利人滥用专利权的抗辩

专利权人的权利包括制止其他人制造、使用、许诺销售、销售或者进口专利产品,以及向其他人授予专利许可。但是专利权人的权利不是无限的,在某些情况下,被控侵权人可以以专利权人滥用专利权作为抗辩,来为自己开脱专利侵权的法律责任。如果法庭判定专利权人滥用专利权的话,尽管专利是有效的,而且专利侵权成立,专利权人也不能用这项专利来对抗被控侵权人。例如,专利权人把被许可人"不得以低于某个价格出售专利产品、不得生产和出售可以和专利产品竞争的其他产品"等,作为授予专利许可的条件。再如,甲在公开出售专利产品一年以后才申请专利,对专利局隐瞒了实情,甲获得专利以后明知道他的专利会被宣布无效,还对乙提起专利侵权诉讼。甲的这种行为违反了反垄断法中有关"以非法手段垄断市场"的规定,构成滥用专利,甲的专利也因为其在专利申请过程中的不正当行为而无效。

滥用专利权的另一种常见的情况是强行搭配。例如,专利权人甲拥有两项专利:一项是关于打火机的专利,一项是关于钥匙链的专利。乙有意从甲那里得到打火机的专利许可,但甲告诉乙,要想得到打火机专利的许可,乙必须先答应两个条件:一个是乙必须从甲那里买打火机要用的汽油,另一个是乙还必须同时从甲那里购买钥匙链专利的许可。显而易见,甲的这两个条件都违反了市场竞争的规律,构成了滥用专利。

6. 专利申请过程中的欺骗行为

在许多国家,被控侵权人根据"专利权人以不正当手段获得专利"而提出抗辩,这一点在专利侵权诉讼中的地位很高。使用这一抗辩理由来为自己开脱专利侵权法律责任的被告,在诉讼中负有举证责任,他必须证明以下三点:

首先,专利权人或者他的专利律师、专利代理人,在专利申请过程中有隐瞒或者作假的行为。如申请专利时对专利局隐瞒法定禁止申请专利的行为、对专利局隐瞒有关现有技术的文献、向专利局提交假的发明日期或假的实验数据等。

其次,专利权人或者他的专利律师、专利代理人,在专利申请过程中有隐瞒或者作假的事实。这些事实对于专利审查员审批该专利是非常重要的,导致了专利授权。

最后,原告或者他的专利律师、专利代理人,必须有主观故意或过失,即这些人必须在主观上有过错,有意隐瞒或欺骗,或者存在严重的疏忽。

我国的专利法没有对这项抗辩做出规定。目前,国内的专利司法实践还没有出现这方面的案例。

7. 自由公知技术

在我国的专利侵权诉讼中,被告用自由公知技术进行抗辩已不乏其例,且有越来越多的趋势。这个抗辩理由的出现,起先是在等同原则上的适用。在适用等同原则进行侵权判断时,等同物应当是指侵权物中替代专利权利要求中的技术特征,并非指整个侵权物将专利技术方案全部替换。

在我国的专利司法实践中,被告往往直接以自己实施的是自由公知技术或者原告申请专利并获得专利权的技术方案是自由公知技术,不应获得专利权为由做出抗辩。这一观点和抗辩理由得到了专利界许多人的支持。其法律依据是我国宪法第51条的规定:"中华人民共和国公民在行使自由和权利的时候,不得损害国家的、社会的、集体的利益和其他公民的合法的自由和权利。"尽管制定宪法的时候还没有制定专利法,立法者当时可能没有考虑到宪法第51条也可适用于专利侵权纠纷,但是宪法是国家的根本大法,其中确立的基本原则应当是毫无例外地普遍适用的。公民和单位显然有权利使用自由公知技术,这个权利不应当由于专利授权而受到损害。所以,此时应当将公众的利益放在优先考虑的地位。

可作为自由公知技术抗辩的技术应当具备一定的条件。这些条件是:①必须是可自由使用的公知技术;②必须是非组合而成的公知技术;③必须是极为近似或完全相同的公知技术。

8.合同抗辩

合同抗辩是由于从属权利和重复授权的存在。同一个技术方案或近似的技术方案,可能有两个或两个以上的专利权人,因而被告可以以"得到专利权人的许可"而进行抗辩。如果存在从属权利的情况,且原告拥有的是从属专利,但被告得到的是在先专利权人的许可,生产的又仅仅是在先专利产品,该产品没有包括从属专利的全部必要技术特征,那么,被告的抗辩就可以成立,其行为不构成对原告从属专利权的侵犯。

9.不知情侵权且提供产品合法来源的免责抗辩

专利法第77条规定:"为生产经营目的使用、许诺销售或者销售不知道是未经专利权人许可而制造并售出的专利侵权产品,能证明该产品合法来源的,不承担赔偿责任。"据此构成了善意经营者的免责抗辩权。这一条的规定并非确定行为者不构成侵权,而是其因为社会正常交易的原因导致了侵权,为了鼓励正常的市场交易活动,这种侵权行为应当被依法停止继续销售,行为者证明自己商品的来源合法性,以此可以免除善意侵权的赔偿责任。

当然,如果穷尽上述抗辩事由均不能成立时,被告还可以通过完善的赔偿数额的举证,以减轻自己的赔偿责任。

9.5.2 商标权诉讼中的抗辩

1.原告商标是否注册的抗辩

我国商标法保护的是注册商标,没有注册的商标不受法律保护。因此,当受到原告侵权指控时,首先应审查原告的商标是否注册。如果没有注册,侵权就不成立。当然,原告也可能以不正当竞争为由另行起诉,那就不是商标侵权的问题了。

有的时候,原告的商标虽然不是在我国的注册商标,但也会以驰名商标为由提起侵权指控,这时,抗辩要针对原告的"驰名商标是否成立"来进行。

2.原告注册商标是否已经被撤销的抗辩

商标法第49条规定:"商标注册人在使用注册商标的过程中,自行改变注册商标、注册人名义、地址或者其他注册事项的,由地方工商行政管理部门责令限期改正;期满不改正的,由商标局撤销其注册商标。注册商标成为其核定使用的商品的通用名称或者没有正当理由连续三年不使用的,任何单位或者个人可以向商标局申请撤销该注册商标。"第50条规定:"注册商标被撤销、被宣告无效或者期满不再续展的,自撤销、宣告无效或者注销之日起一年内,商标局对与该商标相同或者近似的商标注册申请,不予核准。"这就意味着在这一年内,该商标应该视为非注册商标,不受法律的保护,因此,侵权指控也就不成立了。

3. 原告商标权与在先权利冲突抗辩

商标法第 9 条规定:"申请注册的商标,应当有显著特征,便于识别,并不得与他人在先取得的合法权利相冲突。"原告已经注册的商标的图案,如果他人合法的著作权在其申请商标之前,那么,该商标权的图案就已经侵犯了他人的合法著作权,因此,商标权就有瑕疵。

如果该图案的著作权人提出权利要求,就会导致注册商标权的无效。当然,如果原告和该图案的著作权人达成和解及许可使用协议,那么该商标权的瑕疵就被弥补。

4. 商标先用权的抗辩

原告的注册商标是否是以不正当手段抢注他人的商标,也可以成为抗诉的一个重要理由。商标法第 32 条在对"他人现有的在先权利"保护、禁止"以不正当手段抢先注册他人已经使用并有一定影响的商标"的基础上,在第 15 条增加了一款,强调:"就同一种商品或者类似商品申请注册的商标与他人在先使用的未注册商标相同或者近似,申请人与该他人具有前款规定以外的合同、业务往来关系或者其他关系而明知该他人商标存在,该他人提出异议的,不予注册。"

不仅如此,商标法第 59 条第 3 款要求:"商标注册人申请商标注册前,他人已经在同一种商品或者类似商品上先于商标注册人使用与注册商标相同或者近似并有一定影响的商标的,注册商标专用权人无权禁止该使用人在原使用范围内继续使用该商标,但可以要求其附加适当区别标识。"这样已经在先使用并有一定影响力的商标使用人,虽然商标没有注册但可以以"在先使用"以及原告明知该商业伙伴商标已经存在等为由抗辩侵权指控。

5. 法定事由的免责抗辩

商标权也是一种排他性的权利。没有经过商标权人的许可,任何人都不能擅自制造、使用、销售或者许诺销售该注册商标及其商品。但是,为了维护公众的利益和防止商标权人滥用商标权,各国都对如合理使用、权利用尽和个人非营利等几个方面的使用予以免责。

6. 针对商标的相似性的抗辩

这主要是看被告的商标是否与原告的注册商标在图案、色彩、结构上存在差异性,如果不相同或不相近,则不构成侵权。因此,只要原告的商标不是驰名商标,被告商标不是用在与原告注册商标登记的商品相同或者相似的商品中,就不构成侵权。当然,即使原告的商标是驰名商标,但被告的申请、使用不会造成消费者误解的话,也不构成商标侵权。

7. 不知情侵权且提供商品来源的免责抗辩

商标法第 64 条第 2 款规定:"销售不知道是侵犯注册商标专用权的商品,能证明该商品是自己合法取得并说明提供者的,不承担赔偿责任。"与此同时,第 60 条第 2 款还规定:"销售不知道是侵犯注册商标专用权的商品,能证明该商品是自己合法取得并说明提供者的,由工商行政管理部门责令停止销售。"这一条与专利法的相关条款规定一致。即作为善意侵权人来说,依据这几条的目的不在于抗辩是否侵权,而在于抗辩是否承担赔偿责任。在实践中这也是一条"退而求其次"的无奈之举。

9.5.3 著作权诉讼中的抗辩

1.原告是否具有合法权利的抗辩

著作权是由著作的作者享有的,当事人能否证明自己的作者身份,将是一个很好的抗辩理由。如果不是作者的原告提出著作权侵权指控,那么就要通过职务作品或者委托作品的合同关系来证明原告的诉讼主体资格,如果不能证明或者证明不成立,那么侵权指控就不能成立。

2.原告著作权是否在保护期内的抗辩

由于公民作品的著作权保护期为作者有生之年加死后50年,单位作品的著作权为发表后的50年(如果50年内没有发表的,不再保护),所以对于著作权侵权指控抗辩的重要一点就是著作权是否还在保护期内,否则侵权指控就不能成立。

当然,对于一些永久性保护的作品则另当别论。

3.法定事由的免责抗辩

著作权也是一种排他性的权利。但是,在给予一个主体排他权利的时候,实际上是剥夺了其他人使用的权利。因此,为了维护公众的利益和防止著作权人滥用著作权,著作权法第24条规定,在下列情况下使用作品,可以不经著作权人许可,不向其支付报酬,但应当指明作者姓名或者名称、作品名称,并且不得影响该作品的正常使用,也不得不合理地损害著作权人的合法权益,即:为个人学习、研究或者欣赏,使用他人已经发表的作品;为介绍、评论某一作品或者说明某一问题,在作品中适当引用他人已经发表的作品;为报道新闻,在报纸、期刊、广播电台、电视台等媒体中不可避免地再现或者引用已经发表的作品;报纸、期刊、广播电台、电视台等媒体刊登或者播放其他报纸、期刊、广播电台、电视台等媒体已经发表的关于政治、经济、宗教问题的时事性文章,但著作权人声明不许刊登、播放的除外;报纸、期刊、广播电台、电视台等媒体刊登或者播放在公众集会上发表的讲话,但作者声明不许刊登、播放的除外;为学校课堂教学或者科学研究,翻译、改编、汇编、播放或者少量复制已经发表的作品,供教学或者科研人员使用,但不得出版发行;国家机关为执行公务在合理范围内使用已经发表的作品;图书馆、档案馆、纪念馆、博物馆、美术馆、文化馆等为陈列或者保存版本的需要,复制本馆收藏的作品;免费表演已经发表的作品,该表演未向公众收取费用,也未向表演者支付报酬,且不以营利为目的;对设置或者陈列在公共场所的艺术作品进行临摹、绘画、摄影、录像;将中国公民、法人或者非法人组织已经发表的以国家通用语言文字创作的作品翻译成少数民族语言文字作品在国内出版发行;以阅读障碍者能够感知的无障碍方式向其提供已经发表的作品;法律、行政法规规定的其他情形。

9.5.4 商业秘密权诉讼中的抗辩

1.被告通过证明自己商业秘密获得的合法途径进行抗辩

商业秘密的主体是多个的,每一个人都可以通过合法途径获得相同的商业秘密。因此,当被控商业秘密侵权时,被告首先要证明自己使用的被控技术的合法来源。

一般地,商业秘密的合法来源包括:自行研制,合同委托研制,通过合同购买、许可、受让、受赠,他人泄漏以及逆向工程①的研究。

如果是采取偷窃、敲诈、欺骗、不正当竞争(如将对方的技术人员高价买通)等非法方式得到的商业秘密,是不能受到法律保护的。

2. 原告的商业秘密是否公知技术的抗辩

商业秘密是以当事人自我保密为前提的,其技术本身的特征并没有经过相关的法律程序认定。为此,实践中常有些原告,将自己用得比较顺手的技术当作商业秘密来保护,而实际上这项技术已经是同行业公开的或者共有的技术。因此,原告的商业秘密是否具有与公有知识不同的特性,是判断其商业秘密成立与否的前提。原告如果不能证明,那么,其据此提出的诉讼侵权就不能成立。当然,商业秘密的技术水平高低,并不是评价商业秘密权利的前提条件,这一点在实践中也应该予以注意。

3. 原告获得商业秘密途径的合法性抗辩

商业秘密虽然不需要经过严格的法律认定,但它却是权利人通过一定的时间、资金、智慧的投入而形成的有利于自己生产、经营的技术,或者是通过购买合同受让、逆向工程等合法方式得来的。如果是通过非法(如偷窃、骗取等)途径获得的商业秘密,那么原告指控他人的侵权诉讼是不能受到法律支持的。

4. 权利人是否采取了适当的保密措施的抗辩

商业秘密是以其权利人通过有效的保密手段来体现其权利特征的。如果商业秘密权利人不能证明自己为该商业秘密采取了保密手段和支出,那么,其以商业秘密受到侵害为由所提出的诉讼,就不能得到法律的支持。

最后,被告如果不能完全否认商业秘密特别是技术秘密的侵权存在时,还可以通过把自己被控技术与原告的商业秘密进行等同性的比较,判断是否完全可以替代还是个别技术特征上的可以替代,从而尽量减少赔偿的责任。

◆ 问题讨论

1. 如果原告的注册商标在权利期内被侵权,但被告指出该注册商标图案侵犯了他人在先的著作权,并且图案著作权的权利人也提出权利主张。根据商标法第9条规定:"申请注册的商标,应当有显著特征,便于识别,并不得与他人在先取得的合法权利相冲突。"那么,该图案的著作权人提出权利要求,就会导致注册商标权的无效,于是被告的侵权指控就不成立。

但是,如果原告和该图案的著作权人达成和解及许可使用补充协议,那么:

(1)该商标权是否成立?

(2)被告的侵权指控是否成立?

(3)被告的赔偿责任能否免除?

---

① 逆向工程,也称反向工程,是指通过技术手段对从公开渠道取得的产品进行拆卸、测绘、分析等而获得该产品的有关技术信息。但如果被诉侵权人以不正当手段获取权利人的商业秘密后,又以反向工程为由主张未侵犯商业秘密的,人民法院不予支持。

2. 原告以被告侵犯自己的专利权为由, 请求法院对被告发出诉前禁令, 并向法院提供了 500 万元的担保, 即禁止销售和许诺销售涉案技术产品。该禁令执行时间长达 800 多天后, 原告的专利因其他案件被第三人申请宣告无效。那么, 被告能否要求原告赔偿由于此禁令而产生的损失?

(参考案例: 祝文明. 陕西民企向罗门哈斯索赔 4900 万[N]. 中国知识产权报, 2013 - 07 - 03(8).)

✦ 阅读法律

1.《中华人民共和国民事诉讼法》
2.《最高人民法院关于民事诉讼证据的若干规定》

✦ 案例讨论

1. 中国客车侵权第一案。2006 年, 德国知名的客车制造商尼奥普兰客车股份有限公司 (NEOPLAN Bus GmbH, 以下简称尼奥普兰公司、原告)发现, 江苏省中大集团在北京销售的中大 A9 系列客车的外观设计与其在中国申请获得的"星航线Ⅱ"客车的外观设计专利权(专利号 ZL200430088722.4)相似, 于是花 90 多万元公证购买了一辆中大集团生产的客车作为诉讼证据, 向北京市第一中级人民法院提起诉讼, 要求盐城中威客车公司(简称中威公司, 被告 1)、中大工业集团公司(被告 2)以及销售商北京中通星华汽车销售公司(被告 3)赔偿经济损失人民币 4000 万元。被告 1 生产商中威公司认为, 被指侵权的产品外观, 由该公司自主开发, 并未构成侵权。而销售商中通公司则称, 他们作为销售商, 无法确认商品是否侵权。

2006 年 10 月, 被告 1 以涉案专利与在先外观设计相似, 不符合我国专利法的规定为由提出原告涉案专利无效的请求, 但因证据不足(所提供证据与涉案专利具有显著区别)未被专利复审委员会采信。2007 年 5 月, 被告 1 再次以涉案专利在申请日前已经在国外杂志上公开发表为由, 请求专利复审委员会宣告涉案专利无效, 但因被告 1 提交的域外证据未被公证认证等理由被驳回。随后被告 1 以上述两个理由向北京市第一中级人民法院提起行政诉讼, 将专利复审委员会告上法庭, 但法院对其予以驳回, 被告 1 没有对此提出上诉。2007 年 6 月北京市第一中级人民法院经过现场勘验、开庭审理最终认定中大客车 A9 系列与涉案专利构成相似近似。

2009 年 1 月, 北京市第一中级人民法院一审认为, 被告生产的 A9 系列客车与原告的"星航线"客车之间仅仅在少量设计上存在一定差异(见下图), 但是这些差异都均属于局部细微差异, 故 A9 系列客车均与涉案专利的外观设计构成近似, A9 系列客车的制造、销售行为均属于对涉案专利权的侵犯。随即, 法院判决盐城中威客车公司和中大集团公司立即停止制造、销售侵权客车的行为, 与销售商一起共同赔偿原告尼欧普兰汽车公司经济损失人民币 2000 万元和诉讼合理支出人民币 116 万元, 共计人民币 2116 万元。

尼奥普兰推出星航线(Starliner)客车

中大 A9 客车

因涉及中外企业且侵权数额巨大,该案及其判决随即在国内外引起了广泛的关注,甚至被媒体称为"客车侵权第一案",当然也给被告带来了极大的压力。

一审判决后,被告及时提出上诉,并聘请经验更为丰富的律师,于 2009 年 7 月第三次就涉案专利向专利复审委员会提出无效宣告请求。

律师通过在德国的合作伙伴提取并经德国公证人员和司法人员采集、我国驻德大使馆认证的两本德国杂志——2004 年第 9 期的《今日客车》(公开时间 2004 年 9 月 17 日)和 2004 年第 9 期的《客车杂志》(公开时间 2004 年 9 月 6 日),其上都刊登了原告涉案专利产品外观设计,且都早于原告在中国申请涉案专利的时间——2004 年 9 月 23 日。

对此原告认为上述杂志的内容源自自己的新闻发布会,会上也禁止了记者在 2004 年 9 月 23 日发布所拍摄的照片。但这种情况其申请专利时未在规定的两个月内提交不丧失新颖性的声明和证明文件,故专利复审委员会决定宣告原告尼奥普兰公司名称为"车"的 ZL200430088722.4 号外观设计专利全部无效。

2010 年 6 月,原告向北京市第一中级人民法院提起行政诉讼。但 2012 年 2 月被驳回;2012 年 5 月,原告向北京市高级人民法院提起上诉,但于 2012 年 7 月驳回。至此,原告所依赖的权利基础不复存在。

2012 年 8 月 10 日,北京市高级人民法院就前述原被告之间的专利侵权案做出终审判决,撤销了一审的判决,驳回了原告的所有请求。

(资料来源:①祝文明."客车侵权第一大案"大逆转的背后[N].中国知识产权报,2013-08-21(9).②王灿彬.三中国车企被判抄袭 尼奥普兰获赔 2116 万元[EB/OL].(2009-02-02)[2021-10-21].https://www.chinanews.com/auto/cqdt/news/2009/02-02/1545527.shtml.有改动)

问题:

(1)原告是如何获取证据的? 除了起诉制造商外还起诉了销售商(被告3),为什么?

(2)被告是如何获取证据的? 有什么启发?

(3)被告以什么抗辩理由进行抗辩?

(4)该案历时 6 年,都经过了哪些法律程序?

2.某厂(原告)在 1993 年 9 月 23 日向中国专利局申请了"多褶式专用空调过滤器"实用新型专利,并于 1994 年 8 月 17 日获得专利权(专利号为 93237681.9),设计人为徐某、陆某。徐某为厂长。

1994 年 8 月 31 日陆某离开原告单位后,即到被告单位工作。1994 年 10 月,原告发现被告未经其许可,不但生产与专利权人完全相同的专用空调过滤器,同时在产品的说明书上标有"中国专利号 ZL93237681.9"。另据调查得知:被告于 1994 年 12 月至 1995 年 4 月,共制造并销售多褶式专用空调过滤器的金额为 20 万元。原告遂诉至法院。

原告诉称:"多褶式专利法用空调过滤器"是我厂于 1993 年 9 月 23 日申请的实用新型专利,中国专利局经审查后向我厂颁发了专利证书,专利号为 93237681.9。1994 年 10 月我厂发现被告未经我厂同意,使用我厂的专利号,生产与我厂完全相同的专用空调过滤器,并已大量销售,构成了侵权行为。

被告辩称:原告申请的"多褶式专利法用空调过滤器"不符合专利法规定的新颖性和创造性,因为在申请日前早有 A、B、C、D 等单位生产并销售过滤器。同时,原告在申请专利前的 1992 年 10 月 23 日起就开始生产、销售该专用空调过滤器,至申请日 1993 年 9 月 23 日,共销售 4799 只,价值 1 628 586 元。

被告还称:我厂生产的专用空调过滤器与专利权人的产品有许多不同之处,有质的区别,并不在其权利要求保护范围之内,因此是不侵权的。如产品外壳:我厂采用材质有特殊规定,专利产品没有;滤料:我厂用化纤、针刺过滤布,专利产品用无纺布;内部结构:我厂可根据用户需要,做成单层金属网和过滤布或双层金属网或过滤布,专利产品只有一种形式。至于我厂使用专利权人的专利号,一方面已征得厂长徐某的同意,另一方面我厂使用的专利号与专利权人的专利号是不一样的,我厂在号前加了"ZL"。同时现在已停止使用该专利号。请问:

(1)应该诉至哪一级法院?

(2)被告的抗辩理由有哪几个?

(3)标注他人专利标记是否构成假冒他人专利行为?

(4)标注无中生有的专利号是否违法?

(5)如案中所讲,原告在申请专利前的 1992 年 10 月 23 日起就开始生产、销售该专用空调过滤器,至申请日 1993 年 9 月 23 日,共销售 4799 只,价值 1 628 586 元。那么,原告的专利权是否有效?为什么?

(6)征得厂长同意,是否构成专利使用许可?

3. 甲某设计了一种改进的手提式灭火器,通过改进灭火器的器头与筒体的连接结构,达到增加连接部件的强度,改善密封性能,便于拆装和使用的目的。该技术方案由甲某供职的一家消防灭火器厂于 1987 年 8 月 22 日申请了专利,并于 1988 年 9 月 1 日获得了专利权,专利号为 87212126.7。其独立权利要求的内容为:一种手提式灭火器,包括带封头的筒体,带喷嘴的器头和焊接在筒体封头上的螺管,中间衬有密封圈,通过一压紧螺套套入器头并压紧其帽边(肩部)与螺管以螺纹相接,其特征在于螺管的上端面上开有一圈槽,器头的帽边下部接一筒圈,并压在密封圈上嵌入槽内。甲某于 1989 年 7 月 1 日与该灭火器厂签订了专利权转让合同,该合同经中国专利局登记后于 1990 年 6 月 6 日公告,甲某成为专利权人。

此后,甲某发现乙方投放市场的灭火器采纳了专利结构,便多次与乙方联系协商解决侵权纠纷,在多次努力无效的情况下,甲某遂诉请至法院。在法院审理期间,乙方认为自己设计出被控侵权的灭火器的时间早于申请日,并且在申请日前已试生产了若干该种结构的灭火器样品,后又按有关规定将该灭火器送检,通过了市公安局消防支队和省公安厅消防局"同意批量生产"的鉴定。据此,乙方提出自己的产品与专利结构有差异、专利丧失新颖性,否认构成侵权。

甲某诉称:乙方生产的"MSF 型手提式酸碱灭火器"和"MP6 型泡沫灭火器"属于侵权产品,应承担侵权责任。因为专利产品的技术特征在于灭火器筒体的螺管上端两面开有一圈槽,槽内置密封圈,器头帽边下部接一筒圈,用螺套连接器头与筒体时,筒圈嵌入槽内并压在密封圈上。而乙方的产品是在灭火器器头帽边上压出圈槽,槽内嵌入环形橡胶圈,当器头与筒体连接后,简体的简圈位于器头的圈槽内,二者比较后可得知,乙方的产品与专利都采用同样的方式进行密封,区别仅仅在于圈槽的位置一个在简体上,一个在器头上,圈槽位置的上、下变换没有带来也不可能带来任何新的效果,属于"等效替换"。因此,乙方的产品完全落入专利的保护范围,构成侵权。由于乙方无意接受专利权人曾经表达的协商解决纠纷的愿望,即要求该厂停止生产、按销售额的 4‰ 赔偿损失、登报赔礼道歉,并承担全部诉讼费用。为此,甲某提供了如下证据:专利证书复印件及年费交纳收据、专利权转让合同及公告复印件、专利文件、灭火器实物等。

乙方辩称:本厂自 1986 年 11 月以来试制灭火器,经过多次改进,将灭火器简体与器头的螺栓连接改成螺纹连接;用环形橡胶圈取代平垫圈;把手拎铝盖器头改成用铁板冲压成帽形器头(二者均有可嵌入环形圈的圈槽),最终开发成现在的产品。每次改进都是根据有关技术手册的内容、消防条令的要求和技术人员的意见实现的,并且通过了消防部门主持的特殊行业产品的技术鉴定,不是看到专利产品后仿造的。由此可见,本厂的产品是在专利申请日前一步步改制成的,有环形密封圈的灭火器在申请日前已经试产,根本没有侵犯专利权。此外,答辩书提出乙方产品与专利产品的制造工艺不同,认为"等效替换"不能成立。最后,答辩书还以自己的产品制造在先,1987 出版的《机械设计手册》以及消防条令中有环形圈和圈槽的记载为由,认为专利权丧失新颖性。消防器材厂提供了手拎铝盖器头实物和帽形器头图纸以及产品鉴定书、《机械设计手册》《消防法令法规汇编》等。请问:

(1)以在先技术为由的制造行为是否构成侵权行为?

(2)能否认定为先用权?

(3)甲某和乙方分别出示了哪些对自己有利的证据?

(4)如果乙方是在申请日后完全由自己研发的相同技术,乙方能否使用?

阅读材料

【阅读 9-1】

专利失效仍起诉,恶意诉讼遭训诫

2013 年 11 月,在上海市第二中级人民法院审理的一起外观设计专利侵权案件中,原告诉称其为"自动售货机(玩具)"外观设计专利的权利人,被告未经许可以营利为目的擅自利用原告外观设计专利的产品进行销售并谋取利益,严重侵害了原告的专利权,请求法院判令被告停止侵权、赔礼道歉并赔偿原告经济损失 1 万元。

在庭审过程中,虽然被告对原告提供的证据没有提出异议,但合议庭依然对原告提供的证据进行了仔细的审核。合议庭发现原告在庭前作为证据提交的专利权证书复印件中的专利授权公告日是 2009 年 7 月 25 日,而当庭提供的专利权证书原件中的专利授权公告日是 2007 年 7 月 25 日。鉴于原告权利证据存在重大疑问,法庭当场决定休庭,并立即登录国家知识产权局网站,对涉案专利的权利状态进行了查询。查询结果显示原告专利因未缴纳年费已于 2009 年 12 月 9 日被终止,这说明授权公告日不可能是 2009 年 7 月 25 日。因此,原告提交的专利权证书的复印件系伪证,而且原告明知其专利已经失效仍然提起诉讼,应属于恶意诉讼。

我国专利法规定,失效专利不受法律保护。就此,合议庭对原告擅自涂改证据、隐瞒专利权已经失效这一事实的行为进行了严肃的批评和教育,鉴于原告的非法行为情节不算太严重,也未造成严重后果,最终合议庭要求原告就其擅自涂改证据的行为予以具结悔过。在合议庭的教育下,原告法定代表人当场承认了作假行为,对自己的错误表示深刻反省,并表示希望法院准许其撤回本案的起诉。随后,原告法定代表人向法院提交了致歉函,对其擅自涂改证据的行为致歉,并保证今后决不再犯。

(资料来源:胡嫚. 专利失效仍起诉 恶意诉讼遭训诫[N]. 中国知识产权报,2013 - 11 - 20(9).)

【阅读 9 - 2】

普利司通公司积极利用知识产权诉讼和协商方式解决知识产权纠纷

总部位于东京的日本株式会社普利司通(Bridgestone)及其在中国的子公司普利司通(中国)投资有限公司,一直在中国国内推广名为"车之翼"的轮胎品牌经销店。

株式会社普利司通公司致力于在保护作为研究开发成果的独特先进技术和设计等知识产权的同时,使其在全球范围内积极发挥作用。为了向客户提供可放心使用的株式会社普利司通公司产品,株式会社普利司通公司努力不懈地实践知识产权经营的战略,对仿造行为采取举报、诉讼等方式进行严肃处理。

2006 年 6 月 14 日,普利司通公司在广西壮族自治区桂林市发现了与"车之翼"店铺外观极其相似的桂林车之翼汽车饰品有限公司。普利司通公司就此问题向桂林工商局提出了行政取缔请求,要求更换店铺招牌和企业名称。工商局经审核后及时予以了处理。

2006 年 12 月,普利司通针对北京朝阳浪马公司生产和销售的卡车、巴士用子午线轮胎的行为,提起了外观设计侵权诉讼。北京市第二中级人民法院经过审理,于 2007 年 3 月做出了责令朝阳浪马公司停止侵权产品的生产和销售,并支付损害赔偿的判决。

事实上,普利司通公司在 2005 年就曾在美国的联邦法庭起诉高仕利(Acushnet)公司侵犯他们所拥有的专利。这些专利技术包括制作高尔夫球的方式,这种制作方式能够让小球飞得更远、旋转得更好、耐用性更高。其中一项专利是 5 号铁或者沙坑杆在击球时,小球的距离将飞行得更远。到 2007 年 10 月,普利司通表示他们已经与 Acushnet 公司就高尔夫球专利侵权一案达成了和解。Acushnet 拥有泰特利斯(Titleist)和品尼高(Pinnacle)高尔夫球品牌,他们将支付数额不明的专利费给普利司通。另外,两家公司还同意可以相互使用对方的专利。

(资料来源:中国保护知识产权网,有修改)

【阅读 9 - 3】

现有技术抗辩中"无实质性差异"的判断

(本案例来源于〔2019〕最高法知民终 804 号。)

上诉人佛山市顺德区华申电器制造有限公司(以下简称华申公司)、佛山市易豆科技有限公司(以下简称易豆公司)与被上诉人浙江小智电器科技有限公司(以下简称小智公司)侵害实用新型专利权纠纷案中,涉及专利号为 ZL201320602436.9,名称为"泡制装置及其泡制物容器升降结构"实用新型专利(以下简称涉案专利)。

小智公司认为,华申公司、易豆公司未经专利权人许可,制造、销售、许诺销售落入涉案专利权保护范围的产品,侵害了小智公司的专利权,故向广州知识产权法院(以下简称一审法院)提起诉讼,请求判令华申公司、易豆公司停止侵害并赔偿经济损失及维权合理开支 150 万元。

一审法院认为,被诉侵权产品落入小智公司涉案专利权保护范围,判决华申公司停止侵权并赔偿小智公司 25 万元,易豆公司停止侵权、销毁库存侵权产品并赔偿小智公司 1.5 万元。

华申公司、小易公司不服,向最高人民法院提起上诉,并提交了现有技术证据US1984047A专利文件及译文(以下简称047A专利),拟证明被诉侵权技术方案属于现有技术,被诉侵权行为不构成对涉案专利权的侵害。

最高人民法院于2020年11月12日判决撤销原判,驳回小智公司的诉讼请求。最高人民法院二审认为,小智公司对047A专利的真实性无异议,该专利申请公开于1934年12月11日,早于涉案专利申请日,故可以作为现有技术抗辩证据使用。

涉案专利权利要求中涉及卡夹组件的技术特征是"卡夹组件的一端固定到盖体上,另一端沿径向弹性压靠在升降轴上"。被诉侵权技术方案的卡夹组件主要由弹簧和弹珠构成,弹簧一端抵住盖体,另一端通过弹珠和连接块抵住升降轴,整个结构位于盖体内部。047A专利说明书以及附图1明确记载了相应的技术特征是:扁平弹片29设置在中空部件25上并带有适于与主轴26中的凹槽28配合的小突起30,且中空部件25位于盖子5及其延伸部分6之中。被诉侵权技术方案的弹簧、弹珠式卡夹结构与现有技术的弹片、突起式卡夹结构是能够直接替换的惯用手段,所属领域技术人员能够根据需要选用不同的弹性元件及其对应的结构,属于无实质性差异的情形。

落入专利权保护范围的被诉侵权技术方案的全部技术特征,与047A专利方案中的相应技术特征均相同或者无实质性差异,华申公司、易豆公司的现有技术抗辩成立。

本案要旨在于现有技术抗辩认定中,被诉侵权技术方案的某一技术特征与现有技术方案中的相应技术特征构成本领域可直接置换的惯用手段的,可以认定两对应技术特征无实质性差异。

(资料来源:最高人民法院知识产权法庭.现有技术抗辩中"无实质性差异"的判断[EB/OL].(2021-12-15)[2023-03-07].https://ipc.court.gov.cn/zh-cn/news/view-1716.html.)

【阅读9-4】

侵害"排水板成型机"发明专利权及司法惩戒案

(本案例来源于江苏省苏州市中级人民法院〔2019〕苏05知初1122号民事判决书、〔2020〕苏05司惩1号决定书。)周勤系"排水板成型机"的发明专利权人,因发现无锡瑞之顺机械设备制造有限公司(以下简称瑞之顺公司)涉嫌侵权,向法院申请诉前证据保全。江苏省苏州市中级人民法院裁定采取保全措施,对被诉侵权产品进行现场拍照并制作笔录,明确告知瑞之顺公司不得破坏或者转移保全证据,瑞之顺公司法定代表人签字确认。后周勤以瑞之顺公司侵害其专利权为由诉至法院。

案件审理过程中,瑞之顺公司在未告知法院的情形下擅自转移诉前保全产品并导致该产品灭失。一审法院认为,诉前保全证据系本案关键证据,瑞之顺公司擅自转移并导致证据灭失,直接影响本案侵权判断,遂认定被诉侵权行为构成侵害专利权并全额支持原告的赔偿请求。同时,一审法院对瑞之顺公司擅自转移诉前保全证据并导致证据灭失、严重妨害民事诉讼的行为给予司法惩戒,罚款20万元。瑞之顺公司不服一审判决,提起上诉。最高人民法院二审判决驳回上诉、维持原判。

本案是人民法院着力破解"举证难"、提升知识产权审判质效和司法公信力的案例。本案明确了掌握证据一方的举证义务,以及证明妨碍和妨害证据保全的法律后果,对于依法适当减轻权利人举证负担,引导当事人积极、主动、全面、诚实提供证据,具有重要的实践价值。

(资料来源:最高人民法院.最高人民法院发布2021年中国法院10大知识产权案件和50件典型知识产权案例[EB/OL].(2022-04-21)[2023-02-27].https://www.court.gov.cn/zixun-xiangqing-355881.html.有少量改动)

第10章

知识产权战略

知识产权立法、保护乃至于管理,是一个随着技术变革而产生微妙变化的深奥的法律领域。在经济全球化快速发展的今天,知识的产权化已成为时代的显著特征,知识产权已成为市场经济主体最重要的致富工具、竞争手段和国家最重要的战略资源之一。

国家知识产权战略通过建立有利于建设创新型国家的良好知识产权环境,提高公民和市场经济主体对知识产权的创造力、拥有量和运用能力,增强知识产权资源的储量,提升国家市场经济主体的核心竞争力,最终实现富民强国的目的。

企业的知识产权战略着眼于提高企业的自主创新能力,增强国际竞争力,其作用不可估量。

10.1　政府的知识产权战略

近年来,世界上经济发达的国家,纷纷通过制定知识产权战略,达到促进国家经济发展、进一步提升竞争力的目的,其内容和思路对我国企业及政府今后的知识产权保护、知识产权管理和制定知识产权战略提供了有益的参考。

10.1.1　美国政府面向 21 世纪的知识产权战略

为保持美国在世界上头号强国的地位,美国专利商标局制定了面向 21 世纪的知识产权战略,其战略目标是建立保持美国发明人在全球竞争优势所需要的专利商标制度,将专利商标局发展成一个以质量为核心,对市场变化反应灵敏的市场驱动型知识产权机构。他们培训员工,改进服务,推动知识产权制度全球一体化,发展电子政务以及通过立法提高专利费用。

美国实施知识产权战略的数十年历史中,积极强调进攻,特点如下:

(1)制定各种法律,促进技术创新和技术转移,提高产业技术竞争能力。如 1980 年出台的《拜杜法案》明确规定,大学、非营利机构和中小企业对联邦资助形成的发明拥有所有权。1980年出台的《技术创新法》要求一些主要的国家实验室建立开发和技术应用办公室,促进技术转移;1986 年出台的《联邦技术转移法》规定了联邦实验室转移技术的任务,允许职务发明人提取不低于 15% 的专利收入。

(2)把专利制度与贸易战略结合起来,保护美国的国外市场。1988 年修订的《1988 年综合贸易与竞争法》追加了"特殊 301 条款",主要用于对不遵守美国知识产权规定的国家实行贸易制裁,以保证美国专利权人在国外的利益。

(3)利用公平竞争政策保护国内市场。1994年,美国修订了《关税法》,其第337条"关于不公平竞争的规定"授权国际贸易委员会管理国外贸易侵犯美国专利法、商标法和著作权法的案件,以阻止外国侵权产品进入美国市场。

不仅如此,美国著名的咨询集团兰德公司还对美国新形势下知识产权战略变革提出了有分量的建议:

(1)政府应为创新活动提供良好的公共政策环境,在产业部门、研究机构及政府之间建立一种协调系统,决定它们之间如何发生相互影响,对用于开发新产品、新工艺和新服务的知识产权转让从各种政策角度加以支持。

(2)在克服信息与数据自由流通的障碍问题上,联邦政府应向地方政府提供支持。机构之间协调技术标准和议定书的行动需要联邦各级政府进行。联邦政府应反对新型的保护知识产权数据库的立法,因为这种立法不利于学术界和研究人员获得他们进行研究和教育计划所需的信息。在私人部门,现在越来越强调保护发明秘密,越来越多地对盗窃商业秘密的行为提出诉讼,这些都不利于公司从放宽限制和实施豁免规定中获得好处,而且很有可能限制了人员和技术信息的流动。

(3)制定有利于创新的知识产权政策。对知识产权的占有成为人们普遍关心的问题。研发产品的所有权和管理权对现有专利制度范围内的新技术提出了挑战。研究认为,不仅个人发明者应该占有,而且大学也应该拥有研究成果的知识产权。这样发明者可与公司法人进行谈判,大学也可在签订合同时拥有部分收益的分享权。这一现象说明,只有简化专利制度、消除不必要的成本和减少创新过程中的不确定性,创新才能得到提高。

(4)标准规范化问题。联邦政府应及早积极参与国际和国内标准制订活动。作为召集人,政府在标准化领域特别在信息技术领域可以发挥重要作用。国家市场的建立将更加依赖于国家可操作的标准,政府应与工业部门标准组织共同工作,制定所需要的国家可操作的标准。同时,联邦还可为地方使用这类标准提供资助。如果工业部门不能及时取得一致意见,联邦政府必须避免率先颁布这样的标准。

10.1.2 日本政府的知识产权战略推进计划

2002年,日本内阁开始着手制定新的国家发展战略,目标就瞄准了知识经济这个大方向。由内阁总理小泉牵头,召开了包括内阁几乎所有省厅大臣参加的知识产权战略会议。此后的一年里,共召开了8次这样的会议,足见日本政府对这个问题的重视程度。同年7月,日本国家知识产权战略会议制定了"知识产权战略大纲",在这个大纲中第一次明确提出了"知识产权立国"的国家发展战略目标。

1. 日本"知识产权立国"目标的具体内容

(1)以发挥日本的发明创造力为基本目标。日本国土狭小,不具备充分的天然资源。但明治维新之后,日本成为世界屈指可数的工业大国。在21世纪知识价值社会里,发挥其创造力极为重要。

(2)以知识财产为中心,实现经济社会的发展。从经济观点出发,21世纪是技术竞争的时代,只有在技术竞争中生存下来的国家,才能够充分享受到经济的繁荣。

(3)从社会制度上说,发明和著作属于无形资产,经过法律的保护才能具有经济上的意义,因此,国家必须实行彻底的改革。

2. 分别制定"2004 年知识产权推进计划"和"2005 年知识产权推进计划"

2002 年 12 月 4 日,日本通过了《知识产权基本法》。2003 年 2 月,根据该法日本政府发布第 45 号政令,在内阁成立知识产权战略本部,协调各有关省厅实施国家的知识产权战略。2003 年 7 月,由知识产权战略本部制定了第一个"知识产权推进计划",此后,又分别出台了"2004 年知识产权推进计划"和"2005 年知识产权推进计划"。

这些计划从创造领域、保护领域、应用领域、情报产业的飞跃发展和人才的培养等方面明确"保护领域"的内容并制定相关系统政策。一方面在于促进本国知识经济发展,另一方面旨在拉大与经济技术落后国家的"知识产权差距"。这些保护领域包括:有关医疗行为专利权的保护方法,推进实用新型制度的利用,为保护创意设计而完善创意制度,为保护品牌而完善商标制度,探讨地区品牌的保护制度,加强保护商业秘密,加强对资料库的保护,加强对植物新品种的保护,加强知识产权损害赔偿制度建设,修改侵害知识产权的有关刑法,等等。

同时,政府和企业采取积极措施,进一步加强知识产权的自主创新,加大知识产权保护力度,推动知识产权的应用,形成知识文化产业,加强知识产权的人才培养,等等。

日本的"知识产权战略推进计划"内容前瞻、意义重大,对日本经济发展产生了重要的影响。

10.1.3 我国的《国家知识产权战略纲要》

我国政府极为重视知识产权战略,特别是《中共中央关于制定国民经济和社会发展第十一个五年规划的建议》中明确"必须提高自主创新能力,把增强自主创新能力作为科学技术发展的战略基点、调整产业结构和转变增长方式的中心环节"以来,就一直酝酿制定我国的知识产权发展战略。为提

《国家知识产权
战略纲要》

升我国知识产权创造、运用、保护和管理能力,建设创新型国家,实现全面建设小康社会目标,2008 年 6 月 5 日,国务院颁布实施《国家知识产权战略纲要》,将知识产权工作上升到国家战略层面进行统筹部署和整体推进,为知识产权事业发展指出了明确方向。

《国家知识产权战略纲要》根据"激励创造、有效运用、依法保护、科学管理"的方针,把战略重点放在完善知识产权制度、促进知识产权创造和运用、加强知识产权保护、防止知识产权滥用和培育知识产权文化这五个方面。

为了实现上述战略重点,《国家知识产权战略纲要》要求通过提升知识产权创造能力、鼓励知识产权转化运用、加快知识产权法制建设、提高知识产权执法水平、加强知识产权行政管理、发展知识产权中介服务、加强知识产权人才队伍建设、推进知识产权文化建设、扩大知识产权对外交流合作等九个方面的战略措施予以保障。

《国家知识产权战略纲要》的实施,有利于推动企业成为知识产权创造的主体,充分发挥高等院校、科研院所在知识产权创造中的重要作用,鼓励群众性发明创造;通过鼓励和支持市场主体依法运用知识产权,促进各种创新和发明成果加快转化为现实生产力,造福社会,造福人民。同时,加大知识产权执法力度,依法打击侵权行为、降低维权成本、提高侵权代价;合理界定知识产权界限,有效维护正常市场竞争秩序和社会公众的合法权益;进一步加强国际合作,积极参与国际知识产权秩序的构建,遵守国际规则,促进人类文明成果的合理共享;大力培育知识产权文化,提高全社会的知识产权意识,形成尊重知识、鼓励创新、诚信守法的舆论氛围。

《国家知识产权战略纲要》实施以来,特别是十八大以来,党中央、国务院从加强顶层设计、完善法律法规、改革体制机制、加强司法和行政保护等方面,对知识产权保护制度做出决策部署,采取切实措施,取得了良好成效。习近平总书记在主持中共中央政治局第二十五次集体学习时专门强调:"创新是引领发展的第一动力,保护知识产权就是保护创新。"在这种氛围下,我国知识产权法制环境不断向善,知识产权事业不断发展,走出了一条中国特色知识产权发展之路,取得了历史性成就,有力支撑了创新型国家建设和全面建成小康社会目标的实现。战略实施工作自上而下全面部署推进,并从专业领域逐步融入经济、科技、社会、教育等各领域,大幅度提高了我国知识产权创造、运用、保护和管理能力,成为提升国家创新能力的重要基础。

2014年3月24日,李克强出席中国发展高层论坛2014年年会时强调:"从根本上讲,中国必须走科技创新的道路,而创新的必要条件就是保护知识产权。"此后我国知识产权战略实施继续围绕提高知识产权创造质量、提升知识产权运用效益、提高知识产权保护效果、提升知识产权管理和公共服务水平、促进知识产权国际交流、提升知识产权基础能力、提高知识产权战略组织实施水平等七个方面予以重点部署,集中推进。

2020年4月,由国家知识产权局战略规划司、国家知识产权局知识产权发展研究中心出版的《2020年中国专利调查报告》统计数据显示,截至2019年底,我国国内(不含港澳台)战略性新兴产业的有效发明专利达58.2万件,是2015年底的2.2倍,表明我国战略性新兴产业创新产出提高明显。我国国内(不含港澳台)战略性新兴产业的有效发明专利占国内(不含港澳台)有效发明专利的比例为31.2%,较2015年底略有提高。截至2019年底,我国有海外同族专利权的有效发明专利、维持年限超过10年的有效发明专利占国内有效发明专利的比例分别为3.5%和10.3%,分别是2015年底的1.2倍和1.5倍,表明我国具有海外竞争力的有效发明专利、获得创新主体及市场认可的高维持年限发明专利的比例稳步上升。此外,统计数据还显示,我国规模以上工业企业发明专利申请量近年来稳步增长,2019年为39.9万件,是2015年24.6万件的1.6倍,年均增长率为12.9%。2019年,我国规模以上工业企业发明专利申请量占我国国内发明专利申请的比重为32.1%,较2015年提升4.3个百分点。数据显示我国制造业创新能力持续提升。不仅如此,调查还显示,2012—2020年我国遭遇过专利侵权的专利权人占比总体呈下降趋势,2020年为10.8%,较2012年下降17.6个百分点,较2015年下降3.7个百分点,专利侵权诉讼高额赔偿比重逐步加大,专利权人维权意识普遍增强,知识产权大保护格局不断完善。

在世界知识产权组织最新发布的《全球创新指数报告》中,我国的排名由2013年的第35位升至2021年的第12位,位居中等收入经济体之首,是世界上进步最快的国家之一,成为名副其实的知识产权大国,具备了向知识产权强国迈进的坚实基础。

2021年9月,中共中央、国务院又专门印发了《知识产权强国建设纲要(2021—2035年)》,这是以习近平同志为核心的党中央面向知识产权事业未来十五年发展做出的重大顶层设计,是新时代建设知识产权强国的宏伟蓝图,在我国知识产权事业发展史上具有重大里程碑意义。《知识产权强国建设纲要(2021—2035年)》进一步为我们明确了建设面向社会主义现代化的知识产权制度、支撑国际一流营商环境的知识产权保护体系、激励创新发展的知识产权市场运行机制、便民利民的知识产权公共服务体系、促进知识产权高质量发展的人文社会环境以及深度参与全球知

《知识产权
强国建设纲要
(2021—2035年)》

识产权治理的新目标。

与此同时,作为知识产权重要主体的企业,其对知识产权战略的构建、运用也将成为其发展战略的重要组成部分。企业知识产权战略是指企业运用知识产权保护制度,充分维护自己的合法利益,获得与保持竞争优势并遏制竞争对手,谋求最佳经济利益而进行的整体性筹划和采取的一系列策略和手段①。企业知识产权战略分类众多,以下根据实际应用,可以分为专利战略、商标战略等。

10.2 企业专利战略

10.2.1 专利信息战略

专利制度通过对技术信息传播的过程、速度及传播后果的影响,减少了技术信息传播中的扭曲,提高了传播的速度,指导和提示了新的技术资源的创新活动,减少和避免了同种技术的开发投入,节约了社会的总资源。专利获取中要求的技术公开制度,使得获取垄断权的同时公开技术,增加了技术的外溢效应。

日本一位名叫石川的企业家认为"专利信息=经营信息"。事实上人类很早就认识到知识传播活动是社会活动和社会发展的动力,传播能把知识、智慧和力量融合到一起。通过接触传播媒介有选择地了解或搜集有关信息,是为了更好地满足自己在信仰、哲学、政治、经济及科研活动等方面的需求和欲望,并把信息作为自己行动的指南,从而为改善自己的环境和条件服务。

人的创造性总是在前人的基础上进行的,科学研究活动尤其如此,为了防止重复无谓的研究,使自己的研究成果保持领先的地位,人们总是要查阅大量的先期研究和同类研究的资料,了解相关研究的现状。随着科学技术的发展,技术信息优势的内涵已从如何获取技术信息转向如何利用技术信息。对于最新成果的追求和探索是研究者的一贯追求,专利权的新颖性、创造性和实用性的法律特点是研究者查阅专利文献的先决条件,也是更进一步研究的基础。

总的来说,专利制度具有以下优势。

1. 节约了查阅文献的费用

目前国内外大多数企业为了达到垄断的目的,对新产品、新方法以及产品设计、工艺的每个方面的每个细小环节都采取谋求专利的政策,从而形成专利文献的完整性。许多国家非常重视专利文献的收集和整理,使它成为全面发表发明创造资料的主要出版物。据统计,全世界的新技术、新工艺、新产品的绝大部分,即约有90%~95%是发表在专利文献中,仅有5.77%刊登在其他文献上。现在专利制度已经超过了作为一种鼓励技术发明、创新效率水平的传统的角色,它不仅能为人们提供大量的技术信息、社会科学技术发展状况和预测未来的发展方向、企业投资决策依据,还对引导技术革新的方向具有重要的作用。

专利文献所涉及的范围极为广泛,小到生活必需品,如拉链、高尔夫球、围裙和假发等,大到航天、核能、激光等高技术,以及有关的制造工艺、设备、材料、方法等。目前国际上实行的一种国际专利分类体系,简称 IPC(International Patent Classification),该分类法把全部技术分

---

① 冯晓青.企业知识产权战略[M]//吴汉东.2005—2006中国知识产权蓝皮书.北京:北京大学出版社,2007:242.

为若干个不同的部、118个类别、54 000个类目。普遍实行这种统一的专利分类法，大大便利了专利情报的检索。

专利制度所实行的汇总、定期公开专利文献的制度，为研究者的研究提供了方便之路，省去了诸多的查阅文献之不便。

2. 提示和指导新的研究

专利文献是技术知识的大百科全书，人们称它为"智能宝库"和"发明向导"。据世界知识产权组织的资料介绍，在研究工作中经常查阅专利文献可以缩短工作时间60%，节省研究费用40%。科学技术发展到今天，在一项科研成功的因素中，90%来自已有技术，而真正创造性劳动仅占10%，另外，工业发达国家劳动生产率的提高，其中有60%～80%是靠科学技术成果取得的。

将上述这几个数据联系起来考虑、对比分析，就不难得出这样一条结论：当代社会，一个科研项目的成功，一个国家经济的增长，一个企业劳动生产率的提高，主要靠现有技术，靠已有科技成果。在这里，专利统计工作起到了重要的作用。

将专利统计作为技术活动指标的想法，早在20世纪60年代就已存在了。经济学家利用它一方面探求公司规模和投资活动量之间的关系，另一方面研究投资活动的速度及方向问题。一些工业企业也已经将它们自身及其他公司的专利权的数量和内容作为信息收集、评估，并作为战略决策活动的一项投入来进行。

许多国家和国际组织也致力于这方面的工作。从1963年起，美国技术评估预测部（OTAF）就为美国专利申请提供统计信息。不仅如此，该部还使每一项专利的等级或明细等级与美国标准工业分类划定一致，以便于查询和使用。20世纪70年代末，加拿大、法国等国家也专门建立了专利数据基地，以提供有关专利方面的信息。

国际上负责专利统计的最主要的公众机构是世界知识产权组织（WIPO），该组织每年公布专利活动的调查结果，内容包括了专利所属国、专利等级和专利所有者的国籍。自1977年起，WIPO与奥地利政府共同建立了国际专利记录中心，除与有关国家提供资料类似的信息外，还提供所谓"专利家庭"的详细资料，即被多个国家授予专利权的同种发明的记录。另外，美、英还有一些私人性质的专利信息服务机构。

专利数据的分析具有重要的意义，比如一个以国际可比专利数据为基础的完整的趋势分析，可能对解决本地区与国外之间是否存在技术差距提供依据；专利数据也有助于发现创新机构的热点所在；专利数据还有助于了解哪些地区是引导某一科技发展的领头羊等。

1984年，迈耶·克拉默报道了创新产出衡量的最新结果，通过从原联邦德国的大型创新支持方案中获得的数据，发现专利申请及批准数与受支持公司的创新强度是高度相关的，专利是三个与创新强度正相关的产出指标之一。

专利文献特别是经过严格审查后具有"三性"的发明专利，是源于现有技术而又高于现有技术的成果，它深刻反映了科学技术从无到有、由低级到高级、从实践上升为理论又回到实践中的发展规律，并可清晰直观地预示出科技动向及发展趋势。

专利的公开要使本行业普通技术人员能够实施为前提，这就为同行业者的科研指导和新思想的产生起到了重要的作用。很显然，现实科学研究中，参考专利技术的研究者要比参考非专利技术者多得多。

3. 避免了重复研究

专利文献的公开,使得已经成功的技术创新成果公之于众,不必要再去浪费人力、物力和时间再研究一次,这是由科技成果不需要重复研究而可以多次使用的基本特征决定的。更为重要的是,专利制度将专利垄断权授予某一主体后,就排除了本国法律管辖范围内其他人获得这一垄断权,也就是说,一项技术成果只能由一国内的唯一一个主体获得专利权,一旦授权,则正在开发或将要开发同一技术成果的其他人的劳动、财力花费将得不到回报,无论他花费多少,若他想要使用该技术进行生产,并通过生产实现开发成本的回报,还必须得到专利权人的许可,即从其手中购买专利的使用权。

10.2.2 产业国际竞争中的专利策略

专利保护在产业国际竞争中具有重要的作用,然而具体采用何种保护策略,则需视具体企业的规模、实力以及市场和对手的情况而定,很难找到一种整齐划一的模式。在产业国际竞争中,正确的专利策略可以分为两大类:一类是如何运用好自己拥有的专利,保护本企业的新技术、新产品占领市场,取得最大的经济利益,这可称为专利进攻战略;另一类是如何对待他人的专利,防范其他企业对自己的封锁与限制,取得最佳的经济效益,这亦可称为专利防御策略。这两者之间不是完全割裂的,实践中往往是攻中有防、防中有攻。

1. 及时申请专利

为了占领市场,取得更大的经济利益,每个企业应根据自身的特点、技术力量、科研生产条件、市场情况以及国内外对手的实力,确立自己的基本技术(或主导技术),并全力组织攻关,一旦研制成功,就应及时申请专利,并千方百计取得专利权,以获得在该技术领域中的垄断优势。

基本技术要及时申请专利,与之配套的外围技术也应及时申请专利,这样才能形成一个严密的专利网,有效地保护基本技术和相关的外围技术。例如,美国的菲利普石油公司不仅拥有PPS 树脂的基本专利,而且还拥有 300 多项有关 PPS 树脂的制造、应用、加工等外围技术专利。当基本专利到期后,这些外围技术在美国仍然有效,这对外国企业来说犹如设立了一道不可攻破的防线,给菲利普公司带来了更大、更长时间的效益。

要实施的技术应申报专利,一时暂不能实施的技术也应申请专利。在申请专利的过程中,还要注意选择申请国。即通过调查研究,弄清企业在国外活动的情况,以及各国专利制度和各国政治、经济和市场的现状,再决定向哪个国家申请专利。一般规律是,对于有广泛应用前景的重大发明,应向较多的国家申请专利。对于只有某些方面应用前景的局部发明,只在有相应市场的国家申请专利就可以了。2009 年 1 月 27 日,世界知识产权组织(WIPO)在其网站上公布 2008 年全球专利 PCT 申请情况时表示:总部设在中国深圳的华为技术公司全年共提交了1737 件国际申请,中国企业首次超过日本松下公司(1729 件)、荷兰皇家飞利浦电器公司(1551件)、日本丰田公司(1364 件)和德国博世公司(1273 件),位居全球第一。

2. 主动实施专利

获得专利权的发明创造,或者是前所未有的,或者是在技术性能上显著优于同类产品,或者是在成本上低、方法上巧的发明。开发者应主动实施自身的发明专利,直接用专利产品和专利技术在市场竞争中占据优势,来获得较大的经济效益。例如,北大方正集团在实施汉字照排专利技术的过程中,探索出一个新的模式,即实行研制、开发、生产、销售、服务一条龙的发展模式。龙头是北大方正技术研究院,主要由科研人员组成,任务是决定新技术发展方向和新产品的研制开发;龙身是电子出版技术国家工程研究中心和北大方正电子有限公司,由工程技术人员组成,主要任务是进行新产品的开发和测试工作,不断根据市场需要推出新的产品;龙尾是北大方正集团公司以及下设的33个分公司和300多家分销商,构成国内首屈一指的销售服务网,任务是从事商品的销售、人员的培训和售后服务。

3. 专利的转让与出售

进行专利的转让或出售,开展专利许可证贸易可以获得巨大的经济利益。据统计,1973年美国专利技术转让收入为32亿美元,到1986年增至65亿美元,1985年美国输出了近3万件技术,其中80%是高技术。2006年以来,美国的高通公司,80%以上的收入来自专利转让;美国的德州仪器(Texas Instruments,TI)公司每年向韩国三星转让专利的收入就有10多亿美金;IBM公司每年的专利转让更是占到了收入的25%以上。在美国强大的专利贸易攻势面前,日本政府和企业也毫不示弱,并做出了迅速的反应。1989年日本确定了成立技术贸易市场的构想,从而有效地刺激了企业对外的专利许可证贸易。例如,日立制作所靠签订专利许可证合同每年收取的专利转让费高达70亿日元。在2006年全球专利转让收入排行榜上,日本武田制药公司位居12位,其每年专利转让收入就高达600亿日元。这种专利转让技术与出售策略,大多为一些实力雄厚的大公司所用,但也有一些中小企业出售自己的专利,以求获得经济利益。

近年来,我国特别重视和鼓励对专利的应用。正如《2020年中国专利调查报告》统计数据显示:我国国内有效专利的产业化率为41.6%(企业为46.0%,高校为3.0%);有效专利许可率为6.3%(企业的专利许可率为6.5%,高校的专利许可率为4.4%);有效专利转让率为4.4%(企业的有效专利转让率为4.5%;高校和科研单位的转让率分别为3.6%和3.5%);有效专利作价入股的比例为2.8%(科研单位专利作价入股比例为3.2%,企业和高校专利作价入股比例分别为2.8%和2.7%);有效专利实施率达到57.8%(企业的有效专利实施率为62.7%;高校为11.7%),其中有效外观设计专利实施率达到65.0%,有效发明专利实施率为50.7%。

4. 专利的交叉许可

这是企业之间为了避免专利侵权而采用的一种策略,即允许对手使用自己的专利以换取使用对方专利的权利,双方不必互相付费,只需找平差价。这样做对双方都有利。这种专利交叉许可策略,多适用于两个专利技术比较接近的企业,而现在已由两个企业的双边"相互许可"发展成多个企业的多边"交叉许可"。例如,美国的汽车工业之所以取得了迅速的发展,原因之一是美国在汽车发动机方面形成了"专利同盟",专利技术实施多边"交叉许可",使各企业利益均沾。

与此同时,在产业国际竞争中,有不少企业还把本企业的专利权作为筹码,用它来吸引投资、交换技术、开辟原料和销售渠道,有的还用专利权作盾牌,在国外开设公司,生产和销售专利产品。

5. 恰当的专利防御策略

无论是专利进攻还是专利防御,都是为维护企业的经济利益。从这个根本目的出发,专利防御大体有以下三种主要的方式。

(1)排除其他企业的专利。一是通过提供情报或提出撤销请求指出对方不具备获得专利权的条件,力求排除他人获得专利权。二是提出宣告专利权无效的请求。如果企业被他人指控侵犯专利权,在调查并取得有利证据的情况下可提出无效请求,如果无效请求成功,即可排除他人专利。三是公开文献,不让对手获得专利权。如本企业对某项技术已经开发成功,而自己认为又没有必要独占,但若被对手申请专利,可能造成对自己的潜在威胁。这时,可将该技术内容以一定的方式公布于众,以阻挠他人获得专利权。

(2)绕过其他企业的专利。如果对方专利权已经确立,无法排除,并且对本企业构成威胁时,可以通过一些方式绕过其他企业的专利。一是绕开其权利范围,当本企业受到专利攻击时,首先要分析本企业的技术与对方专利技术有无抵触关系,是否属于权利保护的范围,如果有事实证明两者无抵触时,可以据理反驳。二是证明自己有先用权,这是一种法定的实施许可,如果本企业的产品或方法有先用权则不构成侵犯专利权。三是使用替代技术,如果前两条均不能成立,为了绕过其他企业的专利,避免侵权,不少企业使用了与专利无抵触的替代技术。四是停止生产、寻求和解,减少损失。即如果以上三条都不能成立,只有及时地停止与专利相抵触产品的生产,并及时与专利权人协商,支付其许可费,使企业的损失减少到最小。

(3)利用其他企业的专利。利用其他企业的专利主要有以下两种方式:

一是引进专利技术,并在其基础上消化、吸收、创新,发展自己的技术。美国虽是世界上主要的技术输出国,但为了发展本国经济,每年仍要支付4亿~5亿美元,大量引进技术;德国是世界上最大的专利进口国之一,1981年用于引进外国专利技术的费用高达26.6亿马克;韩国1989年支付外国专利技术的费用达9.3亿美元;日本是世界上引进外国专利最为成功的国家,它每年花费20亿美元向国外购买2000多件技术,其中80%是专利技术。近年来,这一数字不断加大。国家统计局数据表明,2006年我国引进外国技术合同额达220.2亿美元,其中专利和非专利技术就达147.6亿美元。

二是收买专利权,即花较大的价钱把其他企业的专利权买下来,然后再以专利权人的身份与其他企业签订专利实施许可合同,收取高额的专利使用费。或者以其收买的专利为武器,起诉侵权企业,获取较高额的专利赔偿费。美国某技术开发公司,是一家专靠专利诉讼发家的公司,该公司专门从中小企业或发明人手中购买专利权,然后以专利权人的身份与其他企业签订专利实施许可合同,收取高额专利使用费;或者对侵犯专利权的企业提出诉讼,迫使其赔偿损失。该公司近些年来先后把2000家企业送上法庭,仅在一年之内就获得几千万美元的专利损失赔偿费。有的大企业为了购买某项专利技术,甚至不惜成本将持有该专利权的企业一并购买。

10.2.3　企业国际竞争中的专利竞赛策略

通过与竞争对手在专利申请过程中的较量,达到打垮对手的目的。这是一场极为残酷而又看似不公平的竞赛,获胜者只能有一个。但从社会总的角度看,这种方式的确能刺激人们开发并公开新技术的积极性,并且最大程度上减少重复研究,节约社会的总资源。

专利竞赛理论源起于20世纪70年代,至今已经形成了较为完善的理论体系,尤其是许多量化的研究成果,已在企业的技术开发工作中发挥着不可估量的作用。许多西方企业正遵循着专利竞赛理论中的原则从事生产经营活动,争夺持久的竞争优势。目前我国进行专利竞赛的环境逐渐成熟,现代企业制度逐渐健全,企业面临国内竞争、迎接来自国际企业竞争的趋势更加明显。为此,研究专利竞赛理论的原则和策略,有很好的参考价值。

1. 领先企业的竞赛策略

(1)当企业在本行业中处于技术的垄断地位时,必须警惕潜在进入者的威胁。从某种意义上说,潜在进入者比行业中的竞争者更有威胁。因为他们往往不遵守原有的竞争规则,并有可能带来根本性的创新,使垄断者原有的技术大幅贬值,而失去竞争优势。约翰·勒纳在对磁盘制造业的实证研究中也观察到了这一现象,新进入的企业常常会进行大量、快速的创新。这就要求垄断者持续创新,并对即使并不马上实施的创新、经济效益没有很大改善的创新也要求申请专利而得到产权,从而提高进入壁垒,阻止潜在进入者的进入行为。

(2)即使是面临同行业竞争的行业领先者,通过技术创新提高竞争的技术壁垒和资金壁垒,对于赢得技术竞争优势也同样有效。对于领先者来说,通过削价来阻止竞争并不是最理想的方式,因为这一策略很容易被竞争对手们模仿,引发价格战,而领先者的市场份额较大,削价常会造成较大的利润损失,同时可能侵蚀企业形象。

比较而言,技术创新带来的竞争优势可能更为持久,因为企业可以为创新技术、相关技术申请专利,从而获得垄断利润。由于新技术的替代效应可能会损伤领先者的收益,因此,采用可申请专利的创新阻止竞争也有其局限性。缓解这一矛盾的一个措施,就是领先者在前期投入较大的研究开发努力,将与竞争者的距离拉大到一定程度,按专利竞赛理论,追随者常常会退出竞争,此时领先者就会有更大的自由度选择其后创新的速度以及引入先进技术的时机。

(3)对于在研究开发过程中的领先企业,重要的是让追寻者看到自己始终能确保领先地位,否则追随者会紧跟其后,并随时试图超越。追随者超越的潜在威胁会使领先者加快创新速度,这不仅会引起较高的研究开发成本,还将让企业陷入更大的市场不确定风险之中。除非确信更早的创新带来的收益足以弥补成本的损失,否则领先者只要始终以能确保领先的速度进行创新即可。

如何具体实施这种最佳速度,有两种工具可供选择。一种是借助市场结构,让竞争者意识到他们面临的是一种自然垄断市场结构,也就是说在这种市场结构下,只有有限的企业可以生存。一旦竞争者了解到双寡头竞争的利润为负,就必然会主动退出市场。另一种工具是获取完全的信息,即领先者能完全观察到追随者的创新过程和努力,并做出相应的回应。他快我也快,他慢我也慢。在此情况下,追随者也会因为觉得超越无望而退出竞赛。

(4)当存在率先行动者的优势时,先占权效应就变得尤为重要。它可以帮助企业获取技术领导地位,并进一步把技术差距转化为其他持续的竞争优势,即使技术差距消失时也是如此。这种情形下,企业进入竞赛时机的选择非常重要。因此,企业在选择进入时机时不能单纯考虑自己的利润最大化,而应充分考虑到对手的抢先进入威胁。若被对手抢先,自己不仅无法获得任何利润,还会导致已投入的研究开发成本的损失。当所有竞争者都这样考虑时,谁能抢先进入就决定于谁能最先从负利润(假设 R&D 前期利润为负)转变为零利润。因此在这个时期,企业应聚集财务、营销等各种力量争取率先实现零利润。此后,竞争将减弱并且企业开始从此项创新中获取正利润,状况也就会大大改善。

2. 追随者的竞赛策略

(1)对于行业中的落后者,技术创新可能是成为进攻领先者的有力工具之一。实践证明,采用模仿战略的正面进攻往往收效不大,因为领先者会以一切可能的手段进行有力的报复。

挑战者最好弄清领先者的弱点,然后利用自己在某一领域中强大的技术优势,来抵消领先者的持久实力。

由于很多领先者规模庞大,对于外在的环境变化反应较迟钝,研究开发的组织实施和资源分配较为缓慢,所以跟随者可以在技术竞争中改变双方的竞争地位。通过技术创新尤其是根本性创新,扭转双方的实力。

(2)对于在研究开发中的追随企业,首先应判断领先者确保其领先地位的承诺是否可行。倘若发现领先者已占取了先动优势或是其对自己的战略行动反应敏捷,则表示很难有机会超越领先者,这就是 ε-先占权(微弱领先)模型所描述的情形。那么,此时追随者最优的选择就是退出竞赛,但这种决策通常会遇到来自技术创新方面的已有投资和企业家心理方面的退出壁垒。当然,还有一种选择是改变研究方向,一方面可以局部挽回已投入的成本,另一方面避免了与领先者的直接竞争,属于一种以攻为守的战略决策,此时领先者的领先地位可能会转化为其转向掉头的障碍,而追随者可能占到在另一个回合较量的先机。经营范围广、相关技术多的追随企业常会运用这种策略。

因此,一旦追随者发现领先者确保领先地位的承诺不可信,他就会采取措施实现超越。要么是通过加大 R&D 投入或采用风险路径以期抢先取得中间发明,实现经验变量的跳跃,从而把竞争对手挤出竞赛;要么是尽量长时间地隐蔽自己的研究开发过程,而搜索领先者的决策信息,利用信息的不对称完成超越,即使对方采用同样的隐蔽策略,信息的滞后仍使超越成为可能。

10.3 企业商标战略

10.3.1 名牌战略

名牌商标战略是企业开拓发展战略的基本内容之一,是现代企业的重大课题。名牌商标战略有其规定的特性和构成要素。随着社会主义市场经济体制的建立,我国企业实施名牌商标战略势在必行。

所谓名牌商标战略,是指企业运用商标法确定企业主要、长远的目标任务和为完成这一目标任务所采取的名牌商标运用方面的主要行动。

名牌商标是一个集合概念,它要求在质量、款式、价格、服务、信誉和市场占有率方面均有优异的表现。具体说,名牌商标必须达到以下六项基本要求:

(1)名牌商标产品出自高素质的员工之手,人才是名牌的生命之源。

(2)名牌商标产品有国际性、市场化、富有创新精神、声誉卓著的企业领导人做保证。

(3)名牌商标产品有严格的企业质量管理、服务体系,有一系列市场运行机制做基础。

(4)名牌商标产品在国内有较高的市场覆盖率,在国内市场上起主导作用。

(5)名牌商标产品在国际上也享有一定的声誉,具有较高的出口创汇能力和优良实绩。

(6)名牌商标经济效益好、价值含量高。如世界级名牌可口可乐、百事可乐、迪士尼等商标价值高达数百亿美元。国内的许多名牌商标的价值也达数百亿人民币。

名牌商标战略的构成要素是由其自身的性质决定的,它包括四个部分:商品领域、差别优势、战略行动和目标成果,也称为商标战略的基本内容。

名牌战略的运用包括：载体的选择策略(多载体)、广告的渗透、注册防卫策略、企业识别系统(corporate identity system，CIS)、产品延伸策略、跨行业经营策略、吸纳辐射策略、管理增殖策略等。

具体做法有：建立专人队伍，商标管理人员与业务人员相结合；保存在当日的使用证据，及时归档；及时给予争诉保护，防止他人的恶意、善意抢注。

10.3.2 商标形象战略

名牌商标形象战略，是国外较为流行的一种战略，近几年也开始流行于我国，统称 CI 战略或企业 CI 战略。CI，也称 CIS，是英文 corporate identity system 的缩写，目前一般译为"企业识别系统"。

CI 战略是名牌企业以名牌商标为核心，从企业整体、全方位运作而显现名牌商标形象、提高企业知名度的一种战略，所以实质上是名牌商标形象战略。

企业名牌商标形象战略，是企业名牌总体战略中一个非常重要的组成部分，它是服从企业名牌总战略，并为之服务的，但是企业名牌总战略不能代替企业的名牌商标形象战略，两者有各不相同的内容、目标、特点、作用和运行机制。

综合企业的实践来看，企业名牌商标形象战略应该是通过一系列名牌商标形象设计，将企业的经营理念、行为规则和模式，以名牌商标形象为核心有序地传达给社会公众，并被社会公众认知、认同和内化的系统战略。

10.3.3 商标保护战略

商标权作为一种私权，需要企业通过各种手段保护自己的商标。

(1)申请续展、海外延展或注册、防止抢注、防止商标垃圾、防止侵权。如法国著名的经营印制品的卡提邦公司，专门雇用 70 多名侦探到世界各地，明察暗访并聘用数十名律师专门进行法律交涉；再如欧洲有 1400 家拥有名牌的企业还专门成立"反假冒委员会"，以追查假冒伪劣行为。

(2)防止外国的侵夺与淡化。如 1989 年"美加净"以 1200 万与美合资，后来美方只宣传"露美庄晨"，把美加净作为大众产品。美方用此手段，目的很明确，既消灭了对手，又得到营业网络。1991 年合资前美加净销售额 2.7 亿元人民币，1993 年合资后销售额仅为 0.6 亿元人民币。1994 年，上海家化回购美加净后，1995 年就使销售额上升为 7.5 亿元人民币。

10.3.4 品牌革新战略

品牌革新战略是指为了企业形象和产品形象，依据企业的内外环境的变化，对原有企业的商标进行更新和修正的一种经营战略。其原因在于：

(1)时代的变化，生产和经营范围发生变化，原有品牌已不能体现企业的主导产品、特色。如二战后的美国就曾出现过"倒 Mark"运动。

(2)竞争激烈，需要新的形象。

(3)原产品老化，易被误解、误认，企业形象落后国际化潮流。

(4)企业的兼并、合并或出现新公司，必须重塑形象。

品牌革新战略有利于企业利用原有的品牌基础和文化沉淀，重新打造企业形象和产品品牌,给消费者一个全新而又古老的印象。

10.4 企业著作权战略:商标图案的著作权保护

10.4.1 图案的商标权和著作权的竞合

商标可以由文字组成,但目前更多的是由文字和图案或单独由图案组成的商标。商标图案一旦申请商标注册,并获得专用权,那么商标图案本身就成为商标专用权中的一个重要组成部分,受商标法的保护,任何人未经许可不得随意地复制、印刷,否则将构成侵犯商标权的行为,将被依法追究法律责任。

事实上,商标图案本身由于具有一定的美感和创造性劳动,因而图案本身还受到著作权法的保护。这样一来,如果图案的商标权主体和著作权主体是同一个主体时,取得商标权的商标图案就会受到商标法和著作权法的双重或交叉保护,形成图案的商标权与著作权的竞合现象。如果图案的商标权主体和著作权主体不是同一个主体时,就必然会出现两个不同的权利主体对同一个客体在权利享有、处分上的冲突。

10.4.2 利用著作权保护期限对抗商标抢注行为

在国际市场竞争日益激烈的今天,由于商标权的地域性原则和企业知识产权意识的淡漠,近年来,我国许多企业的商标被他人在国外抢注,从而夺去了本该属于我国企业的市场。对于这些抢注行为,我国企业目前主要的补救手段,就是寻求《保护工业产权巴黎公约》中关于驰名商标的有关规定,通过司法程序,请求撤销对方的注册商标,但更多的非驰名商标却对此无能为力。

实际上,在国外抢注商标中,除将商标名称抢注外,更多的是连同商标图案也一起抢注,这样就为被抢注商标的企业对抗对方的抢注行为提供了一条途径。

根据1992年10月30日在我国生效的《保护文学和艺术作品伯尔尼公约》的基本原则,享受国民待遇的作者或其他人在公约成员国获得著作权保护不需要履行任何手续,而自动受到保护,图案是受著作权保护的客体之一。任何人未经许可地用于商业用途都是侵犯了原图案作品作者著作权的行为,原图案作者有权依据有关国际公约对抗侵犯其著作权的行为,并可请求撤销该行为。

注册商标的申请是一种重要的商业行为。抢注人未经他人许可而将别人享有著作权的图案作为自己的商标申请注册,侵犯了图案著作权人的合法权益,因此该商标的申请一旦获得商标权,则是有缺陷的权利,应依法予以撤销。《保护工业产权巴黎公约》第6条之5中规定,当商标具有侵犯第三人在被请求给予保护的国家既得权利的性质时,该国可以拒绝此商标的注册申请,已注册的应予以撤销。

事实上,在许多建立了著作权制度的国家,商标使用人又兼商标图案(有时外加商品装潢)著作权人的公司,都很懂得利用著作权法与商标法这种各执一端的保护。他们往往在商标(及装潢)图案上标明著作权保留的标记。有时他人冒用了其公司商标,该公司可以选择依著作权法起诉。因为,冒用者必然复制大量带有该图案的商标标识贴在商品上。这种复制与著作权法授予著作权人的复制权所禁止的复制,完全属于同一种行为。依著作权法禁止侵权人发行复制品(即商标标识)时,也就"禁"住了冒牌或抢注商标商品的销售。

◆ 问题讨论

1. 我国企业制定知识产权战略应该考虑哪些问题?
2. 知识产权战略在未来企业发展中会产生什么作用?

◆ 阅读材料

【阅读 10-1】

朗科——中国第一条专利鲨鱼

深圳市朗科科技有限公司(以下简称朗科)是 1999 年 5 月由两个新加坡留学生创办的高新科技企业,总部现设在深圳市高新区。其推出的以"优盘®"为商标的闪存盘(OnlyDisk)是世界上首创的基于 USB 接口、采用闪存(flash memory)介质的新一代存储产品。

作为全球闪存盘及闪存应用领域产品与解决方案的领导者,朗科将专利进攻与防御相结合。公司将多项核心技术申请了基本专利,同时,围绕基本专利又申请了多项其他外围专利,从而建立了在闪存盘领域较为严密的专利网。

朗科拥有闪存盘、闪存应用及移动存储领域多项基础性及核心发明专利。此外,其专利保护范围包括数码相机、录音笔、MP3 随身听、MP3 手机、摄像头手机等使用闪盘存储的所有设备。

截至 2009 年 12 月 31 日,朗科累计全球专利及专利申请量达 352 件,其中发明专利申请量为 226 件,覆盖全球几十个国家及地区。迄今已获授权的发明专利达 88 件,授权国家及地区包括中国(含中国香港、中国台湾)、美国、韩国、日本、欧洲、南非、新加坡和马来西亚等。

不仅如此,朗科还积极通过法律诉讼手段保护自己的专利权。2002 年 9 月 16 日,朗科公司曾以其专利权受到侵犯为由状告北京华旗公司、北京宏碁等五家厂商。此后不久,宏碁主动退出闪存盘的生产,而华旗公司则在 2004 年 6 月 1 日一审败诉,被判立即停止生产、销售闪存盘,并向朗科公司赔偿 100 万元经济损失。

2004 年 8 月 13 日,朗科公司向当地法院递交了一纸诉状,将日本索尼公司旗下全资子公司索尼(无锡)电子有限公司送上了法庭的被告席。在该诉讼请求中,朗科公司要求索尼公司立即停止侵犯其闪存盘发明专利权,并索赔 1000 万元人民币。

2006 年 2 月 10 日,朗科公司向美国得克萨斯州东区区域法院递交了一纸诉状,又将美国 PNY(Paris and New York)科技公司送上了被告席,要求 PNY 公司立即在全美国停止生产和销售闪存盘,并赔偿巨额损失。随后,经过 2 年的听证和取证,2008 年 2 月 11 日,朗科公司与 PNY 公司达成庭外调解,达成专利授权许可协议,朗科公司海外专利诉讼首战告捷。

实际上,良好的专利管理和经营意识,也使朗科获得了很好的经济收益。朗科在 2002 年至 2008 年间,在中国、美国等地 10 余次的专利诉讼中成功确权。目前,该公司已和东芝、金士顿等知名企业签订专利授权许可协议,其 2006 年、2007 年、2008 年的专利收入分别达到 1041 万元、2813 万元、4009 万元,占主营业务收入的比例分别为 3.79%、9.37%、16.50%。2009 年中报显示,朗科专利授权许可业务毛利占当期毛利总额的比例竟高达 48.99%。

申请专利是个缓慢的过程,朗科公司有专门的部门在做这件事情。公司为了维持专利的更新,每年都要投入大量资金。同时,朗科科技还将专利授权给其他公司采取了"专利池"的形式。"专利池"是国际上通用的做法,企业可以把自己的好几个专利权打包在一起进行销售。

朗科公司是中国实施进攻性专利战略的第一家公司,不管其动机和成败结果如何,它都是值得尊敬的专利战略先行者和中国企业的楷模。

记得有人说,渔夫为了卖得好价钱,总希望满舱的鱼能在拥挤缺氧的条件下活着回到陆地。他们的方法是在鱼舱里面放入一条"猛鱼",随着这条猛鱼在鱼群中追逐翻腾,那些懒惰的鱼也会被迫翻动游走,这样就达到了集体生存的目的。

在中国这个"鱼舱"中,朗科就是这条猛鱼,虽然它的极端为人非议。

(资料来源,有改动:

①晋刚. 朗科:中国第一条专利鲨鱼[N]. 中国经营报,2005 - 06 - 25.

②U 盘之父朗科 7 年烦事一箩筐:盈利 48.99％靠专利[EB/OL]. (2009 - 12 - 14)[2022 - 11 - 25]. http://www.51edu.com/it/ityj/1477977.html.

③江怡曼. 朗科:轻松赚钱,近半毛利来自 U 盘专利授权[N]. 第一财经日报,2010 - 01 - 18.

④创新型企业维权之成功案例选登朗科诉美国 PNY 首战告捷[N]. 中国知识产权报,2010 - 04 - 16(6).

⑤2010 年 6 月 6 日,深圳市朗科科技股份有限公司网站,http://www.netac.com.cn/aboutnetac.asp? pageid=001001.)

第11章

企业知识产权管理

企业知识产权管理（intellectual property management，以下简称 IPM）涉及面广泛，内容庞杂。如何有效管理知识产权，国外许多企业在实践中形成了自己的模式，对我国不成熟的企业知识产权管理有一定的启发作用。

11.1 企业 IPM 的内涵和基本任务

11.1.1 企业 IPM 的内涵

企业 IPM 是为了规范企业知识产权工作，充分发挥知识产权制度在企业发展中的重要作用，促进企业自主创新和形成自主知识产权，推动企业强化对知识产权的有效开发、保护、运营而对企业知识产权进行的有计划的组织、协调、谋划和利用的活动。简而言之，企业知识产权管理就是对企业的知识资本进行计划、组织、领导、控制，以期对企业的知识资本实现最优化配置，从而提高企业经济效益和社会效益。

企业 IPM 是企业管理的重要组成部分，特别是在知识经济时代的企业知识管理、战略管理中具有特别重要的地位。企业 IPM 是对知识产权所进行的一种综合性管理和系统化的谋划活动。它通过对知识产权实施动态管理、法制管理、市场管理和国际化管理，能够提高企业运营知识产权的水平，强化企业对知识产权的保护，提高市场竞争力。

企业 IPM 既是广义上的知识产权管理的重要组成部分，也是企业科学管理的重要组成部分，在企业管理中具有重要地位，贯穿于企业的产品开发、技术创新、市场营销、市场竞争的全过程。从"大管理战略"的角度看，将企业 IPM 纳入经济管理、科技管理之中，有利于克服知识产权管理与科技、经济脱节的现象，更好地发挥知识产权在企业发展中的作用。

企业 IPM 水平是企业科学管理水平的重要标志，企业 IPM 能力则是成功企业核心竞争力的重要组成部分，对企业市场竞争能力和经济效益的提高具有直接的影响。因而，建立企业知识产权管理制度成为现代企业制度建设的重要一环。正因为 IPM 在企业发展中具有十分重要的作用，国内外很多成功企业都注意将其纳入企业的重要位置，将企业知识产权的有效管理和制度完善作为企业的发展战略问题看待。特别是在我国已经加入 WTO 的情况下，建立以 IPM 为基础的企业经营管理体系,是企业参与国际市场竞争的迫切要求。这是因为,在新的国际竞争条件下,企业取得拥有自主知识产权的产品和技术是获得市场竞争力的根本保障。知识产权制度是现代企业经营的重要法律保障,也是企业将自己的技术优势和产品优势转化为市场优势的法律机制。企业善于保护、管理、运营知识产权,就能够在现代企业的经营管理中充分拓展自己的市场空间和技术空间,获得市场和竞争的主动权。

11.1.2 企业 IPM 的基本任务

企业 IPM 的任务,即通过依靠和利用知识产权制度,有效地利用专利、商标、商业秘密等加强企业的知识产权保护,防止知识产权这类无形资产的流失,提高知识产权的运用效益,立足于企业和市场为企业技术创新、创立知名品牌以及生产经营全过程服务。其具体的任务包括:研究开发项目的立项,研究开发方案的制订与实施,研究开发成果保护形式的选择,研究开发成果的市场化选择及运营;商标设计、注册与管理方案,商标权保护方案的制订与落实;企业名称、商业秘密的开发、管理与保护;企业文档、徽标、软件等的著作权保护与管理等。

企业 IPM 上述任务的完成,主要通过以下机制来实现:

(1)以知识产权法律制度提供的保护手段促使企业的科研成果得到法律保护,使其转化为企业重要的无形财富和物质财富;

(2)通过知识产权制度的激励机制和企业激励知识创新的具体制度,调动企业员工从事知识创造特别是发明创造的积极性,形成有利于企业技术创新的良性机制;

(3)通过知识产权制度的市场垄断机制垄断商品,进而独占市场优势;

(4)以企业作为承担 IPM 任务的主体,建立科学的知识产权管理制度,使之贯穿于企业的生产管理、科技管理和营销管理的全过程,以适应市场经济条件下竞争与发展的需要。

11.2 IPM 的主体、客体和内容

11.2.1 IPM 的主体

1. 国家

随着知识经济的崛起,知识产权在国家事务中扮演的角色也越来越重要,国家理所当然地成为 IPM 的重要主体。国家对知识产权的管理主要是通过其国际交往职能和国内事务管理职能而实现的,具体表现在以下两个方面:

第一,在国际事务中,国家是本国人民和企业的代表。在国际知识产权事务中,国家代表本国利益在国际知识产权事务中行使管理权力。比如,国家(政府)参与国际知识产权协议、条约的制定,并签署意见;参与国际知识产权纠纷的协调、谈判和解决等。

第二,国家是本国知识产权管理的最高主体。国家在一定时期,根据市场经济发展以及本国社会经济发展的需要,通过法定程序修改、制定和实施涉及知识产权的有关法律、法规、政策和规章制度等,并不断完善本国的法律体系,做到有法可依。同时,国家保持法律、法规和政策的相对稳定性、连续性,维护法律的权威性,引导本国知识产权宏观管理体制的建立和完善。

国家有关司法部门,按照知识产权相关法律、法规等对违法行为进行查处,仲裁本国其他知识产权主体之间的纠纷,通过宣传教育等形式增强本国国民对知识产权的认识,维护本国知识产权市场的健康、持续发展。国家有关部门,如科技部、教育部等通过科研课题申报、经费支持等方式,有规划地支持本国高等院校、科研机构和其他企事业单位等从事科学技术研究、教育工作,为本国的知识产权产生、发展和管理创造条件。国家根据本国知识产权的现状和国际知识产权发展趋势,制定本国的知识产权发展战略,规划本国知识产权事业的发展。

总之,国家在 IPM 中的主体作用,主要是通过其对本国知识产权发展的主导来实现的。一方面,在国际市场上她是本国知识产权发展的代表;另一方面,在国内市场上,其主要任务是建立完善、高效的知识产权运行机制。

2. 企业

知识产权是市场经济的产物。企业(包括法人和法人单位)为数众多,是 IPM 的最主要的主体,发挥着重要作用。

(1)企业是最重要的知识产权创新(生产)主体。数据显示,美国的 IBM 公司、日本的日立公司以及我国的华为、海尔公司等自身都拥有大量专利资源和丰富的科研资源,是世界知识产权市场的重要组成部分。

(2)企业承担着管理内部知识产权资源的任务。目前,知识产权作为企业战略性资产的观念得到了普遍的接受和认同,企业应对自己所拥有的知识产权资源进行合理利用和保护,使其有利于企业的长期发展。

(3)企业是规范知识产权管理的载体。企业通过制定本部门的知识产权管理制度,规范企业内部部门之间、个人和企业之间以及个人之间的知识产权问题,对企业员工开展知识产权的相关培训,提升企业成员的知识产权意识,建立科学的知识产权绩效考核制度,合理制定知识产权利益的分配和奖励,形成有效的激励机制和自主知识产权。

企业是市场经济的主体,也是 IPM 的主体。企业通过合理、有效的知识产权管理,可以提升组织内部知识产权管理的水平、知识产权的拥有数量和知识产权对企业长期发展的贡献。

3. 个人

知识产权是人类创造性智力劳动成果的有效法律保障制度。知识产权制度在激发人们伟大的创造力的同时,保障了发明创造成果的合法收益,正是这一特征使得知识产权成为引领本国科学、技术和文化的快速、健康和持续发展的强大动力。

在知识产权管理过程中,个人应该处理好与其他组织之间以及与其他个人之间的关系,充分发挥知识产权对经济发展的推进作用,合理实现自身应有的利益。

4. 其他组织

IPM 是一件复杂的系统工程,必然涉及社会中的其他组织,比如一些非法人机构、团体和组织等。他们是社会发展必不可少的因素,他们在知识产权管理活动中,主要是依据其所代表的群体的利益,和知识产权管理的其他主体,比如国家、企业和个人等对知识产权的形成、开发、利用和处置产生关系。

11.2.2　IPM 的客体

客体就是相对于主体而存在的客观对象物。IPM 的客体,从经济管理的角度看,主要是指知识产权本身;而从法律的角度看,是指基于对知识产权的控制、利用和支配行为而产生的利益关系或社会关系,是法律要保护的内容。

IPM 的客体首先应该是知识产权自身,是智力活动过程中产生的各种形式的知识产权成果;其次才是因对知识产权的产生、控制、利益和支配行为而产生的社会关系。这些社会关系是基于知识产权而存在的。因此,IPM 的客体比较复杂,一方面涉及后述的知识产权管理的内容;另一方面,也不可避免地涉及法律关系。

11.2.3　IPM 的主要内容

企业 IPM 涉及的内容广泛,与企业的其他管理紧密相连,按照知识产权的类别,企业知识产权管理主要有以下内容。

1. 专利权的管理

对于大多数企业来说,专利权是技术成果取得知识产权保护的主要形式。企业应该以国家颁布的专利法为依据,制订本单位的专利工作计划、专利战略方案,明确具体实施步骤,并做好研究开发过程中的知识产权管理工作;对于各项研究开发成果,应由研究开发者和本单位 IPM 部门一同进行新颖性、创造性和实用性论证,对于符合专利法规定的发明、实用新型或外观设计专利条件的成果,应及时申请专利(当然,也可根据实际情况作为商业秘密加以保护,不用申请专利);其余应该指派专人收集与该项技术成果有关的专利或非专利信息,及时掌握技术动态及侵权情况;企业专利管理部门还要根据《建立世界知识产权组织公约》《保护工业产权巴黎公约》《专利合作条约》等的有关规定考虑到国外申请专利,恰当选择国别和专利类型,及时掌握外国的专利信息。

2. 商标权的管理

企业应遵循商标法的规定,建立本单位的商标管理办法,明确规定本单位商标主管部门应掌握的商标信息,制定和实施商标战略;规定由本单位商标主管部门提出商标设计方案、准备商标申请文件,并建立商标审查制度;规定本单位商标管理部门应根据《建立世界知识产权组织公约》和《商标国际注册马德里协定》,结合本单位的商标战略和实际情况,恰当选择商品类别和商标类别进行国际或区域注册;规定本单位商标管理部门应做好商标有关费用的缴纳工作、商标续展工作以及使用商标产品的质量监督工作;规定商标管理部门应密切关注市场上、新闻媒体上是否存在本单位注册商标权益受到损害的情况;在避免侵权的同时,维护本单位商标权不受侵犯。

3. 著作权的管理

在企业 IPM 制度中,著作权的管理主要涉及科学技术论文、工程设计及产品设计图纸及其说明和计算机软件等作品的管理。企业应根据国家颁布的著作权法和《计算机软件保护条例》,制定相关的管理办法。对于科学技术论文的发表,应遵循不影响正常的科研工作、不损害单位的技术权益、不违反有关保密规定的原则。对于凡属本单位知识产权管理部门决定的不予公开的技术信息和资料,不得以科研论文的形式发表或披露;有关职务技术成果的科研论文的写作,应由单位或课题小组统一安排,对于属于职务作品的科研作品的使用方式应由本单位著作权管理部门决定,并做好职务作品的登记工作。对于工程设计、产品设计图纸及其说明属于职务作品的,设计者应向本单位著作权管理部门及时汇报,并由该部门统一到著作权登记机关进行著作权登记。对于计算机软件,首先要求本单位软件开发者应具有著作权意识,建立本单位软件著作权登记制度并及时向软件著作权登记机关进行软件著作权登记。应建立本单位软件管理制度,定期检查本单位的计算机系统,禁止未经允许的下载或复制活动,及时对本单位的软件作品加注著作权标记,并及时纠正非法复制、非法使用他人软件的行为。

4. 关于商业秘密和技术秘密的管理

无论是商业秘密还是技术秘密都是企业科技进步的重要资源,应遵循我国现行的相关法律,建立严格而切实可行的商业秘密和技术秘密保护制度。无论是商业秘密还是技术秘密,最重要而有效的保护方式就是自我保护,因此企业知识产权管理制度中应建立相应的保护制度,及时建立相应的商业秘密和技术秘密特殊的保密和使用制度。首先,应建立详尽描述商业秘密和技术秘密的文件档案,以避免造成其实质内容的流失;其次,应编制商业秘密和技术秘密密级,对高密级的文件资料应建立严格的管理制度;再次,凡对外发布的信息、发表的论文以及参加展览会、博览会和研讨会,待公开的信息及资料应由IPM部门进行审查,以确认是否涉本单位的商业秘密和技术秘密。同时,还应建立起对外业务谈判和接待参观人员及与外单位合作研究与开发过程中的商业秘密和技术秘密保护制度。

11.3 发达国家企业 IPM 组织体系的基本模式

企业知识产权组织体系在企业 IPM 中具有重要意义。重视企业 IPM 的组织体系建设,在企业设立拥有相当数量 IPM 人员的专门机构,是众多知识产权管理较成熟企业的普遍做法。从 IPM 较发达的国家来看,企业知识产权组织体系大致可分为以下三种模式。

1. 企业专设法务部门统筹知识产权事务

企业知识产权工作由法务部下属机构负责,对于涉及的专利申请、合同的签订、侵权纠纷、诉讼等业务处理十分方便。但由于法务部门与研发部门关系不够密切,所以不易掌握专业知识与研发动向。

这一模式的典型代表是拜耳(Bayer)公司,它是德国最大的化工企业之一,其内部设立了知识产权管理机构,隶属于公司法律部,向法律部报告工作。其职责主要包括:专利申请,对已获权的专利进行管理,处理知识产权纠纷,与各级专利法院联系,组织企业技术合作与技术许可,谈判并签订有关知识产权的合同,等等。

2. 企业研发部门代行 IPM 事务

由研发部门直接负责企业的 IPM 工作,摒弃了上述模式的不足,使得企业内部的 IPM 与研发工作联系密切,容易了解专业技术知识及其动向。但不足之处是难于将涉及面很广泛的 IPM 作为一个整体来把握,甚至很多重要的资讯也不易直接传给决策层。

这一模式的典型代表是著名跨国公司——先正达(Syngenta)。该公司 2017 年被中国化工集团收购。它以销售农药和种子为主,其知识产权部隶属于公司研发部,共有 73 名工作人员,其中 13 人负责商标事务,60 人负责专利事务,分别在瑞士总部、美国公司和英国公司从事 IPM 工作。这些工作人员均由公司知识产权部统一聘用并考核。

美国公司的 IPM,大多可以划分为以上两种模式。他们把知识产权部门隶属于法律事务部门或研发部门,靠工程师保持二者间的信息联络和工作合作。这种模式的好处还在于有利于及时将研发的技术,通过技术人员规范技术的方式,及时申请专利或形成事实标准。

3. 由直属于决策层的独立部门署理 IPM 事务

知识产权部门直属于高级管理层,是公司决策层的重要组成部分。它的优点是知识产权部门较易掌握企业的决策,易于推动相关制度建设,为企业推行知识产权战略奠定了基础。缺点是研发现场的资讯难掌握,对研发部门的成果需多方协调进行知识产权保护。

日本的大多数企业使用这一模式,即将知识产权事务的管理职能集中和整合于一个综合的知识产权部门,并由公司一名重要的知识产权事务经理负责,公司的董事会定期讨论知识产权事务问题,知识产权经理直接向首席执行官汇报。IPM 部门成为高层管理者进行决策所需的战略部门。例如,三菱公司设有知识产权总部,下设专利部、涉外知识产权部和策划处三个部门。专利部与研究发展部门关系密切,负责协助研究人员和技术人员取得知识产权、保护公司权利,防止本公司侵害他人权利;策划处负责制定公司内部知识产权的有关规定,监督知识产权的管理和规章制度的实施;涉外知识产权部负责公司知识产权交易的运作,负责与侵害本企业知识产权的企业或个人进行诉讼、交涉等协调工作。

不同知识产权组织体系模式优劣势的比较,可以用表 11-1 表示。

表 11-1 知识产权组织体系模式比较

比较项	模 式		
	法务部门管理	研发部门管理	独立部门管理
特 点	隶属于法务部门	隶属于研发部门	直属于高层管理层
代表公司	德国拜耳公司	欧洲先正达公司	日本大多数企业
优 势	对于法务方面的业务处理十分方便	IPM 与研发工作联系密切,易了解专业技术知识及其动向	知识产权部门较易掌握企业的决策,较易推动相关的制度
劣 势	不易掌握专业知识与研发动向	难于将 IPM 作为一个整体来把握,很多重要的资讯不易直接传给决策层	研发现场的资讯难掌握、需多方协调研发部门

(资料来源:王玉玺,高山行.我国企业知识产权管理的现状分析及建议[J].科技与法律,2008(3):25-28.)

11.4 企业 IPM 的范畴分析

IPM 涉及范围十分广泛,主要集中在产权的归属、奖励机制、纠纷处理等方面。将各种不同类型的企业 IPM 模式进行归纳,我们总结的企业 IPM 的内容用图 11-1 表示。

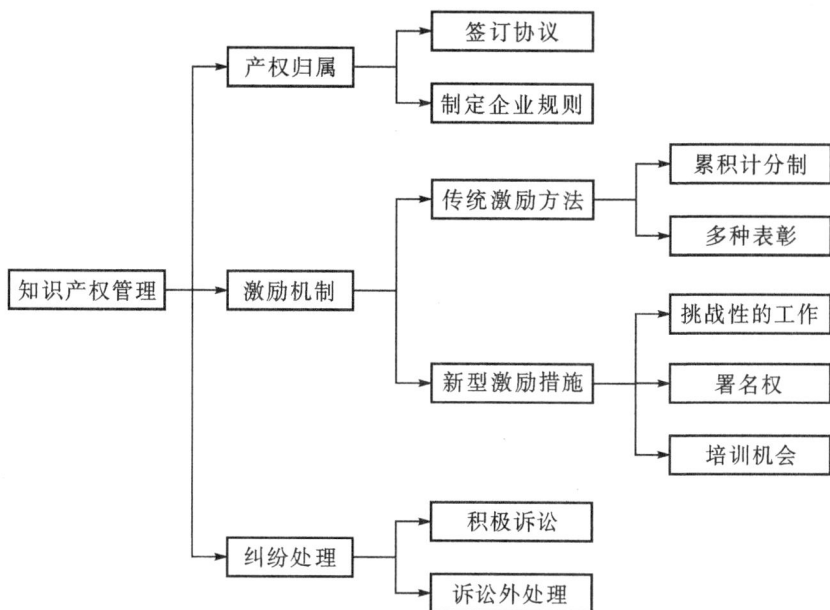

图 11-1　企业 IPM 的基本内容

(资料来源:王玉玺,高山行.我国企业知识产权管理的现状分析及建议[J].科技与法律,2008(3):25-28.)

11.4.1　知识产权的归属

知识产权权利归于集团统一所有,已经成为国际 IPM 发展趋势。这对内有利于集团内部知识产权的管理、共享和保护,极大地节约了企业知识产权的交易成本;对外有利于提高集团整体无形资产价值。在遵守国际公约、各国专利法的基础上,各公司都有自己的规章制度来明确知识产权的归属。目前使用较多的有签订协议和制定企业规则两种方式。

(1)签订协议:IBM 公司与员工签署"有关信息、发明及著作的同意书";与各子公司签署综合技术协议。要求各员工只要从公司内取得机密信息,或从以前的员工完成的发明、著作等创作物中采撷的信息,或因执行职务(业务)而产生的成果,应将这些成果的知识产权全部移交给公司所有。由于总公司为各子公司提供研究开发费用,其研究开发成果的知识产权必须移转给总公司。

(2)制定企业规则:日立公司的企业规则规定,员工的职务发明和职务外发明,权利均归本公司所有。在离职后一年内取得的专利应通知公司,由公司决定专利的归属。三菱公司规定,员工做出的职务发明,其专利权一律归公司所有。

11.4.2　激励机制

为激发企业员工的知识创新热情,关心企业的知识产权问题,企业需要建立激发科技人员以研究新技术、新产品并形成自主知识产权为目标的激励机制,同时制定和规范企业的发明创造者、实施者对企业贡献的奖励措施和收益分配的奖励政策,对在企业 IPM 与保护中做出突出贡献的人员予以表彰和重奖。

对于企业中从事知识产权相关工作的员工,传统的激励方法主要是物质奖励,将企业知识产权工作的质量作为技术人员晋升职称和工资的标准等。随着社会的发展和人们在工作中追求自我实现的不断加强,也出现了一些新型激励措施。就此,我们可以将激励制度大致分为两种。

1. 基于奖金(物质奖励)的激励制度

基于奖金(物质奖励)的激励制度主要有累积计分制和多种表彰两种。

(1)累积计分制:例如,IBM 公司为激励发明人,对申请专利的发明人给予点数计分,发明专利计为 3 点;刊载在技术公报的发明计为 1 点。点数累计为 12 点时,给予 3600 美元的发明业绩奖;发明人若是第一次申请专利就被采用,专门给予第一次申请奖。

(2)多种表彰:日本企业一般均设有第一次申请奖、发明申请奖、申请补偿奖、特别功劳奖等奖项。各公司针对本企业情况又制定出相应的规章制度,重奖发明人。日立公司在员工提出专利申请时,就有奖励;获准专利后,还将获得奖金。只要知识产权被使用,即使发明人死亡或离职,仍能得到奖励。三菱公司对于员工的发明有"让渡补偿""优秀发明表彰""实绩补偿"等多种奖励。

2. 新型激励措施

从事知识产权相关工作的员工多是专业人员,他们喜欢处理问题并找到解决方法。工作中的挑战性和成就感可能比金钱和晋升更重要。所以在采取传统激励措施的同时,可以尝试使用一些新型激励措施,比如给他们提供有挑战性的工作、授予知识产权中的署名权或表明身份权、提供培训机会等。

11.4.3 纠纷的处理

目前企业在知识产权方面出现纠纷时,通常可以选择通过诉讼方式维护知识产权或者诉讼外协商处理。

(1)诉讼解决。由于美国"亲知识产权"的立法原则和司法判决,以及高额的侵权赔偿制度,使拥有大量知识产权的美国企业愿意通过知识产权诉讼来维护其权益,以获取高额侵权赔偿费。诉讼战略已成为他们知识产权战略的重要组成部分。尤其是对于代表企业生命与信誉的商标,均采取严密的保护措施,一旦被侵权,就选择法律手段对侵权者加以制裁。日立公司对知识产权纠纷也主要委托专业律师事务所积极应诉。

(2)诉讼外处理。诉讼是解决知识产权争端的有效方式,但并不是唯一方式。由于知识产权是有时间性的,特别是专利权,寿命较短,需要快速解决纠纷。而诉讼通常时间长,且诉讼成本高,因此,许多大公司开始采取诉讼解决和诉讼外处理相结合的灵活策略,来解决知识产权纠纷。2007 年 1 月的统计数据表明,在美国联邦巡回法院(CAFC)打官司,常常需要整整 3 年时间,因此,94%的纠纷都是通过法庭外和解;在美国国际贸易委员会(ITC)打官司,则需要 1 年的时间,97%的纠纷也都是法庭外和解。

三菱公司和国内外公司互相转让或交叉许可的情形很多。当三菱公司被其他公司警告侵犯专利并经调查认为确有侵权行为时,即以自己所有的专利为谈判筹码,和对方谈判互相转让,这样可减少或免除赔偿金并消除专利侵权诉讼。当专利部确认某公司侵犯三菱公司专利权时,三菱公司常用的方式是,通过协商,让对方支付相当于许可费倍数的赔偿额,如果协调不成才走上法院。

近年来,我国企业也越来越重视诉讼外知识产权纠纷的解决。据《2020 年中国专利调查报告》统计数据显示:专利权人在遭遇侵权后采取的维权措施中,选择"自行与侵权方协商解决""发出停止侵权的律师函"和"向法院提起诉讼"的比例较高,分别为 34.4%、33.2% 和 26.4%。

11.5　我国企业 IPM

11.5.1　我国企业知识产权组织体系存在的问题

1. 企业缺少或没有相关专门机构的比例仍较高

目前,我国设有知识产权专门管理机构的企业还很少。因此,有关知识产权的事务常常缺少具体的组织处理。所以,曾有主管部门向其下属企业下发的有关知识产权保护的文件,由总经理批给了保卫处来处理就不足为怪了。2006 年,太原市针对 452 家企业知识产权状况调查显示,被调查企业中只有少数大中型企业设有 IPM 机构,大多数企业都没有设立 IPM 机构,没有专职管理人员和相应的 IPM 制度,没有将知识产权制度贯彻到企业技术创新、生产经营的全过程中。由于 IPM 缺乏组织保障和制度保障,必然造成企业 IPM 流于形式。目前,这种情况有所好转,但也不容乐观。2019 年 12 月,国家知识产权局战略规划司、国家知识产权局知识产权发展研究中心出版的《2019 年中国专利调查报告》统计数据显示,我国企业设有专门管理知识产权事务机构的占比虽较上年有所提高,但也仅达 34.7%,相比较而言,大型企业设有专门机构管理知识产权事务的比例已达 63.4%。

2. 知识产权的开发利用不足

我国企业对技术创新成果的产权化意识还需要进一步加强,由于缺乏 IPM 思想,导致了企业知识产权的开发利用不足,自主知识产权数量不多。到目前为止仍然有相当多的企业忽视知识产权这一无形资产。许多企业管理者、科技人员知识产权法律观念不强,不善于利用知识产权保护手段维护自身的合法权益。在商标方面,一些著名品牌由于注册不及时分别在美国、韩国、日本等被他人抢注,也有些已注册商标由于没有及时进行续展注册而失去商标专用权。在相当多的企业中,对研究开发的新技术热衷于通过论文发表、成果鉴定、评审等程序获得奖励或者鉴定证书,而对技术成果申请专利表现得较为冷淡。同时,企业知识产权的申请量和拥有量较低,实施率和效率也较低。据 2006 年国家知识产权局的资料显示,我国国内拥有自主知识产权核心技术的企业仅为万分之三;99% 的企业没有申请专利,60% 的企业没有自己的商标;从专利构成来看,我国国内每 100 件申请的专利中,只有 18 件是发明专利,其余都是实用新型和外观设计专利。近年来,随着我国《国家知识产权战略纲要》的实施和党中央的高度重视,企业对知识产权的开发和利用比率大大提高,企业申请专利权、商标权等主动获得知识产权保护的积极性大大提高,及时开展知识产权产业化的能力也不断提高。《2020 年中国专利调查报告》统计数据显示:我国国内有效专利的产业化率已经达到 41.6%(企业为 46.0%,高校为 3.0%),有效专利实施率达到 57.8%(企业的有效专利实施率为 62.7%,高校为 11.7%),特别是有效外观设计专利实施率已达 65.0%,有效发明专利实施率达 50.7%。

3. 人员配备不足

我国很多企业没有 IPM 方面的专门人才,特别是缺乏将 IPM 与企业业务紧密结合的专职人才,致使企业的知识产权无人管理或者管理不力。《2019 年中国专利调查报告》统计数据表明,我国企业知识产权专职管理人员与兼职管理人员在 2 人以下的比例仍然很高,分别为73.5% 和 79.4%。

4. 企业 IPM 经费不足

一些企业在 IPM 定位上存在误区,即将企业 IPM 等同于企业技术生产管理或法律事务管理。其实,IPM 既不同于企业生产技术管理,也不同于单纯的企业知识产权法律事务管理,而是兼有两者的职能,也需要有一定的经费支持,如申请费、维护费、调查费、专家费、保护费用等。目前多数企业没有为 IPM 提供专门的经费,致使企业 IPM 难以实施。

11.5.2 我国企业 IPM 内容方面存在的问题

1. 知识产权的归属不明

国内高新技术企业与其他单位合作时通常以合同形式明确约定知识产权归属,但企业内的知识产权归属管理不完善,管理上存在权属不明、保护不力、知识产权流失严重等问题。目前,还有不少企业与职工没有签订保护知识产权的协议,或者没有内部的保密手册,或者保密条款、保密手册的内容简单、不具体等,说明企业还没有认识到保密、竞业禁止、奖励、技术参股及其分红和产权归属等问题需要通过协议来加以约束,没有意识到与职工签订保护知识产权协议的重要性和必要性。

2. 激励机制不完善

我国在 1984 年制定专利法时,规定实施职务发明创造给单位带来经济效益的,单位给予发明人或者设计人相应的报酬并将之视为是一种奖励。但在实践中,许多单位将其作为一种可有可无的奖励措施,使许多发明人、设计人的利益得不到切实保障。2001 年 10 月至 2002年 4 月,国家知识产权局组织北京等 8 省(市)知识产权局,联合调查了 1 245 家工业企业,调查结果显示:给职务发明人兑现了奖酬的企业有 411 家,占 40%;部分兑现了奖酬的企业有305 家,占 29%;未设奖酬的企业有 326 家,占 31%。可见,有近六成企业没有全部兑现或没有兑现奖酬政策。企业奖酬激励机制缺位的状况,严重地挫伤了科技人员的积极性和创造性。为此,2000 年修改后的《中华人民共和国专利法》将发明创造专利实施后,单位给予发明人或者设计人的“奖励”改为了“报酬”,对职务发明创造专利权的发明人或者设计人,不仅要给予奖励,更要给予与其贡献相当的报酬。这个修改有利于充分调动科技人员从事技术创新的积极性,鼓励技术人员进行技术创新,保障职务发明的发明人或者设计人的利益。

3. 纠纷的处理方式简单

我国高新技术企业往往只把知识产权简单地看作法律问题,这样知识产权纠纷通常只能依靠法律的事后补救机制,遇到纠纷时,也就选择诉讼方式,忽略了 IPM 对纠纷的预防效果。即便如此,这种单一的解决方法在缺少知识产权基本管理的时候,往往还会因证据、时效等原因而失去司法救济的机会。

11.5.3 对我国企业 IPM 的建议

1. 强化企业内部知识产权的管理

(1)完善组织机构和职能。知识产权作为企业一种无形资产和资源,应当进行科学合理的开发、利用和营运,充分发挥知识产权的资源效益。知识产权的投资、使用、转让、形成收益等,涉及企业内部和外部的诸多环节,企业需设立一个专门的 IPM 机构负责这项工作。一般地,IPM 机构的主要职责,是对企业所涉及的知识产权的开发、引进、投资和应用进行控制,即围绕知识产权对企业生产、管理、组织的客观要求来协调企业内部有关职能部门之间的关系,协调企业与外部 IPM 机构的关系,维护企业知识产权安全和完整,考核知识产权的投入产出情况与经济效益。

(2)配备相应的管理人员和经费。由于企业 IPM 涉及面广泛,因此,一个良好的、由不同知识和技术背景人员组成的知识产权队伍,能有效保证知识产权工作的开展。一般地,企业 IPM 人员由企业高层管理者(总经理或副总经理)、市场人员、知识产权事务人员、法律人员和技术人员组成。高层管理者根据公司战略制定企业的知识产权战略,在 IPM 部门中起着领导、协调和决策作用;市场人员由于直接面向市场,因此其作用在于能充分了解知识产权产品的市场现状和前景,为企业制定知识产权战略提供准确的信息;知识产权事务人员主要对企业现有的知识产权进行日常管理,并从事知识产权文献的检索、分析,为制定知识产权战略提供定性和定量的数据;法律人员主要从事企业专利、商标等的申请,订立知识产权贸易合同,处理有关知识产权的法律纠纷;技术人员可以从技术角度,结合专利中所需要的技术要求,提出建议。当然,具有技术、法律、经济、贸易、管理等综合知识的复合型人才,将会成为 IPM 的主力军。

(3)各企业应结合自己的特点形成相应的 IPM 规章制度。不同的企业,具有各自不同的经营形式、生产规模和生产经营活动的特点,IPM 制度要与企业实际结合起来。在产权归属方面,企业应明确知识产权归属与保护责任,与员工的劳动合同、单独协议或对外的技术合同或买卖协议中约定知识产权归属条款、保密条款、竞业禁止条款等。在激励机制方面,应当将知识产权收益与科研人员的报酬挂钩,将知识产权的数量与质量纳入科技人员考核指标体系,宽容创新性犯错,以调动全员的创新意识与积极性。

2. 从知识产权获取过程和实体法两个角度,管理好自己的知识产权

(1)从知识产权获取过程做好 IPM 工作。根据《中华人民共和国专利法》《中华人民共和国商标法》及其有关实施细则的相关规定,IPM 的专职人员应该在专利、商标的授权、审核过程中,及时查阅国家相关部门的前期公告,对侵犯或者可能侵犯本企业已有专利权、商标权或者影响本企业合法使用已有技术、知识的行为,及时予以异议申请。甚至对国外有关权利申请的公示资料予以了解,根据该国法律或者国际知识产权公约,合法保护自己的合理权益。

(2)重视知识产权纠纷过程中的证据收集和司法处理。知识产权作为一种法律权属,一旦发生权利纠纷或侵权事件,在处理的过程中,无论是协商、仲裁还是司法诉讼,都是在证据的基础上进行的,而证据多来自企业日常的 IPM。因此,企业在日常工作中应注重知识产权情报的收集,在创新过程中应注意有关资料的保存,因为这些都可能在纠纷发生时作为证据出示。

由于专利、商标制度中有"申请在先"的原则,这一领域抢注现象很多。所以企业应在第一时间对自己的专利、商标等知识产权进行申请、注册,这样即使遇有知识产权冲突也能使自己处于有利地位。

3. 在企业重大项目中及时开展知识产权评议工作

知识产权评议是指企业在国内外市场开拓、科研项目立项、企业并购、技术进出口等各项涉及知识产权方面事项的决策时,由企业自己或者委托专门的知识产权服务机构,对事项中涉及的相关知识产权问题进行专项研究,得出评估意见,以便于指导企业相关事项在符合知识产权保护规则的基础上顺利运行而开展的一个专项工作。

开展知识产权评议是《国家知识产权战略纲要》要求推进的一项工作,它是基于我国企业知识产权管理现状而设立的。它一方面可以使企业避免不必要的知识产权侵权纠纷,另一方面也可以减少企业知识产权的流失。

应该看到,企业 IPM 是企业管理中的重要部分,我国企业要充分认识 IPM 的重要意义,正视自身在 IPM 方面的不足,借鉴国外企业 IPM 工作的成功经验,把 IPM 纳入企业经营管理之中。在强化自主创新的同时,要加强知识产权的运营。把创造知识产权、保护知识产权,特别是有效利用知识产权作为整体战略考虑,以提高自身的核心竞争力,提高企业经济效益。

11.6　企业 IPM 已经确立的国家标准

鉴于我国企业 IPM 在组织、意识上的差距和不足,专家们认为极有必要通过规范的方式,强化企业的知识产权保护、管理和经营,发挥知识产权在企业中的重要作用。2008 年江苏省出台地方标准《企业知识产权管理规范》(DB32/T 1204—2008),对企业的 IPM 工作予以规范。

2012 年 8 月,为了进一步贯彻《国家知识产权战略纲要》,指导企业建立科学、系统、规范的 IPM 体系,帮助企业全面落实国家知识产权战略精神,积极应对当前全球范围的知识产权竞争态势,有效提高知识产权对企业经营发展的贡献水平,国家知识产权局专利管理司提出并制定了《企业知识产权管理规范》(征求意见稿),并向社会征求意见。经过广泛征求意见之后,2013 年 2 月 7 日,由国家质量监督检验检疫总局、国家标准化管理委员会颁布了《企业知识产权管理规范》(GB/T 29490—2013)的企业标准,并于 2013 年 3 月 1 日起实施,从而使我国企业在现代化管理的进程中又向前迈出了重要的一步。

《企业知识产权
管理规范》

(GB/T29490—2013)

11.6.1　企业 IPM 规范的运作模式

企业 IPM 体系是企业管理体系的一部分,《企业知识产权管理规范》标准的制定和实施,有利于企业兼顾经营发展、科技创新和知识产权战略的统一与协调。在实施的过程中,最高领导的支持和参与是 IPM 的关键,通过相应的措施鼓励企业全体员工的参与对提高员工知识产权的创造性和积极性有着难以替代的作用。《企业知识产权管理规范》为企业提供了一个基于过程方法的企业 IPM 模型,以指导企业通过策划、实施、检查和改进四个环节形成其 IPM 体系。图 11-2 是基于过程方法的企业 IPM 的模型展示,图中企业 IPM 体系的输入是企业经营发展对 IPM 的需求,一般包括以下几个方面:①开发新产品,研发新技术;②提高产品附加值,扩大市场份额;③防范知识产权风险,保障投资安全;④提高生产效率,增加经济效率;等等。这些要素在企业持续实施并改进的 IPM 体系作用下,一般可以输出以下几个方面:①激励创造知识产权,促进技术创新;②灵活运用知识产权,改善市场竞争地位;③全面保护知识产权,支撑企业持续发展;④系统管理知识产权,提升企业核心竞争力;等等。

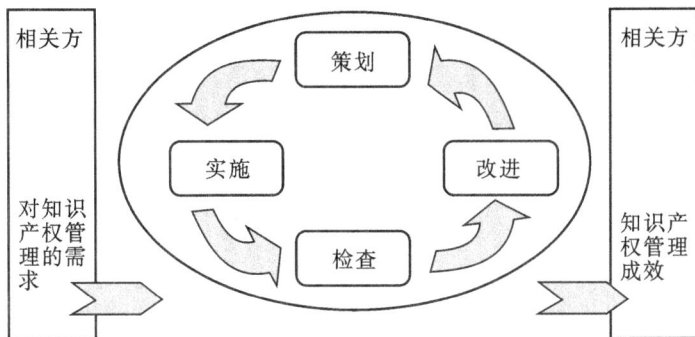

图 11-2 基于过程方法的企业 IPM 的模型

(资料来源:《企业知识产权管理规范》(GB/T 29490—2013),2013 年 3 月 1 日实施)

11.6.2 企业 IPM 规范的主要内容

(1)企业 IPM 体系的基本构成。《企业知识产权管理规范》要求企业应该按照标准的要求建立 IPM 体系,实施、运行并持续改进,保持其有效性,及时形成相应的企业 IPM 文件,如知识产权方针和目标、知识产权手册等,并对文件的控制、知识产权手册、外来文件与记录文件都做了规范。

(2)知识产权的管理职责。《企业知识产权管理规范》要求企业的最高管理者通过制定知识产权方针和目标、明确 IPM 的职责和权限、确保有效沟通和相关资源的配备、组织管理评审等,实现 IPM 体系的有效性,并对策划、职责、权限、沟通、管理评审等做了具体要求。其中明确要求企业的最高管理者应该在企业最高管理层中指定专人作为 IPM 代表,负责企业知识产权的日常管理工作。

(3)知识产权的资源管理。《企业知识产权管理规范》将企业的知识产权资源具体归纳为人力资源、基础设施、财务资源和信息资源。要求通过教育与培训、人事合同、入职签约、离职签约、激励措施等方面,利用好企业的知识产权人力资源;通过知识产权管理软件、数据库、计算机和网络设施、办公场所等的建设和利用,形成良好的知识产权基础设施;并要求企业从多个角度维护企业的知识产权财务资源和信息资源。

(4)知识产权的基础管理。《企业知识产权管理规范》通过知识产权的获取、维护、运用(包括实施、许可、转让、投融资、企业重组、标准化、联盟等)、保护(风险管理、争议处理、涉外贸易)、合同管理、保密等方面的规范,以实现企业对知识产权的基础管理。

(5)IPM 的具体实施和运行。《企业知识产权管理规范》通过在立项、研究开发、采购、生产、销售和售后方面的知识产权管理内容的规范,指导企业的知识产权管理工作。

《企业知识产权管理规范》标准的实施,必将对企业 IPM 体系的形成、知识产权收益的提高,乃至企业的技术创新,都产生积极的影响,对我国企业参与国际竞争起到良好的推动作用。

◈ 问题讨论

1. 企业 IPM 的主要目的是什么?

2. 应采取哪些手段实现企业有效的 IPM?

3. 《企业知识产权管理规范》标准从哪些方面指导企业的知识产权管理和保护?

4. 近年来我国企业 IPM 的特点有什么变化? IPM 组织体系的模式有哪些?

◈ 阅读材料

【阅读 11 - 1】

专利就是竞争力——高通:行业专利的高手

由雅各布博士等人于 1985 年合伙创办的专注于"高质量通讯"的高通公司,一方面用知识产权形成企业核心竞争力,另一方面通过知识产权的市场化经营获得巨额收益。

从拿到美国军方 CDMA 技术研发合同诞生第一批专利起,到现在已经拥有 6000 多项专利的高通公司,始终把专利申请作为自己新技术研发的基本支撑,并将自己的核心技术延伸到电信运营、基站、手机终端产品以及集电信运营商、设备商、技术开发商、终端设备商等整个产业链。

依赖于核心专利产品和专利许可,2013 年高通公司的市值一度达到历史高点的 1 049.60 亿美元,成为世界第一。在美国行业协会发布的报告中,高通公司的专利质量和数量在全球电子硬件产业领域企业中排名第一。

(资料来源:赵建国. 高通的前世今生[N]. 中国知识产权报.2014 - 03 - 05(4).有改动)

【阅读 11 - 2】

刺激高技术专利收益的新招

知识产权资产管理公司(IP asset management companies),就是帮助那些由于资金原因不能保护专利或进一步研究开发的发明人。这种公司由高科技专家组成,他们可以给专利权人做评估、改进和许可方面的工作,并在必要时帮助实施专利技术,然而专利权人需要向许可机构的专利权代理人支付成功酬金。

这样,专利权人和他们的投资方无须任何金钱,不冒任何风险就可以卖出或许可他们的专利。这种以成功酬金为基础的许可方法不仅使专利权人在经济上不会受到损失,同时令所有各方都拥有同样的挣钱机会。知识产权资产管理公司从先前闲置的专利产生的收益中获利,专利权人仍然拥有专利权,只是将许可权赋予知识产权资产管理公司,使其可以调动资金来开展下列工作:

(1)继续开发专利技术,提高其商业价值;

(2)对工程技术进行追溯研究以便于对侵权行为进行分析;

(3)开展专利技术有效性分析,针对可行的专利权实施方案提供建议和援助;

(4)提供市场动态分析研究;

(5)确定专利进一步研发、技术追溯和实施所需的费用。

主要参考文献

[1] 萨缪尔森,诺德豪斯.经济学:第 12 版[M].高鸿业,等译.北京:中国发展出版社,1992.

[2] 陈美章.美国:面向 21 世纪的知识产权战略[N].法制日报,2003 - 12 - 07(2).

[3] 丁冰.当代西方经济学流派[M].北京:北京经济学院出版社,1993.

[4] 埃格特森.新制度经济学[M].吴经邦,等译.北京:商务印书馆,1996.

[5] 冯晓青.企业知识产权战略[M].北京:知识产权出版社,2001.

[6] 高山行.专利权的经济学分析[M].西安:西安交通大出版社,2001.

[7] 高山行,江旭,范陈泽,等.企业专利竞赛理论及策略[M].北京:科学出版社,2005.

[8] 高山行,冯宗宪,丁建华.国际技术贸易[M].西安:西安交通大学出版社,1996.

[9] 高山行,刘玲.专利竞赛理论评述[J].经济学动态,1999(3):67 - 71.

[10] 高山行,翟娜.专利制度对技术信息传播的影响机制[J].情报理论与实践,1999(1):
     29 - 31.

[11] 何敏.美国"301"法案与知识产权[J].知识产权,1994(4):47 - 48.

[12] 厉以宁,吴易风,李懿.西方福利经济学述评[M].北京:商务印书馆,1984.

[13] 刘春田.知识产权法[M].北京:高等教育出版社,2000.

[14] 刘汉鼎.专利情报利用方法与技巧[M].西安:西安交通大学出版社,1992.

[15] 汤宗舜.专利法教程[M].2 版.北京:法律出版社,1996.

[16] 王伟群,徐小敏.别无选择:中美知识产权谈判纪事[N].中国青年报,1992 - 05 - 23(3).

[17] 杨金路,赵丞津.知识产权法律全书[M].北京:中国检察出版社,1992.

[18] 郑成思.知识产权论[M].北京:法律出版社,1998.

[19] 张乃根.经济学分析法学[M].上海:上海三联书店,1995.

后 记

关于"知识产权理论与实务"课程,我给 MBA 班学生讲课已经多年了,手头也收集了很多资料,作为讲义、作为教学用的课件 PPT,自己感到已经比较成熟了,只是每次上课的时候要增加一些内容,进行修改。心里一直想把这部分内容整理成为一本完整的教材,一方面是一个教学工作、课程的总结;另一方面每一次上课都没有可心的相关教材,学生使用、讨论起来总是不太方便。但由于工作忙,教学、科研任务重,这个事一直推了好几年,直到 2004 年 9 月,西安交大研究生院开始立项专门支持专业学位教育的教材建设,我就在原有的基础上申请项目立项,决定参加这一工作,并有幸得到了研究生院的支持。

接受了立项任务、真的动笔写这本教材后,才感觉到压力很大,想写的东西很多,而一时收集的资料还不是很足、很新,并且目前这方面可参考的现成图书、资料很少。

接受任务之后,我先是把现有的资料和近年来的研究成果进行了整理,随后又请我在法学方面的研究生结合每章的内容,进行资料补充和查阅,其中贺小雨(第 3、4、5 章)、李学丽(第 1、8 章)、王陨锋(第 7 章)、陆菲(第 6 章)、梁翠(第 11 章)等都进行了相关资料的查阅和收集。知识产权管理一章由我带的管理方面的研究生舒成利、王玉玺(第 10 章)辅助我进行了相关资料的查阅和收集。

2005 年,有幸获得该年度教育部"新世纪优秀人才支持计划"支持,我申请的项目"知识产权管理与保护"(No. NCET-05-0847)获得了立项,这又进一步鼓励我努力完成这本教材。

随后,我对书稿框架进行了修改和完善,并进行了认真的斟酌和修改,于 2006 年 1 月完成初稿,2006 年 11 月完成了第一次修改,2008 年 2 月利用春节假期完成了第二次修改,并请我的 9 位研究生顺读了 2 遍,2008 年 3 月第三次修改后定稿,交付出版社。

书稿结合了我多年来的研究成果,包括我主持的国家社会科学基金项目(WTO 知识产权协议权利界定的经济学分析,No.01BJY104)的一些研究成果,并在吸收国内外众多专家研究资料的基础上完成。

由于教材需要更多成熟的观点和理论,因此,书中所列参考文献对书稿的形成起到了重要的作用,包括杨金路、赵丞津、郑成思、汤宗舜、刘春田、程永顺、罗李华、尹新天等学者的成果;另外由于很多资料是我长期以来教学过程中随机收集的资料,现在放进教材中时,很难找到当时的参考文献,这样就必然使参考文献中遗漏了一些重要的学者的姓名,我对他们的研究表示敬意和感谢,并为自己的疏忽表示歉意。

书稿写作过程中,得到了西安交通大学研究生院包括苗迺玲老师在内的各位领导予以的鼓励、督促,管理学院的黄瑞华教授也多次给予鼓励和支持,并就其中的框架、思路予以指点,在此表示感谢。

我还要感谢我的妻子和女儿,她们对我的理解和支持,使我能够投入更多的时间在书稿上。

再一次向教育部"新世纪优秀人才支持计划"资助表示感谢。

再一次向国家社会科学基金委员会的资助表示感谢。

再一次感谢西安交通大学研究生院"专业学位研究生教育核心教材建设"项目的资助。

高山行

2008 年 3 月 15 日于西安

后
记

第2版后记

2008年,本书出版后不久,我国《国家知识产权战略纲要》正式发布。随后的几年中,中国的知识产权立法、司法、管理发生了很大的变化。我一边结合课程在教学中对讲课内容进行修改、补充,一方面收集资料准备对教材进行修订,但因为工作太忙一直没有及时进行。

2013年5月,西安交通大学研究生院又一次开展年度研究生教学研究与教学改革方面的立项。为了促使自己尽快对教材进行修改、补充和完善,我再一次申请了教材建设的立项,有幸第二次得到研究生院对教材修订的资助。

这五、六年间,我第四次获得了国家自然基金的资助,并于2012年获得了国家社会科学基金重大项目"生物技术及其产业发展的法律保障机制研究"的资助,入选国家知识产权局高层次人才,成为首批陕西省重大经济活动知识产权评议专家。这使得我有更多的机会参加知识产权的学习、研究、教学和实际操作。

在教材修订的过程中,我对照专利、商标、著作权等法律法规,对原书稿进行了重新阅读、修改、增删,增加了有关知识产权管理规范、知识产权评议等方面的内容,还增加了一些案例和新的观点。另外,为了思路清晰,我把第10章与第11章的次序做了调整。

在做了充分的资料准备工作以后,从2013年底开始,我花了大量的时间和精力对书稿进行文字上的处理,到2014年4月25日终于将书稿修改完成并交付出版社。

有意义的是,明天就是"4·26"世界知识产权日(World Intellectual Property Day)。在这一天之前交稿,也是很有纪念意义的事情!

这次修订要重点感谢中国知识产权报社。我有幸得到该报社编辑部多年赠送的《中国知识产权报》,并对其中的观点、数据、案例进行了参考和引用,丰富了教材的理论性和实践性。

我还要感谢我的妻子和女儿,她们的理解和支持使我能够把大量应该陪伴她们的时间用在了教材的修改上。

另外,我在开展国家自然科学基金、国家社会科学基金重大项目研究时所积累的资料,丰富了教材的内容。

最后,再次深深感谢西安交通大学研究生院"研究生教学研究与教学改革"项目的资助。

高山行

2014年4月25日于西安

第3版后记

随着我国的知识产权事业快速发展,为了能够使读者及时跟进,在2014年9月本教材第二版出版后,我多次想要对教材进行修改,但几个原因一直没能促成:一来《国家知识产权战略纲要》开始实施,许多法律法规修正完善处于一定的稳定期;二来我自己的教学、科研任务很重,很难有较为集中的时间认真学习相关资料和归纳整理,虽然心里很是着急,也一直在收集着相关资料,但总是因各种原因往后拖延。

2019年4月《中华人民共和国商标法》修正,特别是2020年5月《中华人民共和国民法典》的出台,作为民事权利之一的知识产权系列法律《中华人民共和国专利法》《中华人民共和国著作权法》和《中华人民共和国刑法》[对涉及知识产权类犯罪方面做出了较大调整的修正案(十一)],都进行了相应的修改和完善,使我国知识产权法律在逻辑和体系上达到了一个新的高度。与此同时,为了有效实施相关知识产权法律特别是2021年1月1日生效的民法典,最高人民法院在2020年12月对一大批知识产权审理过程中的司法解释进行了修改,这些都为本教材第3版的出版提供了良好的契机和大量的素材。

2020年3月20日,西安交通大学研究生院下发了《西安交通大学研究生"十四五"规划精品系列教材专项计划》(西交研〔2020〕15号),我也提交了第三次修改《知识产权理论与实务》教材的申请书,并幸运地于2020年11月获批。

2021年初,我开始着手教材内容的修改,但因为教学(大量本科生、EMAB、MBA、MEM的上课)、科研(评审论文、评审学术材料、研究生指导、申请课题、写课题结题报告等)、学术交流活动(学科发展、学术会议、政府服务等)占据主要时间,静下心来整理修订素材的时间几乎没有。2021年9月中共中央、国务院又专门印发了《知识产权强国建设纲要(2021—2035年)》,这使我加紧学习、修订教材的心情更加迫切。

让人意想不到的是,两次疫情的管控居家让我有了较为集中的时间段,有机会专心于教材的修改工作。2021年10月,我开始修订《知识产权理论与实务》这部教材,主要对专利法、商标法两个重要章节进行了修改。2022年1月,我又再次利用居家的时间开展教材修订工作,其间一边做小区志愿者,一边每天围绕大量的资料和案例,对着原有教材的书稿,进行核定、补充和删减。经历了大半个月废寝忘食的苦战,1月17日,全部教材修改完成。

此次修改,主要是针对相关法律法规的修正,对教材中引用的法条进行核对和修改;其次是增加了一些案例,补充了一些内容。例如民法典出台并生效,此前的"公民、法人和其他组织"全部按照民法典统一为"公民、法人和非法人组织"等;在知识产权许可、转让中,把许可合同、转让合同的效力与知识产权使用权、所有权的转移分开来，后者转移不再是前者效力的条件；刑法修正案（十一）涉及知识产权类犯罪方面的较大调整以及新增加的"商业间谍"犯罪等。当然，2019年12月《中华人民共和国政府和美利坚合众国政府经济贸易协议》中涉及的知识产权和技术转让，以及对我国的药品专利、商业秘密保护和刑事处罚的影响关系等。

2014年以来，我获批了国家社科基金重点项目"我国高新技术产业突破性创新的触发机理与实现路径研究"和国家社科基金国家应急管理体系建设研究专项"前沿生物技术安全重大风险防控和治理体系建设研究"以及其他省部级课题，承担了大量的本科生及在职研究生EMBA、MEM的教学工作。围绕这些研究和教学工作，我深深地感受到知识产权保护和管理在科学研究和企业工作中的需求和价值。

这次教材的修改，使我有机会又一次较为系统地学习知识产权的相关理论，思考法律修正背后深层次的原因，我深刻体会到了党和国家对知识产权保护和管理的紧迫要求。

终于完成最后一章修改任务的时候，我的心里却没有多少轻松感，一来为自己拖延了工作而生悔，二来为我国知识产权理论和实践快速发展感到欣慰的同时，又为有那么多的知识产权理论与实务方面的资料，自己之前却没有关注或认真研究过而感到自责，也很为自己的教材能否使大家有所收获而不安。

本教材修订工作量巨大，非我一人之力所能完成，要感谢很多对本教材修订提供支持、帮助的人。首先要感谢西安交大研究生院提供的支持和督促，正是因为"研究生'十四五'规划精品系列教材专项计划"的实施、支持和资助，才使得这本教材的第三次修改得以实现；其次要感谢西安交通大学管理学院的相关教学管理老师，包括葛京、唐晓霞、李静、陈敏、李莎等，她们的督促和程序上的监督，使得本教材第3版的修订工作得以较为顺利地完成；感谢我的博士研究生谭静，帮忙就一些数据的更新进行了查阅；还要感谢西安交通大学出版社王建洪、袁娟等编辑的辛勤劳动。

最后还要感谢我爱人翟娜对我的支持，是她在完成单位繁重工作以外承担了烦琐的家务，以配合我没有时间点儿的吃饭和休息。感谢女婿女儿为我们送来了可爱的外孙女，她是我缓解疲劳和压力的神奇力量。

高山行

2022年1月23于西安